Sex, Heels
and Virginia Woolf

A History of Feminist Polemics

性、高跟鞋與吳爾芙：一部女性主義論戰史

For Laurie Wolf,
who led me to feminisms ten years ago

目
次

● ─────────── 在地雷區舞蹈

　　一九八〇年，卡拉德尼（Annette Kolodny）在《女性主義研究》（*Feminist Studies*）上發表〈舞過地雷區〉（"Dancing through the Minefield"）。所謂的「地雷區」，指的是女性主義批評家在學院中面臨的重重危機。男人要不是指控她們扭曲文本，誤讀經典，就是嘲諷女性主義批評前後矛盾，散亂無章。相較於精神分析與馬克思主義理論，女性主義批評似乎難以溯及單一源頭，缺乏中心思想。面對這樣的控訴，卡拉德尼倒不急著彰顯女性主義理論的共同根基。相反的，她坦承，女性主義批評的「去中心」正是她驕傲擁抱的特色。對卡拉德尼來說，所有的女性主義閱讀都是平等的。相較於中心思想，女性主義者應當擁抱「愉悅的複數主義」（"playful pluralism"），視多元差異為女性主義的可能，而非侷限。

　　出乎卡拉德尼意料之外，〈舞過地雷區〉一出版便引發爭議。有人說，女性主義批評不像卡拉德尼描述得那麼缺乏體系，至少可以分為自由、基進與社會主義三條路線；有人不滿卡拉德尼只提及白人異性戀批評家，忽略了黑人與女同志；更有人說，卡拉德尼表面上擁抱「複數主義」，實際上卻打算把「好女性主義者」送入學院，建立權威。[1] 卡拉德尼原想邀請

女性主義夥伴一同拆除地雷，好讓後輩能以輕盈的姿態「舞過地雷區」，最後卻反過來開闢另一片戰場，點燃女性主義學界的熊熊戰火。

當然，學界針對卡拉德尼的批評不盡公平。卡拉德尼自己說了，她在文章開頭提及的女人之中，有超過三分之一是女同志；而黑人與「第三世界」女性主義的貢獻，是她在下一篇文章才要專心處理的主題。之所以不以自由、基進與社會主義來區分女性主義批評，是因為她相信流派的界線曖昧模糊，難以對應文學評論的複雜面向。[2] 但是，卡拉德尼真正的盲點，或許不在於對流派的迴避，也不在於對黑人與女同志的忽視，而在於她還沒意識到，女性主義閱讀並不總是「平等」的，女性主義者所面對的批評聲浪也並不總是來自男人。一九八〇年是一個重要的里程碑，標示的不只是女性主義理論得來不易的學院認可，更是女性主義運動無從掩飾的內部矛盾。是這樣的內部矛盾粉碎卡拉德尼的烏托邦理想，讓我們明白，談女性主義，我們不可能只談多元，不談衝突；只談流派，不談分裂。一旦迴避衝突與分裂，女性主義的歷史就不可能完整。

《性、高跟鞋與吳爾芙》正是一部由衝突與矛盾組成的女性主義史。書名的靈感來自六〇年代的經典神話：性、藥與搖滾樂。這三個元素分別象徵了女性主義論述的三大戰場。吳爾芙（Virginia Woolf）對應的是女性主義者的「文學論戰」。對很多人來說，珍奧斯汀（Jane Austen）、勃朗特（Charlotte Brontë）與吳爾芙是無庸置疑的「女性主義作家」，《簡愛》（*Jane Eyre*）與《自己的房間》（*A Room of One's Own*）也是

無庸置疑的「女性主義經典」；對八○年代的女性主義學者來說，這些「經典」卻是開啟論戰的起點。我們將看到《自己的房間》如何在八○年代掀起文學界的世紀論戰，體現出英美與法國女性主義在大西洋兩岸的激烈衝撞；珍奧斯汀如何點燃女性主義者的「思想之戰」，間接推動酷兒文學批評的發展；《簡愛》又如何引發女性主義學界的「內在革命」，化為新歷史主義與後殖民理論的核心戰場。這些論戰一再告訴我們，沒有永恆的「女性主義經典」，也沒有不變的「女性主義閱讀」，這些文學作品之所以重要，是因為它們在半個世紀以來，反覆開啟女性主義學界的詮釋戰爭，讓我們得以透過文本的裂縫，一窺情慾、階級與殖民問題的多重矛盾。

性對應的當然是「性論戰」（feminist sex wars）。作為核心爭議，性論戰幾乎貫穿了整部女性主義當代史。一般而言，我們將一九八二年的「巴納德性會議」（the Barnard Sex Conference）視為女性主義性論戰的起點。不過，性論戰有前因，也有後果。我們將回到二次大戰後的美國社會，看看戰後性學如何帶起女人的「性革命」，而女性主義者對「性革命」的矛盾情結，又如何間接導致八○年代的「性論戰」。我們也將重返巴納德性會議，以及「巴納德」前後的相關戰爭，看看「反色情」（anti-pornography）與「性激進」（sex radical）的意識形態矛盾，如何從七○年代下半葉的舊金山灣區一路延續至今。當然，性論戰不只是女性主義的，更是女同志的。從七○年代起，「女同志女性主義者」與「性激進女同志」對性政治的詮釋歧異，掀起了女同志社群內部的激烈論爭。一如文學論戰，「性論戰」體現了性別、情慾與種族的複雜交織，

迫使我們看見黑人、Ｔ／婆與愉虐實踐者的地下慾望。這是為什麼，女性主義的性論戰會間接催生「酷兒理論」（queer theory），讓酷兒學者在九〇年代以後，繼承性論戰的思想遺產，開闢屬於自己的全新戰場。

最後，高跟鞋象徵的是女性主義者的「文化論戰」。如果有什麼與色情同等爭議的話題，那顯然是同樣出自文化工業的時尚、羅曼史與好萊塢電影。在早年女性主義論述中，「反時尚」與「反羅曼史」是普遍的立場；自七〇年代下半葉起，新興的女性主義學者接連翻轉通俗文化的既有定義。羅曼史原先被視為洗腦女性大眾的「讀／毒物」，卻在精神分析與讀者反應理論的重新詮釋之下，化為抵抗婚姻與家庭體制的「雙重文本」；時尚原先也被視為箝制女性身體的工具，卻在後結構女性主義的嶄新視野之中，化為改寫性別與慾望結構的重要媒介。如果七〇年代的女性主義者認為好萊塢電影單單滿足「男性觀者」（the male spectator），八〇年代以降的女性主義者則強調女人進行「跨性認同」（trans-sex identification）、「同性凝視」（homoerotic gaze）與「酷兒閱讀」（queer reading）的可能。這一系列的辯證不只讓陰性文化產物獲得學界重視，更讓流行文化發展為另一個核心的女性主義論述戰場。

無論是性論戰、文學論戰還是文化論戰，一波又一波的爭議提醒我們，女性主義未必照著「流派」平行發展，也未必循著線性敘事前進。曾有人說，女性主義終有一天會死去，因為我們將會抵達性別平等的未來。但這樣的說法預設的是女性主

義的進步史觀，性別政治的齊頭並行。在寫完這本書的當下，我反而深信，女性主義不會有死去的一天。只要還有矛盾的可能，曖昧的空間，女性主義就會反覆重生，不斷進化，持續伴隨我們在地雷區上無畏地舞蹈。

註

1.

關於女性主義學界對〈舞過地雷區〉一文的批判，見 Jane Marcus, "Storming the Toolshed," *Signs* 7.3 (1982): 622-40; Judith Kegan Gardiner, Elly Bulkin, Rena Grasso Patterson, and Annette Kolodny, "An Interchange on Feminist Criticism: On 'Dancing through the Minefield,'" *Feminist Studies* 8.3 (1982): 629-75.

2.

關於卡拉德尼對自己的辯護，見 Kolodny, "An Interchange on Feminist Criticism," 665-75.

Sex, Heels
and Virginia Woolf:

Part 1

文學論戰

Sex, Heels
and Virginia Woolf:

——— **Chapter 1**　　誰怕吳爾芙：女性主義文學經典論戰

「女人若要寫作，一定要有錢與自己的房間。」

一九二八年十月，當吳爾芙在劍橋大學的紐納姆（Newnham）與格頓（Girton）學院進行系列演講時，她意圖釐清女人與創作之間的歷史關係。這系列演講的原稿因此名為〈女人與創作〉（"Women and Fiction"）。當然，吳爾芙對女人與創作的反思，絕對無法容納於幾場演講之中。因此，她在隔年將原稿擴充改寫。後來我們知道，這篇文章會成為眾人耳熟能詳的女性主義經典，《自己的房間》。

〈女人與創作〉是《自己的房間》的前身，兩者在文學舞台上卻有著迥異的登場方式。一九二九年三月，當〈女人與創作〉出現於《論壇》（The Forum）雜誌時，《論壇》編輯搭配莎弗（Sappho）、珍奧斯汀與喬治桑（George Sand）的肖像，透過文學史上一系列女作家的並置，將這篇文章打造成高雅的文學評論。同年十一月，在《自己的房間》正式出版一個月之後，吳爾芙卻決定在《時與潮》（Time and Tide）雜誌發表兩篇節錄。這是一個相當有趣的決定。畢竟，《時與潮》雖然以左翼政治著稱，支持女性主義思想，在戰間英國卻佔據了曖昧的文化位階，廣納了通俗的大眾議題。對比《論壇》雜誌對吳爾芙的高雅再現，《自己的房間》在《時與潮》中甚至連同商業廣告一起現身。吳爾芙的意圖很明顯——她要讓這本書走出文化菁英的藩籬，實際接觸女性大眾。[1]

吳爾芙成功了。《自己的房間》不只走出文化菁英圈，更以超乎想像的規模，成為席捲全球的女性主義經典。這樣的暢

銷與流行，或許是吳爾芙當初意想不到的事情。不過，還有一件事情，可能同樣超乎吳爾芙的想像之外。《自己的房間》雖然批判了父權社會對女性創作的壓抑，勾勒出女性書寫的理想境界，卻在八〇年代引發了女性主義學界最轟動的一場論戰。在《自己的房間》出版半個世紀以後，吳爾芙不只成為女性主義的全球符號，更成為性別研究的爭議人物。從此，當女性主義者提到吳爾芙，她們想像的不再是浪漫的神話，而是激烈的爭戰。

　　究竟吳爾芙如何因為《自己的房間》，化身二十世紀最受爭議的女性主義文學象徵？

誰怕勃朗特：《自己的房間》作為文學批評

　　在進入戰火中心以前，我們或許需要重讀一次《自己的房間》。在這本書中，吳爾芙重探女性寫作的歷史情境，並銳利批判掌有大量資本的男性學術體制。她虛構出一座「牛橋大學」（Oxbridge），讓敘事者「瑪麗畢頓」（Mary Beton）漫遊其中，以諷刺筆調揭露男性掌有的權力與資源，以及對女性進行的排除與隔離。[2]

　　不過，比較少人注意到，《自己的房間》本身也是文學評論。某種程度上，這本書甚至可以說是女性主義文學批評（feminist literary criticism）的祖師奶奶。[3]吳爾芙爬梳歷

史上的女性詩作，從十七世紀女詩人溫契爾西夫人（Lady Winchilsea）與卡文迪許（Margaret Cavendish）的詩句中，發現暗藏的憤怒之火。吳爾芙堅持，早期女性作家壓抑的憤怒扭曲了她們的作品。

從這股憤怒之火，吳爾芙延續到十九世紀的女性小說家。吳爾芙認為，勃朗特和十七世紀女詩人一樣，將太多的憤怒注入《簡愛》之中，而這樣強烈的情緒，使得勃朗特無法完全釋放自己的才華：「當她應該冷靜書寫時，憤怒佔據了她。當她應該理智書寫時，愚昧佔據了她。當她應該書寫角色時，她在寫自己。」吳爾芙不滿《簡愛》的除了難以壓抑的憤怒之外，還有勃朗特顯而易見的個人聲音；《簡愛》原可擁有更清晰的視野，卻受制於勃朗特的顧影自憐。[4] 對吳爾芙來說，珍奧斯汀是更為理想的書寫典範，因為她能夠迴避女性作家的憤怒，不受負面情感影響，不受男性批評干擾，冷靜而客觀地書寫。吳爾芙在此解釋，一個小說家應該保持寫作的「誠實不倚」。勃朗特因為自己的怒火犧牲了誠實不倚的原則，而珍奧斯汀做到了。[5]

在《自己的房間》最後，吳爾芙承接自己對女性作家的討論，提出了「雌雄同體」（androgyny）的寫作典範。她主張，一個真正理想的寫作心靈，必須同時擁有「男性」與「女性」。過度意識自己的性別是危險的，單有一個性別也是危險的。一個作家若要創造出理想的作品，便要讓心靈中的「男性」與「女性」攜手合作，永結同心。在吳爾芙眼中，莎士比亞、濟慈（John Keats）、蘭姆（Charles Lamb）與柯立芝

（Samuel Taylor Coleridge）達到「雌雄同體」的理想。相較之下，彌爾頓（John Milton）、強森（Ben Jonson）、沃茲華斯（William Wordsworth）與托爾斯泰（Leo Tolstoy）則過於「男人」。而普魯斯特（Marcel Proust）雖可稱得上是「雌雄同體」的代表，卻還是偏向「女性」一些。

吳爾芙在《自己的房間》中表現出超脫與冷靜，不過，我們不禁想問，她的書寫能夠跳脫負面情緒、擺脫性別意識嗎？《自己的房間》的幽默諷刺中沒有潛抑的怒火嗎？《戴洛維夫人》（*Mrs. Dalloway*）的意識流動中沒有隱藏的焦慮嗎？這時，七〇年代末最有名的女性主義學者忍不住質疑，吳爾芙的冷靜不是超脫，吳爾芙的諷刺不是解放，吳爾芙也有勃朗特的焦慮、恐懼與憤怒，而她口中的「雌雄同體」理想，只不過是一種「逃逸」。

那個人的名字叫淑華特（Elaine Showalter）。

誰怕吳爾芙：《自己的房間》與女性主義文學論戰

一九七七年，美國女性主義學者淑華特出版代表作《她們的文學》（*A Literature of Their Own*）。[6] 在這本脫胎自博士論文的專書中，淑華特爬梳英國文學史的女性書寫傳統，從勃朗特到萊辛（Doris Lessing），從十九世紀上半葉到二十世紀下半葉。[7] 淑華特將女性書寫視為文學史中隱藏版

的「次文化」（subculture），強調女性作家如何在男性主導的陽剛文學史中，建立屬於自己的歷史、詩學與批評框架。這樣的論述路徑，後來發展為淑華特口中的「女性批評學」（gynocriticism）。

在「女性批評學」現身以前，早年女性主義批評大多力求審視男性文學中的性別意識形態，代表作是艾爾曼（Mary Ellmann）的《想想女人》（*Thinking about Women*）與米列（Kate Millett）的《性政治》（*Sexual Politics*）。[8]對淑華特來說，這樣的批評路徑關注的是「女性主義讀者」（"feminist as reader"），雖然成功批判了男性主導的文學論述，卻反過來仰賴男性論述生存，無法發展出有別於男人的文學與批評傳統。[9]這是為什麼，淑華特呼籲女性主義學者關注「女性作者」，共同發展以女性經驗為中心的文學傳統與批評論述。《她們的文學》就是「女性批評學」的最佳示範。[10]

靠著《她們的文學》，淑華特很快地成為七〇年代下半葉最火紅的女性主義學者。不過，淑華特的崛起反映的並非個人成就，而是女性主義批評逐漸走入美國學院的集體圖像。[11]她不是七〇年代下半葉靠著女性主義批評成名的唯一代表。同一時間，史派克（Patricia Meyer Spacks）的《女性想像》（*The Female Imagination*）、莫爾（Ellen Moers）的《文學女人》（*Literary Women*）以及吉爾柏（Sandra Gilbert）與古芭（Susan Gubar）合著的《閣樓上的瘋女人》（*The Madwoman in the Attic*），與淑華特的《她們的文學》一同躍上文學批評界的舞台。她們的論述在美國學院中奠定了女性文學批評的基

礎，成為往後女性研究學者必讀的經典著作。[12]

不過，《她們的文學》最受爭議之處，是專門討論吳爾芙的章節──〈吳爾芙與雌雄同體之逃逸策略〉（"Virginia Woolf and the Flight into Androgyny"）。淑華特發現，吳爾芙在《自己的房間》中所提出的「雌雄同體」理想，主導了女性主義文學批評的早年想像，成為賦有傳奇色彩的女性主義神話。[13] 但是，淑華特想要質疑的，正是這個烏托邦神話。她追溯吳爾芙的生平，將吳爾芙的生命與書寫交錯對照。吳爾芙不像姊姊凡妮莎貝爾（Vanessa Bell）在開放的婚姻關係中獲得自我實現，與先生雷納德吳爾芙（Leonard Woolf）的關係崎嶇不穩，後期飽受精神不穩折磨，而吳爾芙一生無法符合理想典範的「女性身份危機」（"crises in female identity"），造就了她潛抑的焦慮、恐懼與憤怒。[14]

淑華特在吳爾芙的作品中找到了這些潛抑的負面情緒。她認為，吳爾芙將自己的焦慮投射在《戴洛維夫人》中飽受精神創傷之苦的退役軍人賽提姆思史密斯（Septimus Smith）身上，也將自己對精神醫療體系的憤怒投注在對心理醫生威廉布雷蕭（William Bradshaw）的負面再現中。[15] 正是這樣的焦慮與憤怒，這樣的混亂與壓抑，讓吳爾芙離不開歷史上的女性書寫。在淑華特眼中，吳爾芙並不如自己所宣稱的那樣超脫，那樣平靜──吳爾芙或許比自己想像中更靠近勃朗特、更靠近女性文學傳統一些。

正因為如此，淑華特拒絕將吳爾芙提出的「雌雄同體」視

為解放。她認為，吳爾芙口中超越性別侷限的「雌雄同體」只不過是一種烏托邦想像。與其說「雌雄同體」是和諧的理想，不如說它是對性別——尤其是女性——的逃逸。「雌雄同體」看似將男性與女性平等並置，吳爾芙真正想要逃脫的，卻是那個為她帶來焦慮、恐懼與憤怒的女性（或說陰性）身份。「雌雄同體」因此不是陰陽共存，而是對陰性的淨化；「雌雄同體」也因此不是解放，而是壓抑——對女性、對陰性的壓抑。

淑華特的批評開創了英美文學學界的女性批評傳統。不過，八〇年代，一批汲取歐陸理論養分的學者崛起，開始挑戰以淑華特為首的「女性批評學」。其中，來自挪威的年輕學者莫伊（Toril Moi）在一九八五年以一篇〈誰怕吳爾芙〉（“Who's Afraid of Virginia Woolf”），直接槓上淑華特，指控淑華特對吳爾芙的批評落入本質論的窠臼，而她要在此「解救」吳爾芙。[16]

莫伊深受七〇年代法國女性主義理論影響，推崇的是克莉斯緹娃（Julia Kristeva）。[17] 在〈誰怕吳爾芙〉中，莫伊認為淑華特之所以不滿吳爾芙所提倡的「雌雄同體」，是因為她信仰傳統人文主義，遵循寫實主義文學的再現模式。莫伊將淑華特比為馬克思主義文學評論家盧卡奇（Georg Lukács），聲稱淑華特的女性主義文學批評，無異於盧卡奇的馬克思文學理論——好的寫實主義文學必能反映人類生活的完整面向。莫伊主張，這樣的文學批評論源自傳統人文主義，試圖穩固單一的主體位置，而這個「統一自我」（unified self）的概念，本身其實是高度父權的。[18]

在莫伊眼中，吳爾芙的現代主義書寫恰好跳脫了傳統人文主義的陷阱。吳爾芙的書寫之所以「女性主義」，不只在於哲學思想，更在於書寫模式。莫伊在此特別引用她推崇的克莉斯締娃。在早年代表作《詩性語言的革命》（*Revolution in Poetic Language*）中，克莉斯締娃曾揭露父權象徵體系（the Symbolic Order）與常態語言結構之間的共謀。她以法國詩人勞特拉蒙（Comte de Lautréamont）與馬拉美（Stéphane Mallarmé）為例，主張兩人的詩作中存在一種足以擾亂既有結構秩序的語言，因此可能帶起革命性的改變。雖然脈絡不盡相同，但是莫伊認為，吳爾芙的現代主義書寫擁有同樣的顛覆潛能。

莫伊進一步指出，吳爾芙的「雌雄同體」理論早在幾十年前便預言式地呼應了克莉斯締娃。在〈女人的時間〉（"Woman's Time"）中，克莉斯締娃曾提出三種女性主義位置——在第一種位置中，女人走入象徵秩序，要求兩性平等；在第二種位置中，女人拒絕象徵秩序，強調性別差異；第三種位置則既不爭取平等也不強化差異，而要揭露性別的建構特質。莫伊認為吳爾芙的「雌雄同體」理論貼近克莉斯締娃所提倡的第三種女性主義位置，接合了法國女性主義對本質性別身份的解構。因此，吳爾芙非但沒有「逃逸」女性身份，更穿越時空地與克莉斯締娃，聯手拆解了性別的本質迷思。[19]

莫伊透過法國女性主義理論重探吳爾芙的確有其貢獻，而淑華特所謂的「女性身份」也的確需要被問題化。不過，細讀雙方的論述以後，將不難發現莫伊對淑華特有不少誤解。首先，莫伊將寫實主義文學等同於對「統一自我」的穩固，並將

現代主義文學視為對單一主體位置的挑戰，但書寫模式的差異並非淑華特用以定義女性文學傳統的重點。淑華特反對的並非現代主義筆法，而是「雌雄同體」理論的烏托邦特質，以及吳爾芙對女性（陰性）經驗的迴避。另外，莫伊對現代主義文學的推崇也略顯天真。寫實主義小說必然導向單一主體的穩固，不存在任何語言結構中的矛盾、空隙與曖昧嗎？而現代主義小說必然因為挑戰了過去的再現模式而解構父權社會意識形態嗎？從後期女性主義學者對現代主義文學所提出的各種詰問，我們知道答案是更為複雜的。[20] 我們更不能忘記，吳爾芙筆下的「雌雄同體」作家包括了「前現代主義」時期的莎士比亞與浪漫詩人。顯然，美學模式並非吳爾芙定義「雌雄同體」書寫的標準。莫伊在此犯了一個明顯的錯誤——直接將美學等同於政治，認為現代主義文學必然激進，寫實主義文學必然保守。莫伊對淑華特的批評源自「解救」吳爾芙的渴望，但是她的「解放」是否忽略了吳爾芙與淑華特本身的論述，因而導向了另一種二元對立，值得我們更細膩的檢視。

「她們的批評」：女性主義文學批評的歷史皺摺

淑華特不滿吳爾芙的「雌雄同體」理想，莫伊崇尚吳爾芙的現代主義書寫，在看似水火不容的針鋒相對中，有沒有互相重疊的論述皺摺？有沒有其他可能的逃逸路線？我們能不能一方面解救「吳爾芙」，一方面也將吳爾芙放回女性文學的歷史脈絡中？

莫伊雖然不滿淑華特，卻忽略了自己曾與淑華特提出相似的論點。她主張完整統一的主體概念，本身即是「父權」的，因為這樣的概念穩固了既有的象徵秩序與語言結構。事實上，儘管淑華特的思想並不源自法國女性主義理論，她對吳爾芙的批評也正奠基於此。淑華特並不試圖推翻吳爾芙的所有作品。相反的，她認為吳爾芙的書寫中隱藏了各種潛抑的混亂與焦慮，而正是這樣的負面情感擾亂了主體的表面秩序，粉碎了看似平衡的「雌雄同體」。淑華特從未否定「雌雄同體」的可能；她認為「雌雄同體」若能包含女性的負面情緒——包括憤怒與恐懼——如此的「雌雄同體」也能擁有解放潛能。莫伊替吳爾芙辯護時曾指出，吳爾芙在《戴洛維夫人》中對賽提姆思的再現，以及對威廉布雷蕭的批判，都可以視為一種對父權語言結構的顛覆。而任何親自讀過淑華特的人都知道，那正是她在《她們的文學》中早就提出的論點。

　　看來，淑華特並沒有與莫伊那麼互斥，也不像莫伊所指控的那麼信仰「統一自我」。不過，在這段論述重疊之外，有沒有兩人尚未發現的批判空間可供探索？或許，另一個切入吳爾芙的角度，可以是現代主義文學的「文化政治」（cultural politics）。吳爾芙的書寫之所以有意義，不只是（淑華特所指出的）字裡行間潛抑的女性負面情緒，也不只是（莫伊所宣稱的）現代主義文學本身擁有的革命顛覆特質，而是她在男人主導的現代主義文學場域中，寫下了往往不被提及、甚至遭到賤斥的女性通俗文化經驗。莫伊認為《戴洛維夫人》中的克勞麗莎是穩固「父權象徵秩序」的代表，但克勞麗莎環繞著逛街購物等瑣碎經驗的流動意識，有沒有可能在不落入性別本質窠臼

的同時，開創出現代主義文學中往往缺席的女性大眾文化場景？正如費爾斯基（Rita Felski）在《現代性的性別》（*The Gender of Modernity*）中所說，現代性的論述不只來自藝文菁英圈，更來自「陰性化」的大眾文化，包括百貨公司、女性雜誌與大眾羅曼史。吳爾芙的激進性因此不在於現代主義文學「本質上」的顛覆潛能，也不在於女性作家共同承擔的負面經驗，而在於她再現了備受高度現代主義（high modernism）所壓抑的「大眾」與「陰性」政治。[21] 以這樣的觀點重探吳爾芙，我們或許可以在將吳爾芙放回女性書寫傳統的同時，一方面跳脫莫伊所警告的本質論陷阱，一方面又避免莫伊對現代主義未經問題化的推崇。

　　而在吳爾芙之外，莫伊與淑華特的世紀論戰又可以怎麼被閱讀？事實上，這場論戰不只是學者之間的唇槍舌戰，更濃縮了八〇年代女性主義批評的路線之爭。淑華特代表的是七〇年代下半葉逐漸在學院萌芽的女性文學傳統，莫伊象徵的則是八〇年代歐陸理論大舉進佔美國學院的關鍵歷史時刻。正如淑華特不是唯一的「女性批評學」代表，莫伊也不是因法國女性主義成名的第一人。早在一九七九年，巴納德女性研究中心（The Barnard Center for Research on Women）便在年度研討會「差異的未來」（"The Future of Difference"）中，探討法國與英美女性主義的相會。[22] 這場會議不只標示了大西洋兩岸的女性主義衝突，更預言了女性主義學界未來環繞著語言、書寫與精神分析的一系列論戰。[23] 莫伊與淑華特的戰爭因此是歷史的，學院的，集體的，無論如何都絕非個人的。[24]

事實上，莫伊不是八〇年代唯一挑戰淑華特的學者，歐陸理論也不是唯一解構英美女性主義的流派。隨著「差異政治」（politics of difference）的崛起，黑人、同性戀與後殖民女性主義在同一時間，劇烈衝擊女性主義文學批評的既有框架。女性主義學者已經不再能像七〇年代那樣，一心一意反抗男性文學，專心致志建構女性傳統。在性別、種族、情慾與階級的交錯建構之下，女性主義文學批評不再「天真」，也不再「理所當然」。這是為什麼，處於論戰核心的淑華特會在一九八五年主編那本跨時代的合集──《新女性主義批評》（*The New Feminist Criticism*）。這本合集不只有淑華特、吉爾柏與古芭，更有黑人女性主義學者史密斯（Barbara Smith）、女同志批評家紀茉曼（Bonnie Zimmerman），以及引介法國女性主義的瓊斯（Ann Rosalind Jones）。《新女性主義批評》象徵的不只是淑華特的「自我解構」，更是女性主義文學批評在動盪的八〇年代，所經歷的一場場「內部革命」。[25]

因此，在淑華特與莫伊之爭以後，女性主義文學批評也有了自己的歷史，自己的傳統。在「她們的文學」之外，也有了「她們的批評」（"a criticism of their own"）。莫伊對淑華特的挑戰，不過是「她們的批評」的其中一章；而支持淑華特或支持莫伊，也不再是最重要的事情。淑華特與莫伊畢竟不是女性主義文學批評的唯二選擇。在這場世紀論戰三十年之後，我們應該做的不是強化二元對立，而是試圖在兩人的論述中翻找女性主義批評的歷史皺摺，以後設觀點挖掘出女性主義理論暗藏的矛盾角力。這或許會是比單純的學術路線之爭，更具意義的論述工程。

註

1.

關於《時與潮》的文化位階與《自己的房間》的出版脈絡，見 Melissa Sullivan, "The 'Keystone Public' and Virginia Woolf: *A Room of One's Own, Time and Tide*, and Cultural Hierarchies," in *Virginia Woolf and the Literary Marketplace*, ed. Jeanne Dubino (New York: Palgrave Macmillan, 2010), 167-79.

2.

很多人將《自己的房間》視為吳爾芙的自傳式散文，因此忽視敘事者「瑪麗畢頓」的存在。瑪麗的出處是十六世紀的歌謠〈四個瑪麗之歌〉（"Ballad of the Four Marys"），其中包括瑪麗畢頓、瑪麗賽頓（Mary Seton）、瑪麗卡麥寇（Mary Carmichael）以及瑪麗漢米頓（Mary Hamilton）。值得注意的是，「瑪麗畢頓」不是傳統小說中穩固的敘事主體，敘事聲音疏離、分裂且游移。莫伊將此敘事策略連結到法國女性主義理論對單一性別主體位置的解構。見 Toril Moi, *Sexual/Textual Politics: Feminist Literary Theory* (London and New York: Routledge, 1988), 1-18.

3.

不少學者視《自己的房間》為女性主義文學批評的奠基之作，也有學者指出女性主義文學批評的原型可以追溯至十七世紀，甚至是中古時期。關於吳爾芙之於女性主義文學批評的關係，見 Jane Goldman, "The Feminist Criticism of Virginia Woolf," in *A History of Feminist Literary Criticism*, eds. Gill Plain and Susan Sellers (Cambridge: Cambridge University Press, 2007), 66-84.

4.

不過，後來也有女性主義學者替勃朗特辯護。卡普蘭（Cora Kaplan）便指出，吳爾芙刻意將《簡愛》中的女性怒火簡化為「個人的不滿」。她進一步主張，吳爾芙對《簡愛》的攻擊出於防衛心理，底下潛藏的其實是對勃朗特

的認同。見 Cora Kaplan, *Victoriana: Histories, Fictions, Criticism* (New York: Columbia University Press, 2007), 20.

5.

有趣的是，珍奧斯汀的冷靜，正是勃朗特不滿珍奧斯汀的原因。在寫給路易斯（George Henry Lewes）的信件中，勃朗特形容珍奧斯汀的小說宛如「一座設上藩籬、精心栽培的花園，有著清楚的界線與嬌貴的花朵，但是沒有開闊的鄉野，沒有新鮮的空氣。」她強調，自己絕對不會想住在奧斯汀的小說世界裡。勃朗特對奧斯汀的評論不只是單純的批評，也標示出兩種書寫模式——奧斯汀的寫實筆法對上勃朗特的歌德想像。不過，珍奧斯汀的小說其實也包含歌德元素，兩人的書寫共享了不少特色，不應被視為二元對立的存在。

6.

莫伊曾質疑淑華特在書名中挪用《自己的房間》，最後卻背離了吳爾芙。淑華特的書名確實與《自己的房間》有巧妙的呼應，不過並非出自吳爾芙，而出自米爾（John Stuart Mill）在《女性的從屬》（*The Subjection of Women*）中所作出的假設：「女人如果活在一個與男人隔絕的國家，並且從未讀過男人的著作，她們將會有屬於自己的文學。」《她們的文學》前身為淑華特完成於一九七〇年的博士論文《雙重標準：維多利亞期刊中的女性作家評論》（*The Double Standard: Criticism of Women Writers in Victorian Periodicals, 1845-1880*）。而後，淑華特以博士論文為出發點，從原本的維多利亞時期往後延伸，完成初稿《英國小說中的女性文學傳統》（*The Female Literary Tradition in the English Novel*）。當淑華特將初稿送至普林思頓大學出版社，編委會才將標題改為現有的書名。關於這段出版歷史，見 Elaine Showalter, "Twenty Years On: *A Literature of Their Own* Revisited," *Novel: A Forum of Fiction* 31.3 (1998): 399-401.

7.

淑華特的時間劃分受到來自學界的批評，不少學者指出十八世紀即有女性職業小說家與女性文學傳統。淑華特而後回應，之所以選擇從十九世紀中葉 —— 更精確來說是一八四〇年代 —— 開始書寫這段文學史，不是因為她企圖否定十八世紀的女性文學，而是因為這段時間是女性小說家開始擁有「集體意識」（group awareness）的關鍵時刻。她也承認自己的歷史劃分參考自緹洛森（Kathleen Tillotson）的《一八四〇年代小說》（*Novels of the 1840s*）。見 Showalter, "Twenty Years On," 406.

8.

《想想女人》與《性政治》雖然在同時期出版，也採取類似的批評路徑，書寫風格卻大相逕庭。莫伊發現，艾爾曼不如米列一般憤慨激昂，選擇以諷刺筆法突顯文學作品中的刻板印象，因此《想想女人》可以被視為一種「解構式閱讀」。見 Moi, *Sexual/Textual Politics*, 31-41.

9.

除了《想想女人》與《性政治》之外，另一個「女性主義讀者」的代表作為費特里（Judith Fetterley）的《反抗的讀者》（*The Resisting Reader*）。這本書雖然在一九七八年出版，卻仍以審視文學作品中的男性意識形態為主要批評路徑。晚近女性主義學者對費特里多有批判。她們認為將女性主義者預設為「反抗的讀者」，不只取消了閱讀主體與文本結構之間的協商關係，也鞏固了單一的閱讀實踐與文本政治。見 Shoshana Felman, *What Does a Woman Want? Reading and Sexual Difference* (Baltimore: Johns Hopkins University Press, 1993), 4-6; Rita Felski, *Literature After Feminism* (Chicago: University of Chicago Press, 2003), 33-38.

10.

關於淑華特對「女性批評學」的定義，見 Elaine Showalter, "Towards a Feminist Poetics," in *Women Writing and Writing about Women*, ed. Mary Jacobus (London: Croom Helm, 1979), 22-41; Showalter, "Feminist Criticism in the Wilderness," *Critical Inquiry* 8.1 (1981): 179-205.

11.
關於淑華特對女性主義文學批評建制以及自身學院經驗的反思，見 Elaine Showalter, *Inventing Herself: Claiming a Feminist Intellectual Heritage* (New York: Scribner, 2001), 263-83.

12.
除了這四本經典之外，同時期探討女性文學傳統的著作還有貝姆（Nina Baym）的《女性小說》（*Woman's Fiction*）、海爾本（Carolyn Heilbrun）的《重新發明女性自我》（*Reinventing Womanhood*）、霍曼（Margaret Homans）的《女性作家與詩歌身份》（*Women Writers and Poetic Identity*），以及布朗斯坦（Rachel Brownstein）的《成為女主角：閱讀小說中的女性》（*Becoming a Heroine: Reading about Women in Novels*）。

13.
淑華特在此引用的是海爾本早年的名著《邁向雌雄同體認同》（*Toward a Recognition of Androgyny*）。

14.
事實上，凡妮莎貝爾的開放式婚姻不如表面上看起來那麼完滿，其中還包含克萊夫貝爾（Clive Bell）與吳爾芙的一段婚外情。見 Katie Roiphe, *Uncommon Arrangements: Seven Marriages* (New York: Dial Press, 2008), 143-78.

15.
淑華特在此指出女性精神疾病如何受到十九世紀以降精神醫學體制的建構，以及看似客觀的精神醫學論述中暗藏的厭女情結。關於這個主題，可以參考淑華特的《女性疾病：女人、瘋狂與英國文化》（*The Female Malady: Women, Madness and English Culture, 1830-1980*）。

16.
這篇文章首先發表於《加拿大政治與社會理論期刊》（*Canadian Journal of Political and Social Theory*），同年收錄於莫伊的專書《性別／文本政治》（*Sexual/Textual Politics*）中。

17.
莫伊在同一時間主編《克莉斯締娃讀本》（*The Kristeva Reader*）與《法國女性主義思想》（*French Feminist Thought*），是將法國理論引入美國學院的重要人物。許多人因為莫伊引介法國女性主義而將她視為西蘇（Hélène Cixous）與伊希嘉黑（Luce Irigaray）的擁護者。不過，莫伊真正支持的只有克莉斯締娃，在《性別／文本政治》中也對西蘇與伊希嘉黑提出不少批判。九〇年代起，莫伊的研究重心逐漸從克莉斯締娃轉向西蒙波娃（Simone de Beauvoir），不只出版了廣受好評的《西蒙波娃：一個女性知識份子的打造》（*Simone de Beauvoir: The Making of an Intellectual Woman*），更在《什麼是女人》（*What Is a Woman?*）一書中呼籲女性主義學者重新閱讀波娃。關於莫伊在出版《性別／文本政治》以後受到的誤解，以及她的研究轉向，見 Jeffrey J. Williams, "What Is an Intellectual Woman?: An Interview with Toril Moi," *The Minnesota Review* 67 (2006): 65-82.

18.
面對這項指控，淑華特有所回應。她承認自己在七〇年代並未讀過莫伊大量引用的法國女性主義理論，不過，她同時指出法國理論對於自己要爬梳的英國女性文學傳統幫助不大。淑華特強調，自己在《她們的文學》中所採取的論述路徑是「歷史性」與「文化性」，而非「哲學性」的。見 Showalter, "Twenty Years On," 404.

19.
不過，莫伊自己也承認，第三種位置不代表徹底放棄女性政治，而是在看穿性別建構特質的情況下提倡女性主義。這某種程度上也反映了女性主義與解構理論之間的愛恨情仇。事實上，莫伊口中具有後設意識的女性政治未必與淑華特的女性批評學抵觸。淑華特曾表示自己爬梳女性文學傳統的方法應被視為一種「歷史特定策略」（"historically-specific strategy"）。見 Showalter, "Twenty Years On," 403.

20.
關於現代主義文學的性別政治，費爾斯基指出，有些女性主義學者批判男性主導的現代主義文學跳脫不了父權意識形態，透過疏離的實驗性美學拒斥陰性化的身體與情感經驗，有些女性主義學者則全心擁抱現代主義文學對傳統語言結

構的挑戰。另有女性主義學者探討女人寫出的現代主義文學如何重新修正既有的再現框架。現代主義文學是否真如莫伊所指稱的那麼激進，顯然是更為複雜的議題，也開創了另一個女性主義的辯論戰場。見 Rita Felski, *The Gender of Modernity* (Cambridge: Harvard University Press, 1995), 11-34.

21.
值得注意的是，費爾斯基一方面雖點出女性大眾文化在現代主義文學中的邊緣化，一方面卻又將吳爾芙與史坦（Gertrude Stein）一同納入「藝文菁英圈」，顯然忽略了吳爾芙作品中的「大眾」面向。關於吳爾芙和時尚、消費與女性雜誌等「大眾現代性」之間的複雜關係，見 Reginald Abbott, "What Miss Kilman's Petticoat Means: Virginia Woolf, Shopping, and Spectacle," *Modern Fiction Studies* 38.1 (1992): 193-216; Mica Nava, "Modernity Tamed? Women Shoppers and the Rationalisation of Consumption in the Interwar Period," *Australian Journal of Communication* 22.2 (1995): 1-19; R. S. Koppen, *Virginia Woolf, Fashion and Literary Modernity* (Edinburgh: Edinburgh University Press, 2009).

22.
巴納德女性研究中心自一九七四年起舉辦一年一度的「學者與女性主義會議」（Scholar and Feminist Conference），意圖結合學術研究與女性主義政治，是美國最重要的女性主義學術中心之一。一九七九年的「差異的未來」為其第六屆會議。這場會議對英美與法國女性主義之間的衝突矛盾留下不少有意義的討論。而後，與會學者根據會議論文，共同書寫同名專書《差異的未來》（*The Future of Difference*）。相關討論參見史丹頓（Domna C. Stanton）、費哈（Josette Féral）、梅克沃（Christiane Makward）、蓋洛普（Jane Gallop）與柏克（Carolyn G. Burke）發表於《差異的未來》的專文。另見 Gayatri Chakravorty Spivak, "French Feminism in an International Frame," *Yale French Studies* 62 (1981): 154-84; Sylvie A. Gambaudo, "French Feminism vs. Anglo-American Feminism: A Reconstruction," *European Journal of Women's Studies* 14.2 (2007): 93-108.

23.
精神分析是英美與法國女性主義的重要衝突點。有人認為英美女性主義拒斥精

神分析，法國女性主義則擁抱精神分析，這樣的二元對立無法解釋兩者之間的細膩差異。英美女性主義不僅自七〇年代起即有自己的精神分析論述——代表作為米契爾（Juliet Mitchell）的《精神分析與女性主義》（*Psychoanalysis and Feminism*）——法國女性主義對於拉岡學派也並非全面擁抱。蓋洛普指出，美國女性主義挪用精神分析時，關注的是「自我」（self），而法國女性主義延續拉岡理論時，聚焦的卻是「主體」（subject）；前者奠基於「自主個體」（autonomous individual）的想像，後者則強調主體在語言結構中的相對位置。因此美國與法國女性主義真正的歧異不在於對精神分析的拒斥或接納，而在於對精神分析的「差異性閱讀」。見 Jane Gallop and Carolyn G. Burke, "Psychoanalysis and Feminism in France," in *The Future of Difference*, eds. Hester Eisenstein and Alice Jardine (New Brunswick: Rutgers University Press, 1987), 106-21.

24.
自八〇年代末起，學界也出現多本專書回顧莫伊與淑華特的經典論戰，以及法國女性主義進入美國學院以後對文學批評造成的影響。見 Janet Todd, *Feminist Literary History* (New York: Routledge, 1988); Rita Felski, *Beyond Feminist Aesthetics: Feminist Literature and Social Change* (Cambridge: Harvard University Press, 1989); Jane Gallop, *Around 1981: Academic Feminist Literary Theory* (New York and London: Routledge, 1992).

25.
除了《新女性主義批評》之外，格林（Gayle Greene）與康恩（Coppelia Kahn）同年主編的《創造差異》（*Making a Difference: Feminist Literary Criticism*），同樣是深具代表性的女性主義文學批評合集。

Sex, Heels
and Virginia Woolf:

———— **Chapter 2**   誰的傲慢與偏見：珍奧斯汀與女性主義思想之戰

一八七〇年，珍奧斯汀的姪子詹姆斯愛德華奧斯汀李（James Edward Austen-Leigh）出版《珍奧斯汀回憶錄》（A Memoir of Jane Austen）。這本在珍奧斯汀去世半個世紀以後才現身的回憶錄，不只在維多利亞晚期掀起一波珍奧斯汀熱潮，更塑造出珍奧斯汀的家居形象。在奧斯汀李筆下，珍奧斯汀是一個隱匿才華的女人，也是一個善於女工的女人。她一邊執筆，一邊使針線。更重要的是，她是那個喜歡說故事給姪子姪女聽的仙女教母。奧斯汀李因此透過這本回憶錄，成功「家居化」了珍奧斯汀。同樣家居化珍奧斯汀的不只是文字，更是奧斯汀李所選用的肖像。

在回憶錄卷首的肖像畫中，珍奧斯汀神情柔美，姿態端莊，一如維多利亞時期的典型淑女。不過，這幅肖像的前身，其實是珍奧斯汀仍在世時，姊姊卡珊卓（Cassandra Austen）替她畫的一幅素描。在卡珊卓的素描中，我們找到了另一個珍奧斯汀。這個珍奧斯汀雙手交叉胸前，神情驕傲，展現出嘲諷世俗的不馴姿態；她雖然同樣待在室內，卻絕對不符合維多利亞時期的淑女想像。

究竟哪一個才是珍奧斯汀？是卡珊卓素描中桀驁不馴的女人，還是回憶錄畫像中端莊典雅的淑女？沒有人可以知道。但珍奧斯汀的肖像流變，正好預言了未來的女性主義文學論戰。[1] 奧斯汀李的回憶錄在一八七〇年「家居化」了珍奧斯汀，成功將珍奧斯汀擺置於政治紛爭之外。一百年後，卻有一本書反過來「政治化」珍奧斯汀，不只將珍奧斯汀重新放入烽火綿延的政治動亂之中，更開啟了以珍奧斯汀為中心的女性主義論

戰。[2]

這本書的名字不叫別的，正叫做《珍奧斯汀與思想之戰》（*Jane Austen and the War of Ideas*）。

珍奧斯汀的保守或進步：啟蒙女性主義的可能與侷限

一九七五年，巴特勒（Marilyn Butler）出版了影響珍奧斯汀學界最重要的著作之一，《珍奧斯汀與思想之戰》。在巴特勒以前，少有人將珍奧斯汀擺放在政治與歷史的脈絡下檢視。[3]珍奧斯汀寫的是芝麻小事，鄉村瑣事。就連珍奧斯汀自己都說了，她不過是在「兩吋象牙」（"the little bit [two Inches wide] of Ivory"）上書寫。[4]但巴特勒正是要「無事生非」，讓珍奧斯汀的芝麻小事化為「滔天大事」，讓珍奧斯汀的鄉村瑣事，重返法國大革命之後在英國爆發的思想大戰。

不過，真正讓巴特勒成為爭議性人物的，是她在書中的大膽宣稱——珍奧斯汀很保守，珍奧斯汀很反動。[5]巴特勒雖然將珍奧斯汀放置於「後革命」的思想大戰之中，卻否認了珍奧斯汀激進的可能。她認為，真正形塑珍奧斯汀小說的，還是十八世紀風行的教養手冊（conduct books）。法國大革命之後，英國與歐陸一樣掀起了激進共和主義（Jacobinism）與反激進共和主義（anti-Jacobinism）之間的戰爭。在巴特勒眼中，珍奧斯汀選擇了後者。

於是，巴特勒將珍奧斯汀最受歡迎的《傲慢與偏見》讀為反動之書。儘管有人視伊莉莎白為叛逆英雄，巴特勒卻主張，埋藏在這本小說中的仍是一場道德教育。伊莉莎白終究犯錯，終究低頭，終究承認自己的傲慢與偏見。不只伊莉莎白，珍奧斯汀筆下的兩種女性——犯錯而知錯的少女（《傲慢與偏見》中的伊莉莎白、《艾瑪》中的艾瑪、《理性與感性》中的瑪麗安與《諾桑覺寺》中的凱薩琳），以及象徵律法與秩序的少女（《理性與感性》中的愛蓮諾、《曼斯菲德莊園》中的芬妮與《勸服》中的安）——正好符合了十八世紀末保守小說中的女性典型。巴特勒說，珍奧斯汀壓抑了隨著革命興起的激進思想浪潮。

巴特勒不只將珍奧斯汀放入「後革命」的思想之戰中，自己也掀起了一場思想之戰。在巴特勒之後，珍奧斯汀已經不可能「去歷史」、「去政治」；而她究竟是保守還是激進，「女性主義」還是「反女性主義」，也點燃了學院內的辯論之火。這場火一燒，便燒了整整四十年。克爾漢（Margaret Kirkham）在一九八三年以一本《珍奧斯汀、女性主義與小說》（*Jane Austen, Feminism and Fiction*），直接推翻巴特勒，宣稱珍奧斯汀不只不保守，不反動，而且象徵了十八世紀興起的啟蒙女性主義（Enlightenment feminism）。

克爾漢將珍奧斯汀與十八世紀的女權先鋒沃斯通克拉夫特（Mary Wollstonecraft）交織閱讀，認為珍奧斯汀的小說一如沃斯通克拉夫特，可以被視為「啟蒙女性主義」的代表。雖然我們沒有珍奧斯汀閱讀《女權的辯護》（*A Vindication of the*

Rights of Woman）的直接證據，但是，克爾漢認為，珍奧斯汀很難不察覺在當時風起雲湧的啟蒙女性主義思想。因此，珍奧斯汀不只不是反動派份子，更是女權思想家。不同於巴特勒，克爾漢將《傲慢與偏見》中的伊莉莎白與《理性與感性》中的愛蓮諾，視為珍奧斯汀筆下的啟蒙女性主義典範。珍奧斯汀的女人可以跟男人平起平坐，可以透過啟蒙教育成長 —— 珍奧斯汀因此象徵「啟蒙女性主義」。

巴特勒和克爾漢一個將珍奧斯汀貶為保守份子，一個將珍奧斯汀捧為女權先鋒，看起來是二元對立，水火不容，不過卻源自同樣的自由女性主義（liberal feminism）思想。[6] 不管是認為珍奧斯汀反對進步個人主義，還是主張珍奧斯汀支持女性理性啟蒙，其實都不脫廣為後繼女性主義者所詬病的自由人文主義思維。強調女人和男人一樣理智，似乎難以動搖穩固父權社會根基的理性秩序。塔德（Janet Todd）因此說，珍奧斯汀反對浪漫主義[7]，反對陰性感知（feminine sensibility），而陰性感知正是顛覆父權社會秩序的潛在威脅。[8]

有趣的是，陰性傳統恰好是另一群女性主義學者替珍奧斯汀辯護的原因。在保守與進步、反動與啟蒙的二元對立之外，有一群學者將珍奧斯汀放入英美文學史的女性傳統，重探珍奧斯汀如何在理性與感性的矛盾之中，發展出祕密的書寫策略。在這樣的視角之下，珍奧斯汀或許未必激進，卻在看似理性的表象背後，展現出不為人知的浪漫面貌。

珍奧斯汀的理性與感性：走入女性文學史傳統

　　一九七九年，吉爾柏與古芭出版《閣樓上的瘋女人》。在這本女性主義文學經典中，吉爾柏與古芭不只挖掘出英美文學史中潛藏的女性傳統，更提出一個大膽的假設 —— 在女性文學中，女作家往往將自己潛抑的憤怒，化為小說中的瘋狂分身（maddened double）。如書名所暗示，啟發了吉爾柏與古芭的，正是勃朗特那本寫出了經典「瘋女」代表的《簡愛》。

　　雖然《閣樓上的瘋女人》核心是勃朗特的《簡愛》，吉爾柏與古芭依舊將珍奧斯汀放入這段女性文學史中。[9] 對吉爾柏與古芭而言，珍奧斯汀的小說同樣可以用她們的「分身」理論來解讀 ——《傲慢與偏見》中的伊莉莎白是珍奧斯汀的叛逆自我，而珍則是溫馴自我；《理性與感性》中的瑪麗安是珍奧斯汀的浪漫自我，而愛蓮諾則是規訓自我。珍奧斯汀的自我分裂，不只是女性小說家的個人創作模式，更是歷史上女性的集體社會經驗。對吉爾柏與古芭來說，珍奧斯汀的「封面故事」（cover story）暗藏了對父權社會的不滿與反抗，而這些祕密的反抗，就體現在珍奧斯汀筆下的叛逆女子身上。[10] 珍奧斯汀表面上是珍，是愛蓮諾，是芬妮，私底下卻是艾瑪，是瑪麗安，是蘇珊夫人。吉爾柏與古芭的「封面故事」理論，呼應了早先吳爾芙對珍奧斯汀所作出的評論 —— 在表面的冷靜底下暗藏深沉的情緒。[11]

　　吉爾柏與古芭的理論在七〇年代石破天驚，也開啟了英美女性文學史的浪潮，但是，她們單純的文本分析卻也不免落入

二元對立。我們似乎只能看到珍與伊莉莎白的相對，愛蓮諾與瑪麗安的互斥。吉爾柏與古芭的理論因此少了歷史，少了曖昧。一九八四年，普薇（Mary Poovey）的《淑女與女作家》（*The Proper Lady and the Woman Writer*），正好補上了吉爾柏與古芭缺少的歷史與曖昧。

在《淑女與女作家》中，普薇將珍奧斯汀與浪漫主義文學最傳奇的母女代表放在一起閱讀 —— 沃斯通克拉夫特與瑪麗雪萊（Mary Shelley）。不過，這本書更大的貢獻，是將吉爾柏與古芭的「分身」理論「再脈絡化」。普薇重探十八世紀的教養手冊如何在核心家庭興起之際規範女性的慾望與消費，界定合宜的舉止與儀態，形塑出中產階級最理想的女性典型 —— 淑女（the proper lady）。十八世紀末崛起的女性小說家，不可能脫離這樣的歷史背景獨立寫作。如果想要解讀這段女性文學史的密碼，我們就必須深究女性作家與「淑女」意識形態之間的愛恨糾葛。

婚家要女人待在私有空間，寫作卻要女人拋頭露面，寫作無可避免地與婚家矛盾，與教養衝突。那麼，女性作家如何面對十八世紀末鋪天蓋地的「淑女」意識形態？除了我們熟知的男性化名之外，普薇也發現，女性作家時常透過「風格」進行反抗。因此，女作家的戲擬（parody）不再是戲擬，而是隱藏在幽默之下的雙面批判[12]；女作家的角色扮演（role-playing）也不只是角色扮演，而是避免直接表露慾望的多重包裝。女作家幽默諷刺，調戲文類，透過文字閃躲，也透過文字扮裝，在層層疊疊的文學技巧中，包藏起一個矛盾複雜的自我。這樣看

來，女作家的風格就不只是風格，而同時是政治。這些作為政治策略也作為逃逸路線的多重書寫風格，在普薇眼中，正是十八世紀末女性書寫最重要的歷史遺產。[13]

透過普薇的理論，我們因此有了一個更複雜的珍奧斯汀。吉爾柏與古芭雖然揭露了珍奧斯汀「封面故事」底下的祕辛，卻也在分身理論的二元對立中將珍奧斯汀的小說一刀兩斷；普薇卻在十八世紀末女性作家的書寫傳統中，看出珍奧斯汀如何挪用多重寫作策略進行協商。瑪麗安不會單單只是「感性」，愛蓮諾也不會單單只是「理性」。珍奧斯汀筆下的女主角，往往在理性與感性之間來回游移；珍奧斯汀筆下的敘事者，也往往不是至高無上的權威聲音，而是眾聲喧譁的其中之一。

如果吉爾柏與古芭將珍奧斯汀的分身視為艾瑪、瑪麗安與伊莉莎白，普薇則將所有的女性角色都視為珍奧斯汀筆下萬花筒般的折射光影。每一個角色面臨的虛構矛盾，都可能是女作家與十八世紀「淑女」意識形態協商時曾經歷的歷史掙扎。普薇的《淑女與女作家》是對《閣樓上的瘋女人》的「再脈絡化」，也是對珍奧斯汀的「再歷史化」；她前面繼承七〇年代末由吉爾柏與古芭奠定的女性主義文學批評，後面啟發八〇年代一系列拒絕將珍奧斯汀視為單純保守份子的新歷史研究。[14]

在普薇之後，另一個深受她影響的珍學名家崛起。強森（Claudia L. Johnson）一九八八年的代表作《珍奧斯汀：女人、政治與小說》（*Jane Austen: Women, Politics and the Novel*），遙相呼應了巴特勒十多年前開創的政治性閱讀。不過，強森不

只拒絕承認珍奧斯汀是保守份子，更提出了珍奧斯汀的激進可能。這一次，珍奧斯汀化為「後革命」思想之戰的祕密反叛份子。

對強森來說，珍奧斯汀或許不像沃斯通克拉夫特那樣站在思想之戰的絕對前鋒，但珍奧斯汀一如同時期其他女作家，將自己對思想之戰的回應，偷偷埋入作品之中。[15] 在這個時期，許多不明顯激進卻也不單純保守的女性作家，為了避免如沃斯通克拉夫特那樣遭受反挫，往往在作品中一方面挪用傳統題材，一方面進行迂迴批評。強森指出，珍奧斯汀在小說中部署了許多極度敏感的政治語彙，但是她同時以繁複的敘事技巧，將激進的政治意涵包藏在鄉村瑣事之中。奧斯汀小說中的失能或虛榮父親，如《艾瑪》中的伍德豪斯先生、《勸服》中的艾洛特爵士或《諾桑覺寺》中的提爾尼將軍，就可以視為珍奧斯汀對父親權威（paternal figure）的質疑，而非保守小說與教養手冊中對父權的美化。因此，我們或許能說珍奧斯汀的小說「去論戰化」（depolemicize），卻不能說珍奧斯汀的小說「去政治化」（depoliticize）。

珍奧斯汀不是驚世駭俗的沃斯通克拉夫特；珍奧斯汀也不是保守反動的魏思特（Jane West）。[16] 在十八世紀末從法國一路漫燒到英國的思想之戰中，珍奧斯汀是那個把錯綜複雜的政治意涵層層疊疊編織入舞會時尚、婚姻愛情中的祕密反叛份子。閱讀珍奧斯汀，就是一場歷史解碼過程。

珍奧斯汀的情慾與祕密：邁向酷兒逃逸路線

　　一九九五年，凱叟（Terry Castle）在《倫敦書評》（*London Review of Books*）上評論拉斐（Deirdre Le Faye）新編的《珍奧斯汀信件集》（*Jane Austen's Letters*），封面標題卻如此宣稱：「珍奧斯汀是同性戀嗎？」（"Was Jane Austen Gay?"）。這篇文章原本只是書評，卻因為聳動的標題，在世紀末掀起珍奧斯汀學界最大的一場論爭。[17]

　　當然，身為美國最重要的女同志學者之一，凱叟不可能不知道，珍奧斯汀並非當代身份政治中的「女同性戀」。在珍奧斯汀所處的攝政英國中，「同性戀身份」尚未透過現代醫學與精神分析論述現身。[18] 因此，珍奧斯汀是否為同性戀，正如莎士比亞是否為同性戀，某種程度上都算是「時代錯置」的提問。但凱叟的文章要談的並非珍奧斯汀是否為現代意義下的「女同性戀」，而是存在於珍奧斯汀與姊姊卡珊卓之間的女同性情慾（female homoeroticism）。事實上，這篇文章原本的標題，正是〈姊妹之間〉（"Sister-Sister"）。

　　凱叟發現，珍奧斯汀寫給姊姊卡珊卓的信件中充滿對男人的尖酸挪揄以及對女人的細膩描繪——包括女人的衣飾，女人的身體，女人的凝視，女人的慾望。與其說它們是姊妹家書，不如說它們更像是珍奧斯汀與卡珊卓的戀人絮語。[19] 凱叟以兩人的同性情誼重返攝政英國，揭露出普遍存在於姊妹之間的親密關係（sororal attachments）：姊妹互通書信，同床共枕，替彼此著衣裝飾。[20] 凱叟也以姊妹關係重返珍奧斯汀小說，發

現珍奧斯汀在異性戀婚姻敘事之外部署的同性慾望——在《諾桑覺寺》中，凱薩琳雖然與提爾尼先生結合，但更令她開心的，似乎是自己因此能與愛蓮諾提爾尼成為「姊妹」。這樣存在於姊妹之間的女女情誼自然不是現代定義中的「女同性戀」，卻也在珍奧斯汀的「封面故事」底下，開創出另一種情慾可能。

事實上，凱叟不是最早對珍奧斯汀進行「酷兒閱讀」的人物。早在一九九一年，酷兒理論教母賽菊克（Eve Kosofsky Sedgwick）便曾發表過一篇極受爭議的文章——〈珍奧斯汀與自慰女孩〉（"Jane Austen and the Masturbating Girl"）。這篇文章和凱叟的書評一樣廣受誤讀，不少人以為賽菊克宣稱瑪麗安與愛蓮諾是女同性戀。賽菊克的確曾在文中點出存在於兩人之間的同性情慾，但她真正想要探討的，卻是一個「失傳的」性別身份：自慰女孩。

誰是「自慰女孩」？「自慰女孩」為何失傳？賽菊克特別挑出《理性與感性》中有名的姊妹臥房場景，追溯瑪麗安作為「自慰者」（onanist）的歷史。[21] 如果當代身份政治中的「同性戀」是論述建構，那麼，「自慰者」也同樣是歷史產物。賽菊克在此翻開醫學史文獻，發現十八世紀起的反自慰論述（anti-onanist discourse），以及對自慰主體進行的分類與規訓技術，使得「自慰者」可能在異性戀／同性戀二分法之前現身，成為現代性別身份的原初模型（"proto-form of modern sexual identity"）。但是到了二十世紀，「自慰」（autoeroticism）逐漸被納入常態性別身份的發展模型之中；

自慰因此不再是令人畏懼的情慾類別，而是常態性別主體在抵達「他慾」（alloerotic）階段以前必經的過渡時期。所以，自慰者既是一種可能的性別身份，也是一個已經「失傳」的性別身份。《理性與感性》中的瑪麗安，代表的正是這個消失的「自慰女孩」。

顯而易見的，賽菊克真正的意圖不在於分析珍奧斯汀，而在於透過珍奧斯汀的小說片段，探索情慾身份的歷史建構。這種「酷兒式」的閱讀策略，真正的繼承者或許是同樣擅長歪讀的米勒（D. A. Miller）。如果賽菊克透過珍奧斯汀的小說重新想像「自慰女孩」，凱曳透過珍奧斯汀的信件再次挖掘女女情慾，米勒則要在珍奧斯汀的讀者社群中，找到那些不敢坦承自己迷戀的深櫃男同志。

在《珍奧斯汀或風格的祕密》（*Jane Austen, or the Secret of Style*）中，米勒指出，珍奧斯汀的寫作風格雖是出了名的超脫客觀（impersonality），卻也不免被歸類為很「女性」的書寫。因此，很少男人敢大聲宣稱自己熱愛珍奧斯汀，迷戀珍奧斯汀。正是這樣很「陰柔」、很「女性」的文化位置，使得珍奧斯汀與男同志產生連結 —— 這段連結的關鍵在於「羞恥」。閱讀珍奧斯汀，正如陰柔男同志埋藏在深櫃中的祕密。[22]

但珍奧斯汀與陰柔男性的連結不只存在於文本之外，更在文本之內。在此，米勒和賽菊克一樣，挑上了《理性與感性》。不過，賽菊克談的是瑪麗安的「自慰女孩」身份，米勒談的則是羅伯費華士（Robert Ferrars）的「自戀男孩」傾

向。在珠寶店中，羅伯費華士對女人毫無興趣、專注挑選牙籤盒的場景，被米勒讀出了酷兒可能。當然，正如珍奧斯汀不會是「女同性戀」，羅伯費華士也不會是「男同性戀」。但是，因為羅伯費華士的原慾只回歸自身，不投向女性，即便走入象徵婚姻市場的珠寶店，也並不意圖「交易女性」，一心追求自身「風格」。因此，羅伯費華士真正的「酷兒」之處，在於他雖非「同性戀」，卻也「不異性戀」（un-heterosexual）；雖未展示明確身份，卻也拒絕了性別常規。

從女女情慾到陰柔同志，從走入歷史的自慰女孩到只愛飾品的自戀男孩，賽菊克、凱叟與米勒的崛起，暗示了珍奧斯汀研究在世紀末的「酷兒轉向」。我們因此不只有了珍奧斯汀的女性主義批評──我們有了「酷兒珍奧斯汀」（queer Austen）。正如凱叟風波所示，酷兒學者意圖探索的並非珍奧斯汀或她筆下的角色究竟「是／不是」同性戀，而是嘗試在珍奧斯汀的潛文本中，挖掘出不同於異性戀常規（heteronormativity）的各種情慾可能。作為新興酷兒學者，圖特（Clara Tuite）就說，酷兒閱讀之所以重要，在於珍奧斯汀早已被正典化，成為異性戀常規的生產中心，而「酷兒珍奧斯汀」正是要透過各種閱讀策略，試圖攪擾這個反覆穩固異性戀婚家神話的正典複製過程（canonical reproduction）。[23] 珍奧斯汀或許很難想像，在女性主義的思想大戰之外，自己還能替隱藏在攝政英國中的酷異主體們，開創出一條不必然「異性戀」，也不必然「婚家」的逃逸路徑。

註

1.

珍奧斯汀自十九世紀起在傳記、肖像與編輯版本中所歷經的種種「再現」及背後隱藏的性別意識形態，是女性主義學者十幾年來反覆辯證的核心議題。見 Emily Auerbach, *Searching for Jane Austen* (Madison: University of Wisconsin Press, 2004); Kathryn Sutherland, *Jane Austen's Textual Lives: From Aeschylus to Bollywood* (Oxford: Oxford University Press, 2005); Claire Harman, *Jane's Fame: How Jane Austen Conquered the World* (Edinburgh: Canongate, 2009); Juliette Wells, *Everybody's Jane: Austen in the Popular Imagination* (London and New York: Continuum, 2011); Claudia L. Johnson, *Jane Austen's Cults and Cultures* (Chicago: University of Chicago Press, 2012); Devoney Looser, *The Making of Jane Austen* (Baltimore: Johns Hopkins University Press, 2017).

2.

事實上，早在第一波女性主義運動中，珍奧斯汀就與同時期的女作家──包括柏尼（Fanny Burney）、埃奇沃斯（Maria Edgeworth）與沃斯通克拉夫特──出現於「女性作家投票權聯盟」（Women Writers' Suffrage League）的遊行旗幟中。珍奧斯汀與女性主義政治的連結，顯然早於七〇年代。不過，一直要到七〇年代以後，珍奧斯汀才會隨著女性主義文學批評的崛起化為論戰中心。關於第一波女性主義運動與珍奧斯汀之間的連結，見 Looser, *The Making of Jane Austen*, 164-77.

3.

珍奧斯汀在學界所引發的女性主義論爭可以追溯到七〇年代上半葉。早在一九七三年，就有兩篇意見不合的文章同時現身。史蒂芙（Edna Steeves）在〈十八世紀小說的前女性主義〉（"Pre-Feminism in Some Eighteenth-Century Novels"）中認為珍奧斯汀與同時期的柏妮與埃奇沃斯一樣，將婚姻視為女性的「唯一職業」，並沒有對父權婚姻體制提出批判。布朗（Lloyd Brown）卻在同年的〈珍奧斯汀與女性主義傳統〉（"Jane Austen and the

Feminist Tradition"）中指出珍奧斯汀與沃斯通克拉夫特之間的共通之處，啟發了後續學者將珍奧斯汀視為女性主義先鋒的批評路線。這兩篇文章的意見衝突提早預示了往後的學界論戰。關於珍奧斯汀與女性主義批評的早年發展，見 Christine Marshall, "'Dull Elves' and Feminists: A Summary of Feminist Criticism of Jane Austen," *Persuasions* 14 (1992): 39-45; Devoney Looser, "Jane Austen, Feminist Literary Criticism, and a Fourth 'R': Reassessment," *Persuasions* 16 (1994): 125-34.

4.
這句名言出自珍奧斯汀於一八一六年十二月十六日寫給奧斯汀李的信。

5.
巴特勒作為當代珍學最容易被引用的批評家，地位十分矛盾。一方面，巴特勒率先將珍奧斯汀置於歷史政治脈絡之中，象徵了珍奧斯汀批評的「政治轉向」，因此成為最重要的珍學名家之一；另一方面，巴特勒將珍奧斯汀視為保守反動份子的宣言，卻又引發不少後續學者的批評。在巴特勒之後崛起的強森曾表示，儘管自己強烈反對巴特勒的論點，她都必須深深感謝巴特勒將珍奧斯汀置入「思想之戰」的歷史脈絡之中。

6.
克爾漢在《珍奧斯汀、女性主義與小說》再版時，也在序言中檢討早先的論述缺陷。她承認自己在當年以啟蒙女性主義分析珍奧斯汀有其侷限，而這與她成長的自由女性主義背景無法脫節。《珍奧斯汀、女性主義與小說》出版時，她尚未將這本書放置在後來風起雲湧的「複數女性主義」脈絡之中，檢討自由女性主義的可能侷限。

7.
珍奧斯汀究竟是否「反浪漫主義」（anti-Romantic），也是學界爭辯已久的

話題。不少學者指出珍奧斯汀與浪漫主義文學之間的連結。見 Susan Morgan, "Jane Austen and Romanticism," in *The Jane Austen Companion*, eds. J. David Grey, A. Walton Litz, and Brian Southam (New York: Macmillan, 1986), 364-68; Clara Tuite, *Romantic Austen: Sexual Politics and the Literary Canon* (Cambridge: Cambridge University Press, 2002); William Deresiewicz, *Jane Austen and the Romantic Poets* (New York: Columbia University Press, 2004).

8.
塔德認為沃斯通克拉夫特的《女權的辯護》的確較符合啟蒙女性主義的思想傳統，但沃斯通克拉夫特也不只如此。在她去世以後才被出版的歌德小說《瑪麗亞》（*Maria: or, The Wrongs of Woman*）中，沃斯通克拉夫特即表露出挑戰父權理性思維的陰性感知面向。見 Janet Todd, "Jane Austen, Politics, and Sensibility," in *Feminist Criticism: Theory and Practice*, eds. Susan Sellers, Linda Hutcheon, and Paul Perron (Toronto: University of Toronto Press, 1991), 71-87.

9.
另一個將珍奧斯汀放入女性文學傳統的取徑為羅曼史。珍奧斯汀的小說嚴格上說起來並非「羅曼史」，甚至在第一本完成的長篇小說《諾桑覺寺》中諷刺流行於十八世紀末的歌德羅曼史（gothic romance），但珍奧斯汀的小說也與羅曼史傳統難分難捨，前面繼承理查森（Samuel Richardson），期間引用雷德克里夫（Ann Radcliffe），後面啟發無數羅曼史小說家。莫德烈斯基（Tania Modleski）因此仍將珍奧斯汀放入羅曼史的文學傳統中討論，蕾吉斯（Pamela Regis）更大膽指出《傲慢與偏見》是最完美的羅曼史小說。

10.
布斯（Wayne C. Booth）在重探珍奧斯汀與女性主義的關係時，也修正了自己過去的論述，提出了與吉爾柏與古芭互相呼應的「雙重視角」（double vision）理論。他在重讀《艾瑪》的過程中，發現珍奧斯汀看似遵循傳統形式，卻又埋下不少線索，供讀者進行反向閱讀，因此布斯認為珍奧斯汀早已在小說中埋藏足以抵抗「父權毒藥」的「解藥」。見 Wayne C. Booth, "Emma, *Emma*, and the Question of Feminism," *Persuasions* 5 (1983): 29-40; Booth, *The Company We Keep: An Ethics of Fiction* (Berkeley: University of California

Press, 1989), 423-35.

11.
這段話出自吳爾芙的〈珍奧斯汀〉（"Jane Austen"）一文，收錄於《普通讀者》（*The Common Reader*）第一輯中。吳爾芙曾多次談論珍奧斯汀，在《自己的房間》中也大力讚揚珍奧斯汀的客觀視野與沉著筆調。關於吳爾芙對珍奧斯汀的閱讀，見 Judith Lee, "'Without Hate, Without Bitterness, Without Fear, Without Protest, Without Preaching': Virginia Woolf Reads Jane Austen," *Persuasions* 12 (1990): 111-16; Janet Todd, "Who's Afraid of Jane Austen," in *Jane Austen: New Perspectives*, ed. Janet Todd (New York: Holmes & Meier, 1983), 107-27; Emily Auerbach, "'The Geese vs. the 'Niminy Piminy Spinster': Virginia Woolf Defends Jane Austen," *Persuasions* 29.1 (2008).

12.
戲擬是珍奧斯汀最顯著的寫作策略之一。除了戲擬歌德羅曼史的《諾桑覺寺》之外，珍奧斯汀的多部作品皆有戲擬成分。強森發現不少論者將珍奧斯汀的戲擬視為一種消極的防衛機制而非積極的美學政治，包括莫椎克（Marvin Mudrick）的《珍奧斯汀：諷刺作為防衛與發現》（*Jane Austen: Irony as Defense and Discovery*），而她認為珍奧斯汀的戲擬是具有激進潛能的書寫策略。

13.
除了戲擬與角色扮演之外，普薇也發現「封閉場景」（enclosed episodes）與「組織行為」（acts of incorporation）同為十八世紀末女作家採用的寫作策略。「封閉場景」是歌德羅曼史中常見的設定，女作家透過封閉的家居場景探索原本不被允許的壓抑情慾與禁忌想像；而「組織行為」則出自史派克的理論，強調女性創作時習慣將自己置身於多重的人際關係，透過週遭人物來定義自我。不過，普薇提醒，這些書寫策略不只是「女性」的，更是「陰性」的，同時期的「男」作家（如理查森）也曾挪用這些「陰性」書寫策略。

14.
八〇年代以後，除了女性主義辯論之外，還有幾本重要的批評論述重塑閱讀珍奧斯汀的方法。阿姆斯壯（Nancy Armstrong）在極具爭議性的代表作《慾

望與家庭小說》（*Desire and Domestic Fiction*）中援用傅柯權力論，指出十八、十九世紀的家庭小說與教化手冊如何打造出「現代個人」（modern individual），而她強調此「現代個人」為女性，更精確來說是「家庭女人」（domestic woman）；其中，珍奧斯汀的小說在「家庭女人」的形塑過程中扮演了重要的角色。湯普森（James Thompson）的《在自我與世界之間》（*Between Self and World*）同樣探討了十八、十九世紀之交對「現代個人」的打造。不過，不同於阿姆斯壯，湯普森以馬克思主義理論分析珍奧斯汀小說中個人與社會之間的異化關係。此外，薩依德（Edward Said）在一九九三年的名著《文化與帝國主義》（*Culture and Imperialism*）中，揭露《曼斯菲德莊園》暗藏的帝國主義與殖民背景，開啟了珍奧斯汀研究中的後殖民批評傳統。阿姆斯壯、湯普森與薩依德的關注點分別為性別、階級與殖民主義，顯示出珍奧斯汀如何接合八〇年代之後美國學院歷經的「內部革命」。關於當代理論對珍奧斯汀批評造成的影響，另見 Laurence W. Mazzeno, *Jane Austen: Two Centuries of Criticism* (Rochester: Camden House, 2011).

15.
沃斯通克拉夫特去世以後，丈夫戈德溫（William Godwin）在回憶錄中揭露了妻子生前顛覆社會規範的諸多行徑，包括不倫戀情、私生與自殺嘗試，使得沃斯通克拉夫特受到將近一世紀的強烈抨擊。這當然不只是對個人的抹黑。強森就發現，這波反挫浪潮使得當時即便是最激進的女性作家都害怕與沃斯通克拉夫特有所牽連，進一步造就了「地下激進」的隱晦寫作風格。

16.
強森認為，柏克（Edmund Burke）對於法國大革命的書寫不只是單純的政治評論，更提供了政治小說的原型，而十八世紀末的保守女性作家也受到柏克影響，在作品中挪用柏克的意識形態與角色類型，魏思特即為最佳代表。

17.
〈珍奧斯汀是同性戀嗎〉為《倫敦書評》編輯所下的封面標題，而此封面標題也間接導致了後續論戰。不少人因此誤讀凱叟的文章，認為凱叟宣稱珍奧斯汀為狹義上的「同性戀」。而後，凱叟出面澄清自己從未指稱珍奧斯汀為現代醫學定義下的「女同性戀」，但是她依舊堅持珍奧斯汀的信件中暗藏女同性情慾。隔年，強森在〈神聖的珍妮小姐〉（"The Divine Miss Jane"）一文中替

凱叟辯護，並表達自己對「酷兒奧斯汀」路徑的支持。見 Claudia L. Johnson, "The Divine Miss Jane: Jane Austen, Janeites, and the Discipline of Novel Studies," *boundary 2* 23.3 (1996): 145-46.

18.
這場因珍奧斯汀掀起的情慾風波，其實與凱叟的研究重心一脈相承。早在一九九三年，凱叟便在代表作《幽魅女同志》（*The Apparitional Lesbian*）中修正了以傅柯為首的「同性戀現代發明論」，指出在「蕾絲邊」與「同性戀」等詞彙現身以前，早已有其他字彙指稱女同性戀主體，包括「莎弗」（sapphist）、「亞馬遜」（amazon）、「歹客」（dyke）、「咆哮女孩」（roaring girl）等。凱叟主張，精神醫學體制定義的「女同性戀」雖然是「現代發明」，女同性戀的「自我意識」（lesbian self-awareness）卻早於十九世紀現身。

19.
凱叟不是首先以性別角度閱讀珍奧斯汀信件的學者。早在一九九二年，卡普蘭（Deborah Kaplan）就在《女人中的珍奧斯汀》（*Jane Austen Among Women*）中，指出珍奧斯汀透過書信參與女性社群文化。不過，凱叟著眼的不只是「女性文化」，更是這段「女性文化」所暗藏的同性情慾面向。

20.
哈格堤（George E. Haggerty）在十八、十九世紀的文本中發現，最親密的女同性情誼往往來自家庭本身，而珍奧斯汀的小說與書信正好揭露出姊妹關係的情慾性。見 George E. Haggerty, *Unnatural Affections: Women and Fiction in the Later Eighteenth Century* (Bloomington: Indiana University Press, 1998), 75-76.

21.
關於這幕臥房場景，賽菊克認為瑪麗安與愛蓮諾之間雖有愛慾流動，卻在後來被異性慾望 —— 即瑪麗安對魏樂比的渴求 —— 給取代。哈格堤則修正賽菊克的說法，主張魏樂比象徵的僅是瑪麗安的「感性症狀」，同性愛慾依舊存在於兩姊妹之間。見 Haggerty, *Unnatural Affections*, 77.

22.

在凱敗因〈姊妹之間〉所引發的後續回應中，強森也曾表示，文學界最大的「公開祕密」之一，便是珍奧斯汀早已成為當代男同志與女同志追隨的「偶像作家」（cult author）。

23.

事實上，「正典奧斯汀」是二十世紀的歷史產物。強森指出，珍奧斯汀自十九世紀下半葉起便時常被保守批評家懷疑偏離婚姻體制與常規。莫椎克便受到威爾森（Edmund Wilson）影響，質疑艾瑪只愛女人，不愛男人，更大膽宣稱艾瑪就是珍奧斯汀的文學化身。強森認為布斯在《小說修辭學》（*The Rhetoric of Fiction*）中討論《艾瑪》的章節是「正典奧斯汀」的早年代表作；在那之後，奧斯汀便普遍被視為鞏固正典的小說家。見 Johnson, "The Divine Miss Jane," 158-60.

Sex,　Heels
and Virginia Woolf:

Chapter 3　　閣樓上的瘋女人：《簡愛》的女性主義論戰史

在夏綠蒂勃朗特去世兩年之後，好友蓋斯凱爾夫人（Elizabeth Gaskell）替她寫出《勃朗特的一生》（*The Life of Charlotte Brontë*）。在這本傳記出版以前，女人早已透過《簡愛》想像勃朗特的身影。不過，是《勃朗特的一生》確立了她的浪漫悲劇形象。在蓋斯凱爾夫人筆下，勃朗特是沒有母親的女兒，失去妹妹的姊姊，寂寞孤獨的女人，也是陷入憂鬱的作家。當十九世紀的女人將自己的苦難投射在勃朗特之上，勃朗特便不再只是勃朗特——勃朗特是十九世紀女人的悲劇性神話。[1]

　　一百多年後，勃朗特再次成為女人的認同目標。這一次，擁抱她的是七〇年代的女性主義者。當女性主義文學批評方興未艾，勃朗特的《簡愛》也重獲新生。是在這個時候，《簡愛》成為眾所矚目的核心文本；也是在這個時候，《簡愛》再也離不開女性主義。不過，《簡愛》與女性主義之間的關係，沒有想像中那麼單純。從八〇年代開始，女性主義、馬克思主義與後殖民理論的多重交錯，使得簡愛再也無法像十九世紀的浪漫悲劇英雄一樣，成為女人集體認同的目標，反而在性別、階級與殖民問題的纏繞之下，反映出女性主義政治的矛盾糾結，折射出女性主義批評的多重陰影。

　　十九世紀作為女性精神象徵的《簡愛》，為何在下一個世紀化為女性文學史上最受爭議的小說之一？

閣樓上的瘋女人：《簡愛》與英美女性文學史

《簡愛》不是一開始就被視為女性主義經典。事實上，女人曾經對它很不滿。在「反簡愛」的陣營中，最有名的當然是吳爾芙。

任何讀過《自己的房間》的人都不可能不知道，吳爾芙不喜歡《簡愛》，因為《簡愛》中有過多的憤怒，過多的自己。當然，這不是她第一次批評這本小說。早在〈《簡愛》與《咆哮山莊》〉（"'Jane Eyre' and 'Wuthering Heights'"）中，吳爾芙就說，《簡愛》受限於「我愛」、「我恨」、「我受苦」。[2] 相較於《簡愛》，《咆哮山莊》（*Wuthering Heights*）雖然也有愛情，卻不是男女之間的愛情，而是人類集體的經驗。《簡愛》的世界盡是「我」，《咆哮山莊》卻跳脫了「我」的限制。[3]

但《簡愛》中難道只有「我」？《簡愛》中的愛情難道只代表個人情感，無法反映集體政治？七〇年代，另一群女人紛紛跳出來替《簡愛》辯護。女同志詩人芮曲（Adrienne Rich）便在一九七三年的〈簡愛：無母女人的誘惑〉（"Jane Eyre: Temptations of a Motherless Woman"）一文中發難：「永遠陷在家庭教師與愛情的限制之中？吳爾芙真的有讀過這本小說嗎？」[4]

芮曲對《簡愛》的解讀在標題中暗示得很清楚了 —— 簡愛是一個「沒有母親」的女人。在這裡，「沒有母親」同時具有

字面與象徵上的意義。簡愛是「孤女」，所以，她當然「沒有母親」。但芮曲真正想要談的，卻是女人在父權社會中難以給予彼此傳承與支援的結構限制。[5]「母親」在芮曲的理論中因此超越了字面上的意義，成為一種象徵性關係。簡愛在成長過程中遇到的所有女性，某種程度上，都可以視為她的「替代母親」。這些「替代母親」所暗示的，是簡愛遇到誘惑時足以參照的其他可能──在寄宿學校羅伍德（Luwood）結識的海倫伯恩斯（Helen Burns）與譚普爾小姐（Miss Temple）是簡愛的可能，象徵女性的智識成長與宗教超脫；在荊棘地莊園（Thornfield Hall）相遇的柏莎梅森（Bertha Mason）也是簡愛的可能，象徵女性的自我毀滅。不過，這些女人既是簡愛的多元可能，也是簡愛的負面鏡像。簡愛雖然極度接近柏莎，卻不能放任自己變成柏莎。柏莎的毀滅提醒簡愛，她若要生存，就要抵抗誘惑，克制想像。

芮曲對《簡愛》進行的，可以說是一種「母性閱讀」。簡愛與其他女人的每一次相逢，對芮曲來說，都是她與內心母權（matriarchal）面向的接觸。這樣的閱讀可以連接到芮曲最有名的「女同志連續體」（the lesbian continuum）理論。[6]在芮曲的理論中，女人若想抵抗父權壓迫，就要建立起對彼此的認同。雖然芮曲的理論以「女同志」為名，但她真正想談的卻不是當代身份政治中的女同性戀，而是女人慾望女人、凝視女人、認同女人的多重可能。所以，芮曲最後說了，《簡愛》真正的珍貴之處，在於它並不描寫女人彼此競逐的鉤心鬥角，而刻劃了女人互為存有的親密關係。

芮曲的「母性閱讀」挑戰了吳爾芙對《簡愛》的否定，也奠定了女性主義閱讀的基礎，開啟了往後一系列的《簡愛》翻案史。不過，芮曲雖然重奪了簡愛，卻也不免賤斥了柏莎。在芮曲的解讀中，簡愛可以想像柏莎，卻萬萬不能「成為」柏莎，因為成為柏莎的代價是自我毀滅。一九七九年，有兩個女性主義學者不滿這樣的解讀，大膽提出詮釋柏莎的另一種可能。這個被羅切斯特關在閣樓上的「瘋女人」不是簡愛的警示預言，而是簡愛的潛抑分身。這兩個學者正是吉爾柏與古芭，而她們的著作不叫別的，就叫《閣樓上的瘋女人》。

吉爾柏與古芭或許是對《簡愛》最情有獨鍾的女性主義學者。所以，《閣樓上的瘋女人》雖然從女性小說寫到女性詩歌，從奧斯汀寫到狄更生（Emily Dickinson），貫穿全書的卻一直是《簡愛》。兩人也在序言中坦承，《簡愛》是這本書的起點，也是這本書的核心。透過《簡愛》，吉爾柏與古芭發現十九世紀女性文學反覆出現的雙重母題——囚禁與逃逸，壓抑自我與瘋狂分身。對她們而言，柏莎就是簡愛的瘋狂分身。

所以，在吉爾柏與古芭的閱讀中，柏莎不再是自我毀滅的預言，而是女性反抗的寓言。兩人在重探《簡愛》時發現，柏莎每一次的現身，都與簡愛的憤怒緊密相連；而簡愛內心的復仇渴望，也都在柏莎的手中實現。柏莎就像是簡愛的黑暗自我，替簡愛放下那把她潛意識裡漫燒的火。更重要的是，柏莎不只「替簡愛行動」（act *for* Jane Eyre）——她實際上「就像簡愛一樣」（act *like* Jane Eyre）。簡愛幼年時因為強悍頑固被形容為「壞動物」（bad animal），而「動物」正是柏莎

被「非人化」時所得到的稱號。在羅切斯特口中,柏莎不是「女人」——柏莎是「怪物」(monster)。這樣的羞辱卻也正好呼應了簡愛對自我的反思:「我是一個怪物嗎?」("Am I a monster?")如果柏莎是動物,簡愛也是動物;如果柏莎是怪物,簡愛也是怪物——簡愛與柏莎一體兩面,互為主體。

當然,《簡愛》的女女關係不只存在於文本之內,更存在於文本之外——這是淑華特在《她們的文學》中所要提醒我們的。在探討「陰性小說」[7]時,淑華特發現維多利亞時期的女作家繼承了珍奧斯汀與喬治桑,發展出兩波女性文學傳統:珍奧斯汀象徵合宜傳統,喬治桑代表浪漫傳統。對淑華特來說,艾略特(George Eliot)繼承了奧斯汀,勃朗特則延續了喬治桑。整個維多利亞時期的「陰性小說家」,便在奧斯汀與喬治桑的兩大傳統之間游移,既想理智,又想浪漫;既求合宜,又求叛逆。[8]

勃朗特在世時,《簡愛》已經刮起了旋風;但勃朗特去世以後,蓋斯凱爾夫人為她寫的《勃朗特的一生》,再次掀起一波「勃朗特狂熱」(Brontë-mania)。在蓋斯凱爾的傳記中,勃朗特是一個受盡苦難的浪漫英雄。因此,與其說《勃朗特的一生》是傳記,不如說《勃朗特的一生》也是「小說」,與《簡愛》互相交織,彼此渲染,浪漫化勃朗特,也「再浪漫化」《簡愛》。從此,勃朗特與簡愛的浪漫身影再也離不開彼此。勃朗特就是簡愛,簡愛就是勃朗特;女作家認同簡愛,女作家也追隨勃朗特。[9]這陣勃朗特旋風甚至越過大西洋,吹到了北美大陸。《簡愛》與《勃朗特的一生》同時現身,共

同啟發大西洋對岸的美國女作家。[10] 後來因《小婦人》（*Little Women*）一書大紅大紫的奧爾柯特（Louisa May Alcott），正是這波越洋狂熱中最大的信徒之一。[11]

淑華特讓《簡愛》的「女同志連續體」從文本內走到文本外，從英國飛入美國。《簡愛》因此不只是簡愛與柏莎之間，更是勃朗特與女作家之間。從此我們談《簡愛》，不再只談《簡愛》的女人，更談女人的《簡愛》。[12]

家庭中的女教師：《簡愛》與家庭意識形態打造

七〇年代，簡愛是「沒有母親」的孤兒少女，瘋狂女人的鏡像分身，也是女性作家的浪漫英雄。八〇年代，卻有一個女性主義學者跳出來宣稱，簡愛不是單純的被壓迫者——簡愛是逐漸在中產階級婚姻中掌權的「家庭女人」（domestic woman）。這個改寫了《簡愛》批評史的重要學者，名叫阿姆斯壯（Nancy Armstrong）。[13]

一九八七年，阿姆斯壯在《慾望與家庭小說》（*Desire and Domestic Fiction*）中大膽批評吉爾柏與古芭的《閣樓上的瘋女人》過於「去歷史」、「去脈絡」。[14] 不同於七〇年代女性主義學者強調的「女性文學傳統」，阿姆斯壯將視角從文本轉移到歷史，從性別轉移到階級，揭露十八世紀教養手冊與家庭小說（domestic fiction）在形塑「現代個人」的過程中所扮

演的關鍵性角色。[15] 十八世紀不只是伴侶婚姻（companionate marriage）與核心家庭興起的年代，更是另一股政治勢力崛起的時刻 —— 中產階級。是在這個時候，中產階級成為現代社會的中流砥柱；也是在這個時候，現代個人開始在婚姻家庭中尋求情感慰藉。[16]

深受傅柯（Michel Foucault）理論影響的阿姆斯壯將這段社會史結合小說史，在《慾望與家庭小說》中提出了大膽的假設 —— 小說並不單純「反映」現代個人；小說事實上「形塑」了現代個人。因此，沒有先於文本存在的現代個人，只有透過文本建構的現代個人。不過，是阿姆斯壯的另一個假設，讓《慾望與家庭小說》成為爭議之作 —— 這個現代個人不是「男人」，而是「女人」；更精確來說是「家庭女人」。家庭女人在十八世紀隨著文本現身，逐漸在伴侶婚姻與核心家庭中掌握調節情感、管理家務的權力。她們未必擁有公眾場域的權力，卻換得了私有空間的權力。這樣的「私有權力」正是阿姆斯壯企圖透過小說史來詮釋的「新型態政治權力」（"a new form of political power"）。

對阿姆斯壯來說，簡愛是家庭女人的最好代表。[17] 她一方面是階級與性別上的雙重弱勢，另一方面卻是掌控私有領域的家庭女人。這個私有領域包括具體的家居空間，也包括抽象的個人情感。雖然有不少女性主義學者不滿簡愛在最後帶著遺產回到羅切斯特身邊，視結局為簡愛的權力放棄，阿姆斯壯卻指出，簡愛是透過放棄「經濟權力」來建立自己的「家居權力」。這樣的權力交換，使得簡愛最終成為那個掌控了羅切斯

特情感與家務的女主人。

　　阿姆斯壯的《慾望與家庭小說》不只改寫了視女人為單純受害者的傳統女性主義論述,更大的貢獻是將《簡愛》的批評重心由文本分析轉移到歷史分析,從性別研究轉移到階級研究。這當然不表示性別不再重要;相反的,阿姆斯壯提醒我們,階級——尤其是中產階級——如何參與性別意識形態的建構。從此,當我們談《簡愛》,我們不再只談性別;我們談中產階級,談婚家結構。

　　不過,阿姆斯壯的理論沒有替《簡愛》的論戰史畫下句點,反而開啟論戰的新起點。阿姆斯壯的確點出了十八世紀以後,「家庭女人」在私有領域中所獲得的新興權力,但問題是,簡愛真的是「家庭女人」嗎?與阿姆斯壯同時期的女性主義批評家普薇顯然不同意。普薇發現,簡愛既不是中產階級的「家庭女人」,也不是勞動階級的「工廠女孩」(factory girl)。事實上,簡愛佔據了維多利亞時期一個極度曖昧的階級位置——女家庭教師(governess)。

　　在一九八八年的《不均等發展》(*Uneven Developments*)中,普薇雖如阿姆斯壯一般指出十八世紀家庭女人的崛起,卻也特別強調家庭女人的形象建構充滿矛盾。她們一方面是守護道德的「家中天使」(the angel in the house),一方面又是暗藏情慾的「墮落女子」(fallen woman)。[18] 這樣的雙重形象並不互相排斥,反而互生互構。在此矛盾建構之中,一個曖昧的女性主體位置便在小說史中現身,那就是女家庭教師。[19]

女家庭教師是矛盾的存在。她既非家庭女人，也非工廠女孩；既不是女主人，也不是女僕役。女家庭教師一方面趨近了家庭女人的位置，取代了母親的部分職位，另一方面卻也揭露了母職的「不自然性」—— 在維多利亞時期被大量歌頌的「母親天性」（maternal nature），畢竟可以被其他女人取代，也可以化為資本主義社會中的市場經濟。另外，由於當時普遍相信勞動階層女人比中產階級女人更為情慾，擺脫不了勞動色彩的女家庭教師，因此替婚家場域帶來了情慾威脅。以市場經濟解構母性，將低下情慾帶入婚家，女家庭教師一方面是家庭女人的縮影，一方面卻威脅了家庭理想，模糊了階級界線，成為維多利亞社會中潛伏的危險所在。

　　對普薇來說，簡愛象徵的正是女家庭教師。簡愛一方面透過與瘋女柏莎、情婦范倫（Celiné Varens）區隔來建構自己的身份，一方面卻也暗示了女家庭教師與瘋女、情婦之間的隱性連結。雖然勃朗特細膩地將《簡愛》打造為一部成長小說，「個人化」（individualize）了簡愛，但簡愛依舊反映了家庭教師的集體身份。普薇指出，簡愛在故事最後意外繼承的遺產並沒有遮掩她的社會地位，反而進一步突顯了家庭教師的階級身份。我們不禁要問，如果簡愛沒有繼承這份遺產，她難道不與其他家庭教師一樣，共享經濟的困境與階級的曖昧？正因為簡愛無法跳脫家庭教師身份，無法因此「向上提升」，簡愛並不如阿姆斯壯所宣稱的那樣，單單是掌握了私有空間權威的家庭女人；簡愛同時是模糊階級，藏有情慾，隨時可能摧毀中產階級理想的女家庭教師。

七〇年代女性主義批評中的簡愛是沒有母親的女人，閣樓上的瘋女人。八〇年代女性主義理論中的簡愛卻一方面是鞏固中產階級的家庭女人，一方面是威脅中產階級的家庭教師。不過，簡愛的變身，還沒有結束。

帝國中的白女人：《簡愛》與後殖民女性主義

二次大戰期間，一個混血女作家在《簡愛》中讀到柏莎時，發現了自己的身影。她和柏莎一樣來自加勒比海岸，但她來自多米尼克（Dominica），而柏莎則來自牙買加（Jamaica）。她寫下自己對《簡愛》的回應，標題為《魂牽夢縈》（*Le Revenant*）。女作家後來燒掉了這份原稿，如同柏莎燒掉了荊棘地莊園。不過，她對《簡愛》的矛盾情感並沒有從此消失；相反的，《簡愛》如鬼魂一般不斷回歸，縈繞著她，直到她終究實踐了回應《簡愛》的渴望。[20] 女作家的名字叫珍萊絲（Jean Rhys），這段如歌德小說一般的故事是傳記家安吉兒（Carole Angier）提出的可能，而那本傳說中被燒掉的小說，則成為最經典的《簡愛》後殖民改寫——《夢迴藻海》（*Wide Sargasso Sea*）。

勃朗特的原著由簡愛的第一人稱展開，珍萊絲的改寫則由柏莎的第一人稱展開。事實上，柏莎不叫柏莎——她叫安東內特（Antoinette）。因為《夢迴藻海》，我們才發現，《簡愛》中的柏莎從來沒有自己的聲音。我們對柏莎的理解來自羅切斯

特與簡愛，不來自她自己。所以，珍萊絲想要給她一個聲音，一個生命：「我就是想要寫這個瘋狂的克里奧人，不是任何一個瘋狂的克里奧人。」[21]

克里奧（Creole）是理解《夢迴藻海》的關鍵。安東內特如同創造她的珍萊絲一樣，是西印度群島上的白克里奧人。[22]這樣的身份曖昧造就了安東內特的「族裔中間性」（racial inbetweenness）——她不是西印度群島的黑人後裔，受到黑人的排拒，但她也不是「歐洲白人」，受到白人的賤斥。所以，安東內特童年時期無法與蒂亞結盟，成婚之後又受到羅切斯特壓迫。安東內特的身份並不奠基於「是」，而構築於雙重的「不是」。因為「不是」歐洲白人也「不是」黑人後裔，安東內特因此成為安東內特。

《夢迴藻海》同時「再脈絡化」柏莎的瘋狂。在《簡愛》中，柏莎是瘋女人，因為她來自西印度群島。在白人帝國論述中，瘋狂是族裔他者（racial Other）的本質。但《夢迴藻海》要跟你說，瘋狂不是本質——瘋狂是建構。《夢迴藻海》以安東內特的童年展開，而後切換至羅切斯特的自白，揭露羅切斯特作為次子無法繼承遺產、必須透過異國婚姻取得資本的帝國男性焦慮。但珍萊絲非但沒有強化羅切斯特的敘事權威，反而有意識地突顯羅切斯特的意識形態。羅切斯特在西印度群島陷入「帝國主義偏執」（imperialist paranoia），懷疑自己身處非白人他者的瘋狂與謊言之中，但是，真正將安東內特推往瘋狂邊境的，卻是他自己。他刻意與亞美莉做愛，點燃安東內特的妒忌之火；他叫安東內特「柏莎」，以強制的命名定義

了他者的瘋狂。《夢迴藻海》和《簡愛》一樣,可以讀作歌德小說,只是在這邊,鬼影幢幢的不再是潛抑愛慾,而是帝國主義。

　　《夢迴藻海》不只繼承了《簡愛》的鬼影,也延續了自《簡愛》一路漫燒至今的女性主義戰火。海瑞森(Nancy R. Harrison)將《夢迴藻海》與珍萊絲的前作《在黑暗中漫遊》(*Voyage in the Dark*)對照閱讀。她認為,《在黑暗中漫遊》藉由女性語言的消逝來突顯男性論述的霸權,《夢迴藻海》則反過來挪用男性文本來建構女性語言。因此,珍萊絲在這本小說中,不只還原了一度遭到噤聲的女性文本,更創造出吳爾芙在《自己的房間》中急切尋找的「女性語言」(woman's sentence)。[23] 但單單以「女性語言」閱讀《夢迴藻海》必然不足。史匹娃克(Gayatri Chakravorty Spivak)早在一九八五年的〈三個女性文本與帝國主義批判〉("Three Woman's Texts and a Critique of Imperialism")中說了,《夢迴藻海》在某種程度上複製了《簡愛》的帝國結構。[24] 她首先批判《簡愛》中的白人女性線性敘事,揭露簡愛作為一個白人,如何透過賤斥「非人」的柏莎進行「靈魂打造」,將自己建構為進步自主的女性典範。而《夢迴藻海》看似批判了《簡愛》中的帝國主義,卻也在保住柏莎的「人性」與「理智」的過程中,壓抑了黑人克莉絲多芬(Christophine)的邊陲聲音。對史匹娃克來說,《夢迴藻海》雖然質疑了英國正典,卻依舊誕生於歐洲小說傳統,最終鞏固的仍是白克里奧人的主體位置。

　　史匹娃克不是唯一不滿珍萊絲筆下種族再現的批評家。[25]

巴巴多斯詩人與評論家布萊維特（Kamau Brathwaite）就說，珍萊絲的主體位置侷限，使得她無法刻劃出西印度群島的黑人經驗。桂格（Veronica Marie Gregg）也說，《夢迴藻海》中的非白人形象依舊出自種族主義（racialist）的刻板印象——蒂亞是充滿敵意的黑人仇敵，亞美莉是帶有情慾的黑人蕩婦，克莉絲多芬則是讓人安心的黑人母親。艾茉瑞（Mary Lou Emery）雖然不像史匹娃克與布萊維特那樣悲觀，主張珍萊絲的書寫以「第三世界現代主義」（Third World modernism）擾亂了歐洲文學傳統，問題化西方社會中的「現代個人」建構，卻也批判珍萊絲透過白克里奧人的意識再現黑人經驗，使黑人經驗淪為白人用以重尋自我的工具。[26]

　　面對這些指控，瑪多羅席安（Carine Melkom Mardorossian）提醒我們「心理－傳記式」（psycho-biographical）分析的危險。她發現，珍萊絲的「族裔中間性」是批評家認為她無能再現西印度群島黑人經驗的最大原因。有趣的是，這樣奠基於作者身份與經驗主義的論調，卻也正好是另一群批評家用以支持她書寫白克里奧人的理由。而不管是前者的反對還是後者的支持，都過於天真地將作者與文本畫上等號，忽視了作者主體、文本再現與意識形態之間的多重交構。瑪多羅席安強調，珍萊絲的身份政治並不如想像中單純，本身就足以問題化我們對白克里奧人的理解，而珍萊絲與安東內特之間也存在批判性的距離。珍萊絲的生平、信件與自傳應該用來複雜化珍萊絲的書寫，而非用以簡化她的政治；珍萊絲的「族裔中間性」也應該幫助我們提出更多問題，而非提早下定結論。[27]

從瘋狂女人到克里奧人，從柏莎梅森到安東內特，《簡愛》投射出的不只是英國文學史的殖民陰影，更是女性主義批評超過四十年的論戰光影。《簡愛》因此不只被動地「反映」了女性主義，更積極地「建構」了女性主義。或許我們不只可以用女性主義重探《簡愛》，更能以《簡愛》再詮女性主義；不只可以進行《簡愛》的女性主義式閱讀（"a feminist reading of *Jane Eyre*"），更可以寫出女性主義的《簡愛》版歷史（"a *Jane Eyre* history of feminism"）。

註
_____

1.

蓋斯凱爾夫人替勃朗特創造出的形象引發學界後續辯論。一九九四年，巴克（Juliet Barker）出版批判性傳記《勃朗特一家》（*The Brontës*），試圖解構勃朗特穿越百年的悲劇性角色，勃朗特的形象再現因此成為另一個女性主義學者的研究重點。關於勃朗特的接受史，另見 Lucasta Miller, *The Brontë Myth* (New York: Anchor, 2005).

2.

這篇文章的前身為一九一六年發表於《泰晤士文學副刊》（*Times Literary Supplement*）的〈夏綠蒂勃朗特〉（"Charlotte Brontë"）一文，在吳爾芙改寫以後收入《普通讀者》第一輯中。

3.

正如《簡愛》，《咆哮山莊》也隨著女性主義文學批評的崛起而發展出一段批評／接受史。其中，吉爾柏與古芭在《閣樓上的瘋女人》中分析《咆哮山莊》如何改寫《失樂園》（*Paradise Lost*），顛覆彌爾頓敘事，成為《咆哮山莊》最重要的女性主義批評文獻之一。見 Patsy Stoneman, "Feminist Criticism of *Wuthering Heights*," *Critical Survey* 4.2 (1992): 147-53.

4.

這篇文章最早發表於《女士》（*Ms.*）雜誌，而後收入芮曲一九七九年出版的散文集《謊言、祕密與沉默》（*On Lies, Secrets, and Silence: Selected Prose 1966-1978*）中。

5.

芮曲的「沒有母親」理論出自雀思勒（Phyllis Chesler）一九七二年的名著《女人與瘋狂》（*Women and Madness*）。不過，芮曲同時檢討雀思勒的理論。雀思勒在批判父權社會對女性造成的壓迫時，偏重於母女之間的負面連

結；而芮曲主張，母女之間不只有負面的連結，更有互助的傳統。

6.
「女同志連續體」理論出自芮曲發表於一九八〇年的經典文章〈強迫異性戀與女同志存在〉（"Compulsory Heterosexuality and Lesbian Existence"）。

7.
淑華特在《她們的文學》中將女性文學傳統劃分為三個階段：陰性時期（feminine phase）、女性主義時期（feminist phase）與女性時期（female phase）。陰性時期指的是從一八四〇年到一八八〇年，女性作家模仿主流男性文學的階段；女性主義時期則是從一八八〇年到一九二〇年，隨著第一波女性主義運動與新女性（the New Woman）的崛起，女性作家有意識地挑戰男性文學傳統的階段；女性時期則是一九二〇年以後，女性作家既不模仿也不反抗，開始尋找自我身份的最終階段。這樣的歷史劃分而後受到許多女性主義學者的質疑。不過，淑華特自己也表示，「陰性」、「女性主義」與「女性」時期不是界線嚴明的分類，也未必是線性歷史的發展，分類可能模糊，歷史也可能重疊。

8.
淑華特重探維多利亞文批史時發現，早在一八六〇年代，勃朗特與艾略特就已經被納入「奧斯汀—喬治桑」的書寫傳統中討論。兩人的作品不免被拿來與珍奧斯汀和喬治桑比較，而同時期的女性作家也時常將自己與勃朗特與艾略特比較。

9.
淑華特指出，相較於艾略特難以接近的形象，勃朗特顯然是同時期女作家更樂於認同的對象。艾略特雖然也有自己的信徒，但十九世紀的女作家大多將她視為遙遠的競爭對手，而非親密的認同目標。

10.

《簡愛》在美國所造成的熱潮被同時期小說家史塔德（Elizabeth Stoddard）稱為「《簡愛》熱」（"Jane Eyre mania"）。關於勃朗特與《簡愛》對美國女作家的啟發與影響，見 John Seelye, *Jane Eyre's American Daughters* (Newark: University of Delaware Press, 2005); Elaine Showalter, *A Jury of Her Peers: American Women Writers from Anne Bradstreet to Annie Proulx* (London: Virago, 2010), 103-11.

11.

奧爾柯特在不少小說中以女家庭教師為主角，包括較少為人提及的中篇小說《面具背後》（*Behind a Mask*）。關於奧爾柯特對勃朗特的挪用與改寫，見 Christine Doyle, *Louisa May Alcott and Charlotte Brontë: Transatlantic Translations* (Knoxville: University of Tennessee Press, 2000).

12.

除了越洋連結之外，《簡愛》中的拜倫式英雄（Byronic hero）、歌德古堡與禁忌愛慾，也使得《簡愛》成為歌德羅曼史的原始文本（ur-text）之一，啟發了往後無數羅曼史續寫。茉莉兒（Daphne du Maurier）一九三八年帶起第二波歌德羅曼史浪潮的《蝴蝶夢》（*Rebecca*），以及赫柏特（Eleanor Hibbert）在一九六〇年首次以筆名荷特（Victoria Holt）發表的《米蘭夫人》（*Mistress of Mellyn*），都大量借用《簡愛》中的角色原型與敘事架構。

13.

阿姆斯壯的「家庭女人」理論早先發表於一九八二年的〈女性權威在小說史的崛起〉（"The Rise of Feminine Authority in the Novel"）。而後，阿姆斯壯在《慾望與家庭小說》中深化其理論，一出版便在學術圈引發巨大爭議。有人質疑阿姆斯壯宣稱女性作家在此時崛起，但十八世紀的文學場景仍為男性掌控，包括阿姆斯壯大量分析的理查森；有人主張「現代個人」早於十八世紀現身，也並非「女人」。種種批評使得《慾望與家庭小說》成為八〇年代最受爭議的文學理論之一。不過，阿姆斯壯結合傅柯權力論的批評走向，象徵了傅柯在八〇年代走入美國學院的歷史關鍵時期。至今，《慾望與家庭小說》已成為女性主義文學批評界的經典論述。

14.
除了吉爾柏與古芭以外，阿姆斯壯也批評華特（Ian Watt）一九五七年的經典著作《小説的崛起》（*The Rise of the Novel*）。阿姆斯壯指出，華特雖然將迪佛（Daniel Defoe）與理查森的小説置入十八世紀個人主義與清教徒倫理的歷史脈絡，卻無法解釋這時期的小説為何多出自女人之手，忽略了女性在小説史中所扮演的重要角色。

15.
普薇在《淑女與女作家》中也論及了教養手冊如何參與女性主體的形塑。不過，普薇主要分析十八世紀乃至十九世紀的女性作家如何挪用不同的寫作策略與此「淑女」意識形態協商；阿姆斯壯則強調家庭女人在這個結構中所掌有的權力。

16.
關於這段時期的婚姻家庭結構變化，歷史學家史東（Lawrence Stone）稱為「情感個人主義」（affective individualism）。見 Lawrence Stone, *The Family, Sex, and Marriage in England 1500-1800* (New York: Harper and Row, 1979), 149-80.

17.
阿姆斯壯在《慾望與家庭小説》中分析的小説家為理查森、奧斯汀與勃朗特。雖然阿姆斯壯認為這些小説家的作品都可以被視為形塑現代個人的「家庭小説」，不過三者仍有差異。理查森的家庭女人主要透過抵抗誘惑掌握權力，珍奧斯汀的家庭女人透過合宜語言與日常舉止取得身份，勃朗特的家庭女人則在情感與慾望的場域中建立權威。

18.
普薇檢視十八世紀晚期以降的醫療文獻，發現在這些醫療論述之中，女性的生育能力一方面象徵「母親天性」，一方面卻又暗示女性情慾。淑華特也曾指出維多利亞時期的醫療論述建構了女性生育能力與瘋狂、情慾之間的連結。產褥瘋狂（puerperal insanity）對維多利亞社會而言是最具威脅性的一種瘋狂型態，它與女性情慾、暴力、殺嬰的多重連結，劇烈衝擊了「女性合宜」與「母親天性」的意識形態。見 Elaine Showalter, "Victorian Women and Insanity,"

Victorian Studies 23.2 (1980): 157-81; Showalter, *The Female Malady: Women, Madness and English Culture, 1830-1980* (London: Virago, 1987), 51-73.

19.
修斯（Kathryn Hughes）在《維多利亞女教師》（*The Victorian Governess*）中指出，女家庭教師在一八三〇年至一八六五年間成為英國小說中普遍的存在。「女家庭教師小說」不只形成一波文學浪潮，更反映出維多利亞社會的集體焦慮。

20.
珍萊絲在一九四九年三月九日寫給女性友人柯寇蒂（Peggy Kirkaldy）的信中表示，自己曾經想要把《夢迴藻海》取名為《第一位羅切斯特太太》（*The First Mrs. Rochester*），而《簡愛》對她如鬼魂般的糾纏使她難以完成小說（"It really haunts me that I can't finish it though"）。

21.
這句話出自珍萊絲於一九五八年三月二十九日寫給溫德漢（Francis Wyndham）的信。

22.
克里奧可作名詞，指克里奧人與克里奧語，也可作形容詞。不過，這是一個高度曖昧的詞彙。克里奧可以用來指稱西印度殖民地具有歐洲白人血統的後裔，也可用來指稱具有非洲黑人血統的後裔。

23.
這段閱讀出自海瑞森一九八八年的著作《珍萊絲與小說作為女性文本》（*Jean Rhys and the Novel as Women's Text*）。在這本書中，海瑞森甚至斷言珍萊絲是小說史上第一個有意識與「男性語言」對話，藉此突顯「女性語言」的作家。這樣的閱讀方法當然有本質論之嫌，而後也受到不少學者的質疑。

24.
史匹娃克在這篇文章中同時檢討兩種閱讀的不足，包括吉爾柏與古芭所代表的

女性主義閱讀與伊格頓（Terry Eagleton）所代表的馬克思主義閱讀。〈三個女性文本〉而後成為《簡愛》的後殖民批評代表作。

25.
關於《夢迴藻海》的批評／接受史，另可參見 Carine Melkom Mardorossian, "Double [De]colonization and the Feminist Criticism of *Wide Sargasso Sea*," *College Literature* 26.2 (1999): 79-95; Elaine Savory, *Jean Rhys* (Cambridge: Cambridge University Press, 2004), 133-51.

26.
艾茉瑞強調珍萊絲的作品處於女性文學、第三世界文學與歐洲現代主義的交會點，因此單從女性書寫或（歐洲）現代主義傳統來分析珍萊絲都必定存在侷限。這是為什麼艾茉瑞會特別將《夢迴藻海》與蓋亞那作家哈里斯（Wilson Harris）的《孔雀宮殿》（*Palace of the Peacock*）對照閱讀，指出兩者共享「第三世界現代主義」的文學傳統。

27.
珍萊絲曾在寫給編輯艾希爾（Diana Athill）的信中反思《夢迴藻海》的第二部分是否寫壞，因為她讓克莉絲多芬的話語「過於清晰」（"too articulate"）。不少批評家主張這段話出自種族偏見，質疑珍萊絲試圖壓抑克莉絲多芬的聲音。但瑪多羅席安辯駁，反抗的方式並不侷限於「清晰的話語」，唯有當批評家自己信仰西方理性話語的中心位置時，才會認為珍萊絲的這段話出自種族主義。

Sex, Heels
and Virginia Woolf:

Part 2

性論戰

Sex, Heels
and Virginia Woolf:

——— **Chapter 4** 性革命：從金賽性學到女性情慾新浪潮

一九六二年，海倫葛莉布朗（Helen Gurley Brown）的《慾望單身女子》（*Sex and the Single Girl*）在美國書市現身。這本提倡女人享受單身與性愛的教戰手冊，不只迅速登上暢銷排行榜，大賣兩百萬本，更讓貌不驚人的布朗在一夜之間成為美國最炙手可熱的單身教主。布朗的傳奇並不僅止於此。三年後，她接下《柯夢波丹》（*Cosmopolitan*）的總編輯一職，大刀闊斧地改造這本岌岌可危的文學雜誌，讓它迅速換上新裝，成為都會單身女子人手一本的性愛聖經。

　　不過，布朗雖然解放了無數單身女孩，打破了社會情慾禁忌，在女性主義史中卻一度不被提及。當女性主義者回顧六〇年代，她們推崇的往往不是布朗，而是傅里丹（Betty Friedan）。緊接在《慾望單身女子》之後，傅里丹一九六三年登場的《陰性迷思》（*The Feminine Mystique*）不只同樣暢銷熱賣，同樣震驚美國社會，更一口氣將她推向女性主義代言人的寶座。對許多人來說，傅里丹是第二波女性主義之母，《陰性迷思》是第二波女性主義經典，而布朗的《慾望單身女子》與《柯夢波丹》，不過是難登大雅之堂的流行讀物。

　　同樣誕生於六〇年代，解放了無數女性，《慾望單身女子》和《陰性迷思》在女性主義史上為何享有截然不同的命運？這當然與布朗和傅里丹對性的論述歧異有關。對布朗來說，性是構成單身女孩身份的核心要素；她要城市中的單身女孩擁抱情慾，談情說「性」。對傅里丹來說，性卻是阻礙女人自我實現的陰性迷思；她要郊區中的家庭主婦走出藩籬，追求事業。布朗與傅里丹的意識形態矛盾不只是個人的衝突，更是

時代的產物。[1] 六〇年代，美國社會興起性革命。在這個傳統婚姻家庭面臨解構、青少年帶起情慾解放浪潮的歷史時刻，女性主義者沒有辦法確定，性革命究竟是解放了女人，還是反過來壓迫了女人。

性革命是男人的還是女人的？六〇與七〇年代的性革命如何導向八〇年代的女性主義性論戰？這一切，我們可以從金賽（Alfred Kinsey）驚天動地的兩本性學報告開始說起。

現代化性意識：戰後性學的崛起

一九四八年，金賽研究團隊出版《人類男性性行為》（*Sexual Behavior in the Human Male*），在戰後的美國社會投下一顆巨大的震撼彈。

在金賽出版《人類男性性行為》以前，影響美國性意識最深刻的是婚姻手冊。范德費爾德（Theodoor Hendrik van de Valde）極其暢銷的《理想婚姻：生理與技術》（*Ideal Marriage: Its Physiology and Technique*），是形塑戰後美國婚姻體制的頭號旗手。女性主義史學家葛哈德（Jane Gerhard）便說，這本書「現代化」了維多利亞時期婚姻——它將夫妻之間的性愛愉悅帶入婚姻體制，將傳統婚姻的性壓抑轉化為現代婚姻的性愉悅。[2] 但《理想婚姻》同時保留了傳統的兩性角色與婚家意識。范德費爾德筆下的妻子可以享受性愛，可以獲得愉

悅，但是她必須仰賴丈夫的引導。范德費爾德筆下的性愛可以互動，可以浪漫，可是性愛的浪漫是為了鞏固婚姻的完整。

《理想婚姻》不只形塑了現代婚姻，更生產了理想妻子。在范德費爾德的婚姻手冊中，女人一方面是「前性慾」的天真性天使，需要丈夫的性指導，另一方面又是擁有過多情慾的氾濫性怪物，需要丈夫的性規範。《理想婚姻》中的「技術」，因此成為形塑完美女性的權力指南。女人要對婚姻內的性愛有所回應，但性愛不能氾濫，必須在層層疊疊的技術中得到適當的掌控。透過《理想婚姻》，范德費爾德不只成功鞏固婚姻體制，讓性愛化為婚姻內的日常勞動，更成功收編女性情慾，讓女人成為依賴丈夫指導的性愛客體。[3]

二十世紀的「性現代化」並不止於婚姻手冊。正如葛哈德所說，如果《理想婚姻》透過性愛「現代化」了婚姻體制，金賽真正「現代化」的，便是性意識本身。金賽研究團隊透過大量訪談蒐集「性告白」，以科學方法將這些告白歸納分類，建立了戰後美國性學的基礎。[4] 因為金賽性學報告，戰後美國社會才驚覺性行為的多元多樣。在當時仍是禁忌的婚前性行為、婚外性行為、同性性行為乃至人獸交，原來早是美國性主體的常年實踐。因為金賽性學報告，現代社會的同性戀／異性戀二分法，也才進一步受到問題化。[5] 金賽提出的量表（the Kinsey scale）將人類性取向化為多重刻度，同性戀與異性戀原為流動的光譜，而非對立的存在。[6]

不過，是金賽研究團隊在一九五三年出版的《人類女性性

行為》（*Sexual Behavior in the Human Female*），真正使美國社會引爆前所未見的道德性恐慌。雖然《人類男性性行為》早已揭露不符合社會規範的男性性實踐，引發保守份子對男同性戀的焦慮，但《人類女性性行為》所公開的女性婚前、婚外與同性性行為，卻真正挑動了戰後美國的敏感神經。報章雜誌大量報導金賽性學報告的研究發現，社會大眾更直稱金賽摧毀美國女性的集體聲譽。因為金賽，美國社會不得不面對女人的性慾，也不得不承認，婚姻從來無法規範女人的性實踐。

金賽研究的出發點並非挑戰婚姻家庭體制。事實上，透過兩本性學報告，金賽真正想要建立的是男女之間的「性相似」（sexual similarity）。這樣的「性相似」模型衝擊了主導美國性意識的「性差異」理論。隨著佛洛伊德精神分析而來的，不只是男女之間的差異建構，更是女性性冷感（frigidity）的病理歷史。在流行於二戰前後的精神醫學論述中，女性的「性健康」建立於「陰道高潮」；若無法得到陰道高潮，女人便會被貼上性冷感的標籤。「性冷感」不只是生理問題，更暗示女人偏離理想女性典型。因此，一個「性冷感」的女人既是精神醫學上的病理個案，也是父權社會中的偏差主體。二戰前後的精神醫學與父權社會的婚家體制環環相扣，互相建構。[7]

這是為什麼，金賽的「性相似」理論具有革命性的意義。金賽的性學報告以「高潮」作為性能力的指標，揭露了震驚美國社會的嶄新發現 —— 女人不只有高潮，而且在理論上，女人擁有與男人同等的高潮能力。不只如此，金賽更發現陰蒂 ——而非陰道 —— 才是最容易使女人達到高潮的神經中心。透過這

項發現，金賽不只率先建立了陰蒂與陰莖之間的象徵類比，更在某種程度上「現代化」了女性情慾。他重新建構了女性性意識，讓女人知道，藉由交媾之外的性實踐──包括自慰與同性性行為──獲得高潮，是極為普遍的事實。他也挑戰了佛洛伊德以降的「陰道高潮」迷思與精神醫學中的「性冷感」建構。如果陰道並非女性高潮的神經中心，那麼得不到「陰道高潮」的女人，也絕非「病態」的存在。[8]

金賽不是戰後美國唯一「現代化」性意識的人。在金賽之後，我們還有麥斯特（William Masters）和強森（Virginia Johnson）。一九六六年，麥斯特與強森出版《人類性反應》（*Human Sexual Response*），替已經進入性革命的六〇年代美國，再次投下一顆震撼彈。在《人類性反應》中，麥斯特與強森建構了著名的「人類性反應週期」（human sexual response cycle）模型。[9] 不過，麥斯特與強森真正震驚了美國大眾的，卻不只是研究內容，而是方法學。

不同於金賽透過大量訪談整理出人類性行為，麥斯特與強森直接將性帶入實驗室。在麥斯特與強森的實驗室中，男男女女在科學家的觀察之下，進行各式各樣的性行為，包括自慰、乳房刺激以及不同體位的交媾。更重要的是，麥斯特與強森發展出「人工交媾」（artificial coition）──透過內建攝影鏡頭的陰道探測器「尤里西斯」（Ulysses），兩人紀錄了陰道在高潮時的反應。這些方法學讓六〇年代的美國社會陷入道德恐慌。對很多人來說，兩人的實驗等同於色情。

麥斯特與強森最重要的研究發現，或許是女人多次高潮的能力。兩人的發現延續了金賽對精神醫學的挑戰，也再次強化了陰蒂與陰莖之間的類比。[10] 金賽已在早先的研究中指出女人能夠透過自慰達到高潮，麥斯特與強森則進一步強調，女人透過自慰達到的性刺激遠高於男女交媾。雖然兩人同時聲稱陰道能夠帶動陰蒂所接受的性刺激，並未完全否定男女交媾與女性高潮之間的連結，但這項研究發現也暗示了一件事情──女人無需透過男人才能達到高潮。

　　麥斯特與強森的性學研究不只延續了性意識的現代化，更推動了性學的大眾化。某種程度上，麥斯特與強森標示了精神醫學權威的沒落與大眾性學的崛起。雖然《人類性反應》甫出版便引發熱議，成為暢銷書，但真正將麥斯特與強森推入大眾的，卻是大量援引兩人研究的大眾雜誌與性愛手冊。一時間，麥斯特與強森出現於《紅書》（*Redbook*）與《週六評論》（*Saturday Review*）；一時間，美國書市浮現《情慾女人》（*The Sensuous Woman*）、《性愛的歡愉》（*The Joy of Sex*）與《性愛一籮筐》（*Everything You Always Wanted to Know about Sex*）。不過，這段時間現身的大眾性愛手冊一方面雖汲取自戰後性學研究，一方面又混合了傳統意識形態；一方面普及六〇年代的性討論，一方面重新鞏固男女交媾的中心位置。[11] 一直要到七〇年代的女性主義者加入戰局，挪用性學研究重奪女性情慾時，性學才會以意想不到的方式，走入女性主義的論戰史中。

女人的性革命：重奪女性情慾

「事實上，若有哪個性別歷經了性觀念與性行為上的革命性轉變，那是女人，不是男人。」

在一九八六年的經典著作《重做愛：性的陰性化》（*Re-Making Love: The Feminization of Sex*）中，安瑞芮曲（Barbara Ehrenreich）、赫斯（Elizabeth Hess）和潔卡柏（Gloria Jacobs）如此大膽宣稱。一九八一年，新新聞代表作家泰利斯（Gay Talese）早在《鄰人的妻子》（*Thy Neighbor's Wife*）中寫下美國中產階級男性主導的性革命。六〇年代的男人有自由愛（free-love）文化，有換妻俱樂部，有《花花公子》（*Playboy*）與《閣樓》（*Penhouse*）雜誌。這或許是為什麼有人說，性革命是屬於男人的。[12]

但安瑞芮曲、赫斯和潔卡柏說得沒錯 —— 如果有什麼值得被稱為「性革命」，那是女人的性革命。[13] 男人當然也在這段時間參與了戰後美國性別典範的轉移，但女人卻更基進地解構了女性貞潔迷思，挑戰了婚家意識形態。金賽團隊的《人類女性性行為》比《人類男性性行為》引發更強烈的保守反挫與道德恐慌，似乎間接預言了性革命對女人而言的重大意義。在六〇年代到七〇年代之間，女人不只要性，更要單身；不只要高潮，更要挑戰強迫異性戀思維。女人的性革命因此不只是性解放，更是對婚姻家庭與異性戀體制的根本顛覆。

戰後性學研究在女人的性革命中扮演著舉足輕重的角色。

事實上，不管是金賽團隊還是麥斯特與強森，出發點都並非推翻婚姻體制，也不特別「女性主義」。這當然是早年性學的限制。但性學的意義不會停止於報告中的研究發現，也不會侷限於研究者的意識形態。性學可以被修正，被改寫，被挪用；性學研究的發現也可以被重新詮釋。而當性學重返女人手中，它甚至可以被當做拆除父權結構的武器。

　　一九六八年，寇特（Anne Koedt）以一篇〈陰道高潮迷思〉（"The Myth of the Vaginal Orgasm"），示範了女人如何透過性學，重奪女性情慾。她在文中挪用金賽、麥斯特與強森等一系列戰後性學研究，指出陰道並非女性性快感的神經中心——陰蒂才是。但〈陰道高潮迷思〉真正的目的並不是暴露精神醫學的論述漏洞，而是批判父權社會的論述建構。雖然性學研究證明了「陰蒂高潮」的存在，挑戰了精神醫學對陰蒂快感的病理化，但性學研究意在「現代化」戰後美國性意識，不在解構父權社會意識形態。寇特的文章是性學研究與女性主義的結合，她不只要推翻陰道高潮迷思，更要推翻傅里丹口中的「陰性迷思」——女人作為異性戀婚姻體制中被動的「性角色」。

　　寇特主張，男人之所以支持陰道高潮迷思，是為了強化自己的優勢位置，壓抑女人的性慾發展。有了陰道高潮迷思，男女交媾便成典範，男人透過陽具發展出來的陽剛身份便得以穩固，而女人也無法成為獨立自主的情慾主體。對金賽、麥斯特與強森來說，精神醫學的錯誤來自科學證據的缺乏；對寇特來說，精神醫學的問題源自更龐大的父權／異性戀體制。男性醫

學權威反覆鞏固陰道高潮迷思，不只是因為他們缺乏性學知識，更因為父權社會必須透過各種方式壓抑女性情慾，規訓女性身體。

在寇特眼中，「陰蒂」不只是女性性快感的來源，更是打擊父權—異性戀連續體的象徵。男人害怕女人解構陰道高潮迷思，因為女人一旦重奪陰蒂快感，那就代表兩性交媾不是必要，而男人當然也不是必要。這時，非異性戀的情慾實踐——包括女同性戀與雙性戀——將不再被視為病態或偏差，而是鬆動異性戀體制的基進可能。這或許是寇特最大的理論貢獻。她不只拆解了陰道高潮迷思背後的父權思維，更提出了強迫異性戀體制之外的多元可能。當兩性交媾不是唯一，當男人不再必要，女人因此可以擁有更寬廣的情慾空間。[14]

〈陰道高潮迷思〉其實不長。儘管寇特在文中引用了不少性學報告，整篇文章卻以相當通俗的筆調寫成。這是寇特的文章之所以可以在六〇年代末被廣為流傳、迅速成為經典的主要原因。[15]〈陰道高潮迷思〉標示了性學研究與女性情慾論述的重要分野點——這是普羅女性重奪性學、取代醫學權威的歷史起點。在寇特之後，女人開始大量書寫情慾經驗，發展情慾理論。六〇年代的女人或許還需要閱讀大眾化的性學報告，七〇年代的女人卻開始寫起自己的情慾告白。

道森（Betty Dodson）是這波女性情慾書寫的最好代表。一九七四年，她在《女士》（*Ms.*）雜誌發表〈認識我〉（"Getting to Know Me"）。[16]〈認識我〉是自傳與指南的結

合，前半部陳述個人自慰歷史，後半部教導女人自慰技巧。在這篇文章中，道森坦承自己從五歲起便開始自慰，自慰伴隨她歷經少女時期，走過婚姻，未來也會一路陪伴她到老年。但道森並非一開始就大方擁抱自慰。和其他在戰後美國成長的女人一樣，她一度為自慰感到羞恥。當她接受心理治療時，自慰被視為「不成熟」的性實踐；當她無法從婚姻內的性愛得到快感時，自慰是她只能藏在床單底下的羞恥補償。

離婚之後遇到的男人是道森解放自我的轉捩點。她與男人分享過去的自慰經驗，也與男人探索多元的性愛實驗。道森從此開始擁抱自慰，解放自慰，以自慰進行藝術創作。〈認識我〉的後半部化為獻給女人的自慰指南。道森不只要女人自慰，更要女人嘗試多種自慰方式 —— 包括以按摩棒自慰。[17]自慰對她而言就像舞蹈，她喜歡一邊聆聽音樂，一邊探索身體。對她而言，自慰是一種「深思自愛的形式」（"a form of meditation on self-love"）。透過〈認識我〉，道森不只陳述了個人自慰歷史，也不只給予女人自慰指導，更試圖發展出「自慾」（self-sexuality）的可能 —— 自慾是在異性戀、同性戀與雙性戀之外，女人的另一種情慾實踐。

如果道森要讓自慰成為女人的每日情慾實踐，法拉黛（Nancy Friday）則要讓幻想化為女人的情慾逃逸路線。在一九七三年的《我的祕密花園》（*My Secret Garden*）中，法拉黛不自己寫 —— 她讓女人說。在這本女性主義經典中，法拉黛透過信件與訪談，記載普羅女性成千上萬的性愛幻想。法拉黛發現，女人不只幻想外遇，更幻想亂倫；不只幻想男人，更幻

想女人；不只幻想支配，更幻想被虐。在《我的祕密花園》中，女人既自戀又戀物，既戀人也戀動物。在幻想的領域中，各種禁忌的情慾成為可能，女人壓抑的渴望也終於有了出口。

《我的祕密花園》最有趣的地方，在於幻想與實踐之間的距離。在這本書中進行告解的女人，未必真正實踐她們的幻想，某方面來說，這的確是幻想的限制；但女人不曾因此停止幻想，卻也反過來證明了幻想的自由。因為《我的祕密花園》，我們知道，女人在婚姻裡渴望外遇，在家庭中想像亂倫，就連與男人做愛時，她們都可能想著其他女人。幻想與實踐的斷裂再再提醒我們，單以性實踐來探討女性情慾是不夠的——在實踐之外的幻想同樣具有逾越規範的能量。

和道森的自慰手冊一樣，《我的祕密花園》迅速成為七〇年代暢銷書。不過，和寇特與道森不同的是，法拉黛的書寫不僅來自自己，更來自女人的眾聲喧嘩；《我的祕密花園》也不是個人著作，而是集體創作。這樣聚焦於普羅女性情慾經驗的書寫模式，在七〇年代逐漸發展為一個「文類」。法拉黛在《我的祕密花園》之後出版了兩本續集——《禁忌的花朵》（*Forbidden Flowers*）與《女人至上》（*Women on Top*）——而另一個女人也循著同樣的模式重寫性學。她的名字叫海特（Shere Hite）。

一九七六年，《海特性學報告》（*The Hite Report*）問世。這本現身於七〇年代中葉的性學報告，是海特根據三千份問卷調查完成的女性情慾研究。表面上看起來，海特的性學報

告不過是《人類女性性行為》的續集。但是，和金賽性學報告不同的是，海特並不特別強調科學分類，也拒絕提供權威聲音。相反的，海特大量引用女人自述的性經驗。因此，與其說這本書是性學權威的研究報告，不如說這本書是普羅女性的集體書寫。和《我的祕密花園》一樣，《海特性學報告》讓女人現「聲」說法，談情說「性」。

不同於寇特直接引用性學研究，海特在這本書中一邊援引金賽、麥斯特與強森，一邊透過普羅女性經驗與大眾女性書寫——包括寇特的〈陰道高潮迷思〉與道森的自慰指南——質疑早年性學隱藏的性別意識形態。海特發現，大多數的女人都無法透過兩性交媾達到高潮；即便有人如此宣稱，也是因為陰蒂受到足夠的刺激。據此，海特推翻麥斯特與強森在性學報告中所提出的陰蒂—陰道依賴理論，以及女人可以從常態交媾中獲得高潮的證據。[18] 但海特真正想要挑戰的卻不只是科學證據，而是兩性的權力關係。她在結論中提倡，性愛不應總是由男人主導，男性高潮也不是永遠必要，女人該有權力掌控自己應得的快感——如果男人不願與女人合作，女人也無需顧及男人的感受。顯然地，海特發表的不只是性學研究，更是政治宣言；她不只要女人得到高潮，更要女人在性關係中爭取權力。若情場如戰場，性愛更如戰場。《海特性學報告》最終呼應了七○年代女性主義運動的中心思想——個人的即政治的，私有的即政治的；性，當然也是政治的。

從寇特、道森、法拉黛到海特，從〈陰道高潮迷思〉、《我的祕密花園》到《海特性學報告》，七○年代崛起的一波

女性情慾論述，反映出性論述從傳統醫學權威轉移到普羅大眾女性的過程。[19] 學者與醫生不再享有主導權，權威論述與大眾書寫也不再是二元對立的存在，正如海特可以在性學報告中一面回顧金賽，一面援引寇特；一面質疑麥斯特與強森，一面參照女性情慾告白。更重要的是，七〇年代湧現的大眾性論述見證了女人重奪性學、重奪情慾的過程。早年性學或許存在侷限，或許無法跳脫意識形態的建構，但女人可以修正性學、再寫性學，也可以重新詮釋性學。在這一系列挪用與改寫的過程中，寇特、道森、法拉黛與海特奠定了七〇年代的女性情慾理論基礎。這些書寫的用意不在於樹立新的權威，而在於打開差異的可能，揭開女性主義「性」史的序幕。[20]

不過，女性主義與性革命並非總是如此和諧。如果寇特、道森、法拉黛與海特象徵的是女性主義與性革命的結合，另一批女性主義者則代表女性主義與性革命的對立。她們要跟你說，性革命未必對女人有利 —— 事實上，性革命是男人構築的謊言。

性與女性主義：邁向女性主義性論戰

一九六三年，傅里丹出版《陰性迷思》。在這部第二波女性主義代表作中，傅里丹揭露了父權社會對陰性身份的建構。所謂的陰性身份，指的就是女人在婚姻家庭中所扮演的「性角色」 —— 妻子與母親。對傅里丹而言，女人若要得到自由，就

要拒絕性角色,走出家庭,追求自我的發展。

傅里丹在《陰性迷思》中不只揭露了陰性身份的虛構,更建立了性與自我的對立。和其他自由人文主義者一樣,傅里丹信仰獨立自主的個體存在。基於此意識形態發展出的女性主義政治,因此不像基進女性主義那樣,將性與性慾擺置於性/別戰場的中心。不令人意外,傅里丹在《陰性迷思》中批判了性學研究。她認為,性學是「去人格化」的研究,而這一波情慾解放浪潮,只不過是一場「追求更多高潮的競賽」罷了。

七〇年代,基進女性主義走入歷史分裂。[21] 早先以重奪女性情慾為政治目標的寇特,不再被視為基進女性主義的唯一領袖;而不同於寇特、道森與海特,另一派基進女性主義者認為,女性解放唯有在性革命之外才可能實現。創立了波士頓基進女性主義團體「十六號細胞」(Cell 16)的鄧芭(Roxanne Dunbar)是批判性革命的代表人物之一。對鄧芭來說,女性主義運動不等於女性情慾解放,因為對很多女人而言,性不是愉悅;性是暴力,是屈從,是權力支配。同樣來自「十六號細胞」的丹斯莫(Dana Densmore)也說,女人受到的壓迫同時來自性壓抑文化與性解放運動。性愛的歡愉已不再是享受,而變成「責任」。丹斯莫呼籲,女人要獨立於性革命之外。[22]

對丹斯莫而言,女人要的不是性愛,而是親密;不是肉體上的歡愉,而是精神上的結盟。雖然和寇特一樣引用了麥斯特與強森,但丹斯莫之所以引用性學,是為了強調女人有別於男人的「真實渴望」—— 愛、親密與結盟。愛金森(Ti-Grace

Atkinson）也挪用了麥斯特與強森，主張了同樣的論點。對愛金森來說，高潮不應被視為女性解放的終極目標，歸屬感與社會連結才是女性主義者應該追尋的烏托邦。丹斯莫與愛金森不只與另一派提倡高潮的女性主義者分道揚鑣，更指向七〇年代另一條政治路線──文化女性主義（cultural feminism）。對文化女性主義者而言，女人要的與男人不同，女人渴望的也與男人不同。事實上，女人本質上便異於男人，擁有比男性更優越的情感與心靈能量。[23]

在基進女性主義的內部矛盾中，葛瑞爾（Germaine Greer）的《女太監》（*The Female Eunuch*）或許是個異數。和其他基進女性主義者一樣，葛瑞爾將性與情慾視為戰場，但她既不像寇特視陰蒂為女性解放中心，也不像丹斯莫視性解放為父權壓迫源頭。葛瑞爾相信，若要解構婚姻體制對女人的壓抑，就要解放女性情慾；而葛瑞爾定義的女性情慾，是超越陰蒂快感的整體生理愉悅。

面對前一波以陰蒂快感為中心的女性情慾論述，葛瑞爾認為，單純關注陰蒂快感是對「整體身體的去性化」（"the desexualization of the whole body"），也是「以器官取代性慾」（"the substitution of genitality for sexuality"）。葛瑞爾不像寇特一樣否定陰道的愉悅，反而呼籲女人擁抱全部的身體，開發多樣的情慾。一旦女人重奪自己的身體與情慾，她們便能重新找回力量，不再是父權婚姻體制中遭受閹割的「女太監」。

史學家葛哈德因此說，《女太監》是基進女性主義與性基進主義（sex radicalism）的結合。這樣的結合是女性主義歷史中的異數。畢竟，就連葛瑞爾後來都推翻了自己。一九八四年，葛瑞爾高調地轉變了自己的立場。在《性與命運》（*Sex and Destiny*）出版後的媒體採訪中，葛瑞爾聲稱，性革命從未發生，「真正發生的是放任主義，而那並沒有比性壓抑好到哪裡去。」[24]

不管是基進女性主義的內部分裂，還是性激進主義者的自我矛盾，女性主義與性革命之間剪不斷理還亂的愛恨情仇，事實上正預示著八〇年代「性論戰」的展開。[25] 一九八二年，巴納德女性研究中心正準備舉辦一年一度的「學者與女性主義會議」（Scholar and Feminist Conference）。今年的主題是「探索情慾政治」（"Towards a Politics of Sexuality"）。不過，會議的籌備過程並不如主辦人凡斯（Carole S. Vance）想像得那麼順利。不只印好的一千五百份會議手冊遭到巴納德學院高層沒收，會議舉辦當日，學院外也聚集了抗議的人潮。這群自稱真正女性主義者的抗議人士身穿自製 T 恤，前面印著「為了女性主義的情慾」（"For a Feminist Sexuality"），背面則印上「反對 S／M」（"Against S/M"）。她們表示，這裡即將舉辦一場支持色情與愉虐的會議，因此，這場會議是「反女性主義」的。

女性主義性論戰才正要開始。

註
———

1.

關於《慾望單身女子》與《陰性迷思》的論述差異，以及海倫葛莉布朗與第二波女性主義之間的多重矛盾，見 Jennifer Scanlon, *Bad Girls Go Everywhere: The Life of Helen Gurley Brown* (New York: Oxford University Press, 2009), 94-111, 168-91.

2.

《理想婚姻》首先出版於一九二六年。不過，在一九四一年到一九五七年之間，《理想婚姻》一共再刷三十二次，對於戰後美國性意識的形塑具有高度影響力。事實上，《理想婚姻》不是第一本「現代化」婚姻的手冊。早在一九一八年，史托普（Marie Stopes）便於《婚姻之愛》（*Married Love*）中提倡婚內的性愛愉悅。這本書在英國造成暢銷熱潮，在美國卻一度成為禁書，直到一九三一年才獲得解禁。

3.

關於《理想婚姻》與同時期婚姻手冊所體現的性別意識形態，見 Barbara Ehrenreich, Elizabeth Hess and Gloria Jacobs, *Re-Making Love: The Feminization of Sex* (New York: Anchor, 1987), 47-54; Jane Gerhard, *Desiring Revolution: Second-Wave Feminism and the Rewriting of Twentieth-Century American Sexual Thought* (New York: Columbia University Press, 2001), 23-29.

4.

金賽的方法學讓我們想起傅柯在《性史》（*The History of Sexuality*）中提及的告解技術。傅柯指出，告解儀式形塑了性主體；因此，性主體並非先驗性的存在——性主體是透過「論述」生成的。另一方面，論述也構成了規範性主體的機制。因此，儘管金賽的性學報告對戰後美國的保守社會造成了巨大衝擊，他強調以科學「現代化」性意識、以分類「系統化」性主體的研究方法，某種

程度來說也不會是單純的「解放」，而同時是對性主體的收編。隨著後期學者對金賽提出的一系列修正與批判，我們理當明白，金賽的性學報告不是自然客觀的「科學事實」，而是誕生於特定脈絡的「歷史論述」。

5.
在《性史》中，傅柯指出「同性戀」是十九世紀末透過醫學與精神分析論述建構出來的分類。在「同性戀身份」現身以前，前現代社會多以「雞姦者」（sodomite）來理解或規範同性關係。雖然傅柯的理論而後受到不少學者的挑戰，當代性別研究學者大多同意「同性戀身份」以及隨之而來的同性戀／異性戀二分法，是現代社會的歷史產物。關於同性戀身份的建構史，可以參考哈普林（David M. Halperin）的《同性戀百年史》（*One Hundred Years of Homosexuality*）與《如何製作同性戀歷史》（*How to Do the History of Homosexuality*）。

6.
金賽量表將人類性取向化為七個主要刻度，〇代表絕對異性戀，六代表絕對同性戀，而一到五則標示了同性戀與異性戀傾向不同程度的共存。金賽量表雖然成功問題化同性戀／異性戀二分法，卻依舊替慾望作出了系統化的分類，因此受到後繼性學學者的拓展與修正。

7.
「性冷感」是一個矛盾的精神醫學分類。它一方面可以指稱無法透過兩性交媾達到「陰道高潮」的女人，另一方面也可以指稱情慾過於主動，或能透過其他形式獲得性愉悅的女人。因此，「性冷感」成功地化為精神醫學用以規範女性情慾的分類。關於二戰前後精神醫學論述對於女性高潮與性冷感的建構，見 Rachel P. Maines, *The Technology of Orgasm: "Hysteria," the Vibrator, and Women's Sexual Satisfaction* (Baltimore: Johns Hopkins University Press, 1999); Jane Gerhard, "Revisiting 'The Myth of the Vaginal Orgasm': The

Female Orgasm in American Sexual Thought and Second Wave Feminism," *Feminist Studies* 26.2 (2000): 449-76.

8.
不過，金賽的性學報告同時存在方法學問題與意識形態矛盾，其中最大的矛盾來自〈婚姻交媾〉（"Marital Coitus"）章節。在這個章節中，金賽發現婚姻中的男人比女人更容易得到高潮，而金賽將此性別差異歸諸於女性對愛的渴求。另外，金賽也觀察到男人與女人在「性心理刺激」（"psychosexual stimuli"）上的差異──男人較易對視覺刺激產生反應。金賽的結論在生理反應與文化建構之間滑移，沒有對愛慾與性心理的社會建構作出進一步的分析，因此不只自然化了女人與愛情之間的連結，更在某種程度上回歸早先的性別差異模型。見 Gerhard, *Desiring Revolution*, 59-62.

9.
麥斯特與強森的性反應週期包括興奮期（excitement）、持續期（plateau）、高潮期（orgasm）與消退期（resolution）。和金賽量表一樣，這個理論模型而後受到性學學者的持續修正。

10.
和金賽一樣，麥斯特與強森的性學報告最終指向了性別差異。他們一方面建立陰蒂與陰莖之間的類比，另一方面卻又指出男女之間程度不同的性反應。不過，金賽主張男性在婚姻交媾中擁有更普遍的高潮經驗，麥斯特與強森則強調女人更優越的高潮能力。見 Gerhard, *Desiring Revolution*, 67-69.

11.
關於大眾性愛手冊暗藏的意識形態矛盾，見 Ehrenreich, Hess and Jacobs, *Re-Making Love*, 82-85, 90-95; Gerhard, *Desiring Revolution*, 73-80.

12.
關於美國男性在這段期間所歷經的性別角色轉變，見 Barbara Ehrenreich, *The Hearts of Men: American Dreams and the Flight from Commitment* (New York: Doubleday, 1983).

13.

英國作家葛蘭特（Linda Grant）也曾以女性角度重寫性革命歷史，並以自傳式敘事追溯性革命對英國女性造成的影響，見 Linda Grant, *Sexing the Millennium: Women and the Sexual Revolution* (New York: Grove Press, 1994).

14.

不過，〈陰道高潮迷思〉不免流露出寇特的白人中心意識形態。當她在文章中提及歐美以外的地區——例如中東與拉丁美洲——時，往往將這些地區的女人再現為較為落後、更受壓迫的性別主體，而沒有針對不同的文化與社會進行細膩分析。「陰蒂高潮」某種程度上化為一種用以檢視全世界女人的普世解放標準。

15.

〈陰道高潮迷思〉最早發表於紐約基進女性（New York Radical Women）出版的《第一年筆記》（*Notes from the First Year*）中。一九七〇年，寇特在《第二年筆記》（*Notes from the Second Year*）中發表增補版本。這篇文章而後收錄於一九七三年出版的《基進女性主義》（*Radical Feminism*）中。

16.

道森的文章原本長達十八頁，在《女士》雜誌刊登時卻被縮減至三頁。不過，道森同時向讀者表示，如果她們對自慰有興趣，可以將三美金支票寄到《女士》雜誌，如此將可獲得她撰寫的手冊《解放自慰》（*Liberating Masturbation*）。當時，三美金支票大量湧入雜誌社，道森則不假他人之手一本一本寄出《解放自慰》。而後，藍燈書屋買下版權，發行《單人性愛：自愛的喜悅》（*Sex for One: The Joy of Selfloving*）。關於這段出版歷史，見 Carlin Ross, "'Getting to Know Me' in Ms. Magazine," *Betty Dodson with Carlin Ross*, August 25, 2013.

17.

道森的文章雖然不像寇特一樣直接援引金賽、麥斯特與強森，但道森提供給女人的性學知識卻也與早年性學報告彼此呼應。例如，道森強調陰蒂對女性快感而言的重要性；她也認為每個女性的陰部都有差異，因此有些女人可以在交媾

時得到「間接」的刺激，有些則必須直接刺激陰蒂才能得到快感，這個觀點呼應了麥斯特與強森在《人類性反應》中提出的理論。

18.
海特同時質疑麥斯特與強森的方法學。她指出麥斯特與強森刻意挑選已曾透過男女交媾得到高潮的女人作為研究樣本，但此取樣無法代表所有女性。當然，海特的研究——或說任何性學研究——都不可能「客觀」，但她的確在自己的報告中成功拆解早年性學應受質疑的性別意識形態與方法學缺陷。

19.
關於七〇年代醫學權威的消退與大眾女性情慾書寫的崛起，見 Ehrenreich, Hess and Jacobs, *Re-Making Love*, 70-102.

20.
理論與散文不是七〇年代女性情慾論述的唯一書寫模式。同一時間，書市湧現一批小說，大量描繪女人溢出婚家規範之外的情慾樣貌，包括舒曼（Alix Kates Shulman）的《前舞會皇后回憶錄》（*Memoirs of an Ex-Prom Queen*）、鍾（Erica Jong）的《飛翔的恐懼》（*Fear of Flying*）、布朗（Rita Mae Brown）的《紅寶果叢林》（*Rubyfruit Jungle*），以及艾爾瑟（Lisa Alther）的《金妮回憶錄》（*Kinflicks*）。葛哈德指出，這些小說一方面延續了男性情慾小說的傳統，一方面又挑戰了男性文學中扁平的女性再現，書寫出女性多元的情慾經驗，包括《飛翔的恐懼》中的女性外遇，以及《紅寶果叢林》與《金妮回憶錄》中的女同性情慾。這些作品在理論與散文之外，以虛構敘事質疑了女人與婚家的必然連結，再現了女人在異性戀婚姻之外的情慾可能。關於這波創作浪潮與女性主義政治之間的連結，見 Judi M. Roller, *The Politics of the Feminist Novel* (Westport: Greenwood Press, 1986); Lisa Maria Hogeland, *Feminism and Its Fictions: The Consciousness-Raising Novel and the Women's Liberation Movement* (Philadelphia: University of Pennsylvania Press, 1998); Maria Lauret, *Liberating Literature: Feminist Fiction in America* (New York: Routledge, 1994).

21.
基進女性主義的早年代表作為米列的《性政治》與費爾史東（Shulamith

Firestone）的《性的辯證》（*The Dialectic of Sex*）。在《性政治》中，米列視父權體制為性別壓迫的根基。不同於傅里丹在《陰性迷思》中建構出性與政治的對立，米列主張性即政治。傅里丹認為女人唯有走出私有家居空間才能在公眾政治空間中實踐自我，米列卻問題化公／私領域的界線，指出私有家居空間亦在「政治」結構之中。費爾史東則在《性的辯證》中主張異性戀身份為歷史產物，目的是用以維持父權社會中不平等的男女權力關係。對費爾史東而言，若要解構父權社會，便要拆除核心家庭；若要拆除核心家庭，便要徹底打破女人與生產之間的必然連結。對此，費爾史東提出的解決方案是「人工生產」；唯有如此，我們才能將所有主體從壓迫的家庭體制中解放出來，回歸多元的情慾流動。傅里丹、米列與費爾史東不只奠定了第二波女性主義的理論基礎，更導向了自由與基進女性主義的路線分歧。關於兩者的政治差異，見 Alison M. Jaggar, *Feminist Politics and Human Nature* (Totowa: Rowman & Allanheld, 1983), 173-206, 249-302; Gerhard, *Desiring Revolution*, 81-116.

22.
關於基進女性主義者對性革命的批判，另見 Sheila Jeffreys, *Anticlimax: A Feminist Perspective on the Sexual Revolution* (New York: New York University Press, 1990).

23.
文化女性主義奠基於本質論，信仰兩性本質差異，強調女人應建構不同於男人的「反抗文化」，以此作為抵抗父權體制的基礎。文化女性主義而後受到不少女性主義學者的批判，而她們在七〇年代晚期與反色情女性主義的合流也間接推動了八〇年代「性論戰」的誕生。見 Alice Echols, "Cultural Feminism: Feminist Capitalism and the Anti-Pornography Movement," *Social Text* 7 (1983): 34-53.

24.
《性與命運》在出版後引發不少爭議，也讓葛瑞爾在女性主義社群獲得兩極的評價，許多人視這本書為葛瑞爾對女性主義的背叛。關於葛瑞爾的思想流變，見 Christine Wallace, *Germaine Greer: Untamed Shrew* (New York: Faber & Faber, 1998).

25.

關於女性主義者對性革命的質疑與批判，學者有不同解讀。安瑞芮曲等人認為這些女性主義者參與了保守勢力對性革命的反挫；葛哈德則認為這段歷史預示了八〇年代性論戰的現身。見 Ehrenreich, Hess and Jacobs, *Re-Making Love*, 176-80, 188; Gerhard, *Desiring Revolution*, 149-53.

Sex, Heels
and Virginia Woolf:

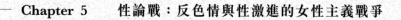

Chapter 5　　　性論戰：反色情與性激進的女性主義戰爭

一九八二年四月，巴納德女性研究中心主任古德（Jane Gould）被傳喚至校長辦公室。這是巴納德學院即將舉行一年一度的「學者與女性主義會議」的前夕，而今年的會議主題是「探索情慾政治」。當古德步入辦公室，發現裡頭不只有校長法特（Ellen V. Futter），更有公關主任與校園律師，以及與會手冊——《情慾會議的日記》（*Diary of a Conference on Sexuality*）。法特單刀直入，告訴古德這本手冊是「色情刊物」，不能發給與會成員，應該全數沒收，直接銷毀。

古德後來才知道，校長辦公室早先已湧入大量來電。反色情女性主義團體致電巴納德高層，堅稱這場尚未舉行的會議不只「反女性主義」，更致力於提倡色情愉虐，因為它已經被舊金山的女同志愉虐團體「莎摩爾」（Samois）給挾持。[1] 她們放話自己將會在會議當天現身，而她們的確實現了諾言。一九八二年四月二十四日，反色情女性主義團體——包括「女性反色情聯盟」（Woman Against Pornography）、「女性反性別暴力聯盟」（Women Against Violence Against Women）以及「紐約基進女性主義」（New York Radical Feminists）——齊聚巴納德學院，激烈抗議會議的進行。她們身穿自製 T 恤，正面印上「為了女性主義的情慾」，背面印上「反對 S／M」。她們發放傳單，指控會議籌辦人找來支持「父權情慾」的學者，刻意將她們排除在外。

事實上，「探索情慾政治」會議並不專門談色情與愉虐。這場會議的十八個工作坊，一共觸及了墮胎權、身體意象、孩童情慾、性工作、青少年羅曼史與 T／婆角色扮演。事實上，

沒有任何一個莎摩爾成員參與這場會議的籌備過程，而真正來自莎摩爾的盧本（Gayle Rubin），不過是以密西根大學研究生的身份與會而已。反色情女性主義所描繪的，似乎是一場不存在的會議。[2]當然，盧本沒有想到，自己在兩年後根據工作坊草稿發表的〈再思性〉（"Thinking Sex"），將會成為女性主義性論戰最重要的一篇文章，甚至間接催生八○年代以降的酷兒理論。盧本可能也沒有料到，這場充滿戲劇性轉折的會議，將會正式揭開性論戰的序幕[3]，不只在日後成為性論戰的代名詞，更指出「反色情」與「性激進」兩條女性主義政治路徑。[4]

究竟女性主義性論戰如何在「巴納德性會議」爆發？若要追溯源頭，我們必須重返七○年代的舊金山灣區。

性論戰前夕：反色情女性主義與女同志愉虐團體

一九七六年，美國第一個反色情女性主義組織在舊金山灣區崛起，提早預告了六年後爆發於東岸的性論戰——「女性反色情與媒體暴力聯盟」（Women Against Violence in Pornography and Media）。這個組織不僅是美國最早的反色情女性主義代表，更在一九七八年舉辦了第一場全國反色情會議。受到西岸姊妹的啟發，隔年，東岸的基進女性主義者旋即在紐約成立另一個反色情組織，「女性反色情聯盟」。

當然，反色情女性主義不是七○年代下半葉唯一的性別政治代表。一九七八年，美國第一個女同志愉虐團體於舊金山灣區現身，那就是盧本所參與的「莎摩爾」。事實上，莎摩爾不是最早的愉虐團體。愉虐運動早在七○年代初萌芽；一九七一年的尤蘭匹格協會（The Eulenspiegel Society）與一九七四年的詹納斯協會（The Society of Janus）都先於莎摩爾。但莎摩爾在女性主義史上意義重大。它不只是第一個女同志愉虐團體，更意圖拆除愉虐實踐與女性主義之間的藩籬。對莎摩爾成員來說，愉虐實踐並不特別「女性主義」，但它同時並不「反女性主義」；同樣的，愉虐實踐並非「絕對解放」，但它也並非「絕對壓迫」。女同志愉虐的政治意義，恰好落在女性主義與反女性主義、解放與壓迫的二元對立之外。[5]

　　莎摩爾崛起以後，迅速成為反色情女性主義的頭號公敵。這對不了解性論戰脈絡的人而言，或許是一件匪夷所思的事情。畢竟，色情是一個文類，而愉虐則為情慾喜好與實踐，兩者當然有重疊之處——愉虐一直是色情的次文類——但不能被視為同一件事情。在反色情女性主義的論述中，愉虐與色情卻被輕易畫上等號，甚至被視為色情的壓迫表徵。換句話說，反色情運動與女同志愉虐的對立源自一段歷史建構：因為反色情女性主義者將愉虐等同於色情，又將色情等同於「對女人施加的暴力」，因此實踐女同志愉虐的莎摩爾，便被視為「反女性主義」的存在。

　　為了建構此二元對立，反色情女性主義時常在論述中並置愉虐與暴力。作為「女性反色情與媒體暴力聯盟」的創辦

人之一，羅素（Diana Russell）便在一九七七年的〈論色情〉（"On Pornography"）一文中，表示色情片之所以罪惡，在於描繪女人「喜歡被強暴、被拍打屁股、被毆打、被捆綁、被肢解，以及被奴役」。盧本發現，這是反色情女性主義慣用的修辭技巧，將愉虐實踐——包括拍打屁股與皮繩捆綁——與對女性施加的暴力並排呈現，使得前者直接等同於後者。在這樣的論述之中，女人不可能自主參與愉虐實踐；一旦參與，便是擁有「虛假意識」（false consciousness）。原本已承受大眾獵奇眼光與法律體制迫害的愉虐實踐，在反色情女性主義的扭曲中，進一步受到病態化。[6]

既然愉虐被視為對女性的集體迫害，「反愉虐」與「反色情」遂成為「女性反色情與媒體暴力聯盟」的共同運動目標。一九七七年，當「女性反色情與媒體暴力聯盟」開始組織公開抗議時，色情與愉虐幾乎受到同等的關注，得到同等的譴責。在這樣的論述修辭與運動目標之下，我們便不難理解，莎摩爾為何會在七〇年代末成為反色情女性主義的頭號公敵，而舊金山灣區又為何會在同一時間化為八〇年代性論戰的「前置戰場」。[7]

事實上，反色情女性主義之所以混淆色情、愉虐與性別暴力，可以追溯到七〇年代中葉基進女性主義的政治分裂。主張「性」即政治，是基進女性主義最大的理論貢獻；對「性政治」的不同解讀，卻演變為基進女性主義後期的內部矛盾。早年領袖寇特在〈陰道高潮迷思〉中，一方面解構精神醫學論述中的「陰道高潮迷思」，一方面意圖拓展女性在異性戀交媾之

外的多元情慾可能 —— 包括一度受到病理化的陰蒂快感與女同志慾望。葛瑞爾在《女太監》中則呼籲女人不要只專注於「陰蒂快感」，應該解放全部的身體。唯有奪回身體，開拓愉悅，女人才可以重獲力量，不再是父權婚姻體制中遭到閹割的「女太監」。

從七〇年代下半葉起，寇特與葛瑞爾卻不再是基進女性主義的精神領袖。[8] 布朗米勒（Susan Brownmiller）與朵金（Andrea Dworkin）陸續崛起，成為基進女性主義的指標人物。一九七五年，布朗米勒出版《違反意願：男人、女人與強暴》（*Against Our Will: Men, Women and Rape*），不只奠定了反色情女性主義的理論基礎，也標示了基進女性主義陣營的政治轉向。在這本書中，布朗米勒與早年基進女性主義者一樣，視父權體制為性別壓迫的根基；但是，布朗米勒指認父權，不是為了開發女人異於婚姻體制的情慾可能，而是為了強調男人對女人施加的性暴力，以及男女之間的本質差異 —— 男人是侵略性的迫害者，女人是抵抗性的受害者。對布朗米勒來說，強暴不是特殊的性罪行，而是男女權力關係的表徵：「強暴正是男人使女人活在恐懼中的恫嚇手段。」

為了解釋父權社會的起源，布朗米勒重探了「交易女人」的權力機制。無獨有偶，盧本在同年發表了早期代表作〈交易女人〉（"The Traffic in Women"）。在這篇文章中，盧本改寫人類學與馬克思主義理論，提出有名的「性／別體系」（"sex/ gender system"）一詞，分析男人如何在親屬體系中藉由「交易女人」締結盟誼，以及資本主義社會如何仰賴女性的

無償家務勞動來維持運作。[9] 布朗米勒同樣談「交易女人」，但是她強調，這個機制奠基於男人對女人的性控制之上 —— 女人為免於強暴的威脅，以貞潔與婚姻換取男人的保護，男人則藉此享有女性身體的所有權。透過強暴，男人不只成功地將女人化為自己的合法財產，更構築了父權社會的根本秩序。

在布朗米勒之後，朵金崛起，成為另一個基進女性主義代言人。延續布朗米勒，朵金將矛頭更進一步對準色情片。對朵金來說，色情不只是一個文類，一種再現 —— 色情的核心就是男人對女人的厭惡。在布朗米勒的《違反意願》出版三年以後，朵金出席舊金山的「女性主義重探色情」（"Feminist Perspectives on Pornography"）會議，並發表一場名為〈色情與悲傷〉（"Pornography and Grief"）的演講。[10] 在這場演講中，朵金激烈陳述：「色情是邪惡的，任何以別種方式描繪色情的論述都是謊言。」在朵金口中，男人無法區分性與暴力，男人從摧毀女人的身體中得到快感，而色情正是對暴力的情慾化，以及對女人的集體毀滅。色情揭露男人的本質，色情的價值就是男人的價值，「色情存在，因為男人厭惡女人；男人厭惡女人，因為色情存在。」

聳動與煽情的語言一向是朵金論述的特色。不過，這篇演講的聳動煽情，具有特殊的歷史意義，因為它正好發表於「奪回黑夜」（Take Back the Night）遊行前夕。在這場演講之後，反色情女性主義者走上百老匯街，對著舊金山的色情書店、成人戲院與現場性愛秀高喊「別再剝削女性身體！」（"No More Profit off Women's Bodies!"）。因此，朵金的反

色情不只是理論，更是運動訴求；不只是文字，更是政治行動。她不只要女人反色情，更要帶領女人上街抗議，「奪回黑夜」。

朵金的反色情論述，濃縮於一九八一年出版的代表作《色情：男人掌控女人》（*Pornography: Men Possessing Women*）。這本書的立論和三年前的演講同出一轍，全書主張也清楚地標示在書名之中——色情體現的是男人對女人的控制與殖民。朵金延續自己一貫的煽情語言，大量描繪色情片的暴力情節。她要以此證明，男人透過羞辱女人得到快感，透過折磨女人享受愉悅，「唯有當色情不再存在，我們才會真正自由。」

於是，從七〇年代下半葉起，布朗米勒與朵金取代了寇特與葛瑞爾，色情批判取代了陰蒂快感，《違反意願》也取代了《女太監》，反色情逐漸成為基進女性主義的代名詞。她們不只積極出版論著，拍攝影片，更激昂走上街頭，參與運動。反色情女性主義的意識形態透過期刊、書籍、電影與街頭運動傳播，成為七〇年代末至八〇年代初最具代表性的女性主義政治圖像。[11] 不過，反色情不是這段時期唯一的聲音。幾乎是在同一時間，駁斥反色情女性主義的異議便陸續在左翼、同志與黑人社群中現身。這些論述雖不像巴納德性會議那樣掀起巨大風波，卻也提早替性論戰鋪路，成為性論戰正式開打前的「序曲」。

早在七〇年代末，左翼女性主義作家威利絲（Ellen Willis）就在《村聲》（*The Village Voice*）雜誌發表一系列批判

反色情運動的文章。在一九七九年的〈女性主義、道德主義與色情〉("Feminism, Moralism, Pornography")中，威利絲指出，儘管她同意色情片大多出自男性幻想，迎合男性市場，但是這不代表色情片無法被女人挪用，因為重奪原為男性所創的文化產物，本來就是女人在歷史中學會的生存策略。她曾經從色情片得到情慾快感——她所認識的大部份女性也是。如果女性主義者一味地反對色情，那麼，觀看色情片的女人只會承受更多的污名，更大的羞恥，以及更深重的罪惡感。[12]

　　威利絲強調，女性主義者在反色情的過程中，不只加深了父權社會既有的意識形態，更進一步強化了「好女人」與「壞女人」之間的二元對立。在反色情女性主義的論述中，觀看色情片、喜歡色情片的女人，要不是遭到父權洗腦的受害者，就是助長父權壓迫的共謀者；唯有堅持反對色情的女人，有資格被冠上「女性主義者」之名。這樣的對立修辭不只建構出女性社群內部的高下位階，更被女同志分離主義者用以分化異性戀女人，使得後者無可避免地被視為「父權共謀」。反色情運動最終疏離的，依舊是那些在父權社會中承受污名的「壞女人」——觀看色情片的女人、擁有強勢情慾的女人，以及在性產業工作的女人。

　　另一方面，戴維斯（Angela Davis）則以黑人女性主義的角度，揭露反色情論述中的白人意識形態。在〈強暴、種族主義與黑人強暴犯迷思〉("Rape, Racism and the Myth of the Black Rapist")一文中，戴維斯指出，黑人男性時常成為反色情運動中的代罪羔羊。例如，當布朗米勒分析五〇年代促成民

權運動的黑人少年愛默特提爾（Emmett Till）時，她間接將慘遭白人殺害的提爾塑造成一個潛在的強暴犯，「畢竟，布朗米勒認為提爾和殺害他的兇手都放不下自己對女人的掌控權。」這樣將男人一律視為潛在加害者——包括黑人男性——的「女性主義論述」，在戴維斯眼中實與白人種族主義共謀。正是這樣的共謀結構，使得黑人女性一再疏離於反色情運動之外。黑人女性之所以拒絕參與反色情運動，不是因為她們漠視女性主義，而是因為她們無法認同反色情論述中暗藏的白人意識形態。[13] 戴維斯呼籲，女性主義者不只應該反對種族主義，更應該正視一路上遭受白人迫害、成為代罪羔羊的黑人男性們。

黑人男性不是反色情運動中唯一的替罪者。在反色情女性主義者「淨化」情慾的過程中，「性少數」（sexual minorities）成為另一群代罪羔羊。這是為什麼，來自莎摩爾的卡利菲亞（Pat Califia）會在同一時間撰寫一系列批判反色情運動的論述。一九八〇年四月，卡利菲亞在同志期刊《主張》（*The Advocate*）上發表一篇名為〈在我們之中對抗我們〉（"Among Us, Against Us"）的爭議文章。卡利菲亞發現，反色情女性主義者的出發點雖然是反對性別暴力，最後卻不慎與法律體制結合，反過來迫害了在當時仍暴露於司法獵捕中的同性戀社群。反色情女性主義者支持的法規可以用來關閉同性戀酒吧、沒收同性戀書籍，也可以用來審判任何涉入「不光彩政治活動」的同性戀個體。她們不只看不見「壞女人」，看不見黑人，更看不見性少數。卡利菲亞批判，反色情女性主義表面上是激進的性別運動，實際上是保守的右派政治，不只

願意以「姊妹結盟」之名吸納右翼女人，更積極與國家法律體制合作。反色情女性主義真正復興的，是維多利亞時期的性別意識形態。

威利絲、戴維斯與卡利菲亞的文章，某種程度上預言了巴納德性會議的誕生。三人對反色情女性主義的批判，對保守政治氛圍的擔憂，以及對種族、階級與情慾的關懷，在巴納德性會議中得到了進一步的理論拓展。這場會議的主辦人凡斯在開場時說得很清楚了，女性情慾長久以來與兩個概念交纏。反色情女性主義只強調了一個面向，「危險」（danger）。現在，她們要探索另一個不可或缺的面向——「愉悅」（pleasure）。

性論戰爆發：重返巴納德性會議

一九八二年四月二十四日，一群日後將被視為「性激進」代表的女性主義學者齊聚紐約的巴納德學院，準備參與一年一度的「學者與女性主義會議」。這場會議是巴納德女性研究中心的年度傳統，從一九七四年算起，已經邁入第九個年頭。不過，當時她們還不知道，這場會議即將引爆美國女性主義史上最大的爭議，進而成為巴納德學院的代名詞。從此以後，當我們談起巴納德，我們談的，往往就是一九八二年的這場「性會議」。[14]

巴納德性會議的核心理念濃縮於兩個關鍵字：「危險」與

「愉悅」。正如凡斯所強調，這場會議的目的不在於推翻女性主義對「性危機」的批判，而在於拓展女性主義對「性愉悅」的探索。不同於反色情女性主義的扭曲再現，巴納德性會議並不侷限於色情與 S／M。在十八場工作坊中，來自不同領域的女性主義學者分別探討墮胎權、性工作、同性戀權益、青少年羅曼史、大眾性手冊、精神分析、T／婆角色扮演，以及階級、種族與情慾之間的多重角力。色情的確是這場會議的主題之一，但不是核心。事實上，就連「危險」與「愉悅」都無法精確標示這場會議留下的思想遺產。巴納德性會議真正的歷史意義，在於揭示女性情慾與八〇年代差異政治的複雜交構。

所以，這場會議不只有白人的性，也有黑人的性；不只有異性戀女性情慾，也有女同志 T／婆情慾。史匹勒（Hortense Spillers）首先在〈裂縫〉（"Interstices"）一文中發難，黑人女性在白人主導的情慾世界中宛如擱淺的鯨魚，「沒有聲音，只被錯認，仍在等待屬於她們的動詞。」[15] 黑人女性情慾之所以「不可言說」，除了因為白人社會長期以來的種族壓迫之外，更因為黑人與白人女性以迥異的方式走入美國歷史。在回顧基進女性主義文獻時，史匹勒發現，女性往往被視為同質的群體；黑人女性要不是被徹底忽視，就是被一筆帶過 —— 米列的《性政治》將「黑人女性」納入「黑人」的標籤之中；布朗米勒的《違反意願》則以獵奇手法再現黑人女性的情慾經驗。在解放的道路上，白人女性主義者必須體認到自己的情慾論述不過是歷史情境下的「其一」，無法超越差異，涵蓋「整體」。

「女同志故事資料庫」（Lesbian Herstory Archives）的

共同創辦人奈索（Joan Nestle）則從另一個角度詰問反色情女性主義與女同志分離主義——女同性戀的Ｔ／婆情慾。在〈婆問題〉（"The Fem Question"）一文中 [16]，奈索以自己長達二十五年的Ｔ／婆經驗，挑戰視Ｔ／婆關係為「異性戀遺毒」的女同志分離主義。[17] 奈索主張，Ｔ／婆並非單純「複製」異性戀關係；她們有自己的語言，自己的慾望，自己的政治。更重要的是，在保守的五〇年代，正是能夠被清楚辨識的Ｔ／婆站在同性戀解放的最前線，抵抗警察與恐同大眾的壓迫。而如今，指控Ｔ／婆的居然不再是保守份子，而是「女性主義者」自己——以「女同志女性主義」（lesbian feminism）之名。

奈索進一步強調，單單將Ｔ／婆視為「異性戀遺毒」，女同志分離主義者不只否認了女同性戀的邊緣情慾，更抹除了女同性戀的早年歷史：「我們不再問Ｔ／婆她們是誰；我們擅自定義她。我們不再爬梳四〇、五〇年代勞工階級女同志酒吧的社交生活；我們說那些女人都是受害者。」奈索呼籲女同志分離主義者放下心中的成見，不再試圖定義「政治正確」的性慾，以好奇取代審判，以疑問取代答案，因為好奇能夠創造社群結盟，審判卻會鞏固權力位階。一個追求性別解放的女性主義運動，應該也要能夠正視Ｔ／婆情慾的多元面貌。[18]

史匹勒與奈索的論述體現了巴納德性會議的核心精神——女性主義者不只探討女性情慾，更結合差異政治；不只批判父權社會，更檢討白人意識形態與女同志分離主義。不過，真正讓這場會議在女性主義史上留名的，還是盧本的〈再思性〉。

〈再思性〉源自盧本親自領導的工作坊：「性激進政治的概念」（"Concepts for a Radical Politics of Sex"）。在這篇文章中，盧本意圖超越過去單單專注於「性別」的女性主義論述，發展出以「情慾」為核心的理論模型。盧本並不試圖推翻女性主義，也不認為女性主義無法與情慾分析結合。事實上，她在回顧女性主義運動時便指出，反色情無法代言女性主義，而性激進女性主義者──包括女同志愉虐實踐者、早年基進女性主義者，以及擁抱慾望的異性戀女人──早在同一時間提出情慾異議。這些邊緣聲音複雜化女性主義政治，也揭露出「唯性別」女性主義論述的不足。

〈再思性〉的意旨清楚標示於副標題中：「情慾政治的基進理論筆記」（"Notes for a Radical Theory of the Politics of Sexuality"）。所謂情慾政治的「基進理論」，便是不讓情慾消失於性別分析之中，將情慾發展為獨立的理論框架與政治向度。對盧本來說，唯有如此，我們才能超越過去（反色情）女性主義只看到性別壓迫、看不見情慾壓迫，批判了父權體制、卻批判不了情慾階層的盲點。〈再思性〉的政治意圖，不在於以情慾理論取代女性主義，而在於以情慾分析深化女性主義，一方面暴露女性主義可能反過來造成的壓迫，一方面期許女性主義在納入情慾政治的視野以後，可以帶來更基進的解放。

既然要提出情慾政治的「基進理論」，那麼，當然要勾勒出創新的理論框架。在〈再思性〉中，盧本重探籠罩西方社會的性意識形態，解釋情慾壓迫如何源自這些意識形態的勾連。除了已被傅柯解構的「性本質主義」（sexual essentialism）以

外 [19]，盧本進一步指出「性負面」（sex negativity）[20]、「性層級體系」（hierarchical system of sexual value），以及對「性變異」的理解匱乏（the lack of a concept of benign sexual variation），正是使性少數仍持續遭受迫害的原因。這些意識形態並非去歷史的恆常存在，而是具有特定脈絡的歷史產物。比方說，早年的性禁忌奠基於宗教信仰與親屬體系的互構；《聖經》中的律法幫助親屬體系排除「不恰當」的結合——包括亂倫、同性戀與人獸交。在「現代」體制於十九世紀崛起以後，規範性的權力卻轉移到精神醫學領域。我們不再以宗教之名執行懲戒——我們以醫學之名進行規訓。在宗教禁忌失去權力之後，現代精神醫學開始以「性分類」管理偏差主體。相對於亂倫、同性戀與人獸交，我們於是有了「戀物癖」（fetishism）、「變裝癖」（transvestism）與「施虐／受虐狂」（sadomasochism）。[21]

透過對西方性意識形態的爬梳，盧本提出〈再思性〉最有名的概念——「性階層」（sex hierarchy）。所謂的「性階層」，便是主流社會用以區分「良好性」（good sex）與「敗壞性」（bad sex）的一套層級化體系。盧本在此透過兩張圖表解釋「性階層」理論。在第一張圖表中，她描繪了內／外兩層同心圓，內層代表「良好」、「正常」與「自然」的性，包括異性戀、單偶、生殖目的、室內、無色情、香草式的性；外層則代表了「敗壞」、「變態」與「不自然」的性，包括同性戀、多伴侶、非生殖目的、野外、色情及愉虐式的性。在第二張圖表中，盧本改以層遞的矮牆再現性階層。第一道矮牆象徵的依然是良好的性，第二道矮牆代表的則是在好／壞之間游移

Figure 1.

Sex Hierarchy: The Charmed Circle vs. the Outer Limits

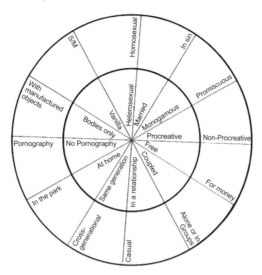

Figure 2.

Sex Hierarchy: The Struggle over Where to Draw the Line

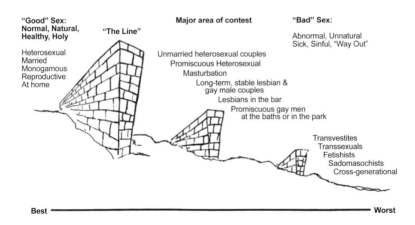

的「曖昧性」──包括未婚異性戀伴侶、淫亂的異性戀、穩定交往的男同志與酒吧中的女同志。最後，第三道矮牆標示的是無法被原諒的「敗壞性」──變裝癖、戀物癖、性交易、跨性別與愉虐實踐。

值得注意的是，性階層並非恆常不變的權力部署。盧本特別強調，「良好性」與「敗壞性」的定義會隨著歷史脈絡而改變；一度被視為「敗壞性」的主體，也可能跨越界線，成為「良好性」的代表。這是為什麼盧本的「性階層」理論需要由兩張圖表來詮釋──第一張圖表雖然勾勒出性階層的基礎結構，第二張圖表卻突顯出性階層的曖昧流動。比方說，未婚的異性戀伴侶在八〇年代初已不再被視為「敗壞性」的代表；而一度作為「敗壞性」表徵的同性戀，也在同一時間慢慢藉由單偶關係往「良好性」靠近。當然，也有一些性主體無法隨著合宜的同性戀「向上流動」──包括變裝者、戀物癖、跨性別，以及莎摩爾所象徵的愉虐實踐者。

在盧本構思〈再思性〉之際，美國剛好興起新一波「性恐慌」。一九七七年，佛羅里達州的邁阿密市出現「拯救孩子」（Save Our Children）聯盟。這個由歌手布萊恩特（Anita Bryant）帶領的基督教反同運動，要求達德郡（Dade County）廢除甫通過的禁止歧視同性戀法條。盧本指出，這起事件標示的不只是宗教反同團體的保守勢力，更是美國司法體制在七〇年代末對性異議份子展開的大規模搜捕。在達德郡舉辦公投的數週以前，媒體上出現一波搜查同性戀酒吧、逮捕性工作者與偵辦色情營業者的報導。這波媒體再現與道德恐慌

證實了盧本所提出的「性階層」理論——受到體制規訓的，不只是同性戀，更是在七〇年代美國與「淫亂」同性戀共處「性底層」的性工作者與色情營業者。性工作、色情與同性戀在道德論述與司法體制中共同承擔的污名，不只反映出「唯性別」分析的不足，更提醒我們對「性階層」的批判不能停留在同性戀與異性戀的二元對立之上。這不只是父權社會對女人進行的壓迫，也不只是異性戀社會對同性戀展開的獵捕，更是性階層對情慾少數部署的權力管控。

當然，將同性戀與其他「敗壞性主體」畫上等號，並不是七〇年代才開始的事情。盧本將這段時間的性恐慌追溯到十九世紀下半葉的（性）道德論述，以及一八七三年由聯邦政府通過的反猥褻法條——「康斯托克法」（The Comstock Act）。五〇年代，美國出現另一波妖魔化同性戀的性恐慌。在這波性恐慌中，同性戀成為「性罪犯」（sex offender）的代名詞，威脅戰後美國夢與婚家體系。[22] 想不到，不過三十年，另一波針對同性戀、色情與性工作者的性恐慌便在「卡特美國」現身。更重要的是，原本應該挑戰性階層、抵抗司法掌控的女性主義者，居然在此時加入了體制的陣營。這是為什麼，盧本的〈再思性〉不只是學術理論，更是政治行動，試圖在這波道德恐慌浪潮中發出反抗的聲音。

這樣看來，當反色情女性主義團體致電巴納德高層，意圖動用學院體制力量阻止會議的舉行，將性激進學者一律抹黑為「反女性主義者」，盧本等人便意外地成為那群徘徊在性階層底部的異議份子。這樣的後設諷刺是兩派女性主義者當年都無

法預料的結果。更出乎意料的，或許是性論戰並不停止於巴納德性會議，也不結束於四月二十四日。在巴納德以後，性論戰的第二幕與第三幕，才正要展開。[23]

性論戰續集：反色情司法體制的崛起

「性之於女性主義正如勞動之於馬克思主義：最貼近個人，卻也最被剝奪。」女性主義法學家麥金儂（Catherine A. MacKinnon）這麼說。[24]

一九八三年，朵金與麥金儂共同草擬「反色情民權法案」（Antipornography Civil Rights Ordinance）。兩人的合作具有重大的歷史意義。不像朵金活躍於街頭運動，麥金儂出身學院，走入法院，擁有體制內的權威與力量。與麥金儂結盟顯示朵金反色情的決心──這一次，她不只要奪回黑夜，更要讓反色情正式走入法律。

「反色情民權法案」原先只是地方條例，起於明尼亞波利斯與印第安納波利斯兩大城市。但這個法案的影響力卻大於地方。在草案中，麥金儂與朵金試圖區分「色情」與「猥褻」，將「色情」建構為獨立於猥褻的法律類別。在麥金儂與朵金的定義中，色情不只是一個文類，也不只是媒體產物；正如麥金儂早先試圖將性騷擾定義為性別歧視[25]，兩人主張色情是「透過暴露的性圖像貶低女性的文字與圖像」。因此，色情不只是

性別歧視，更是對女性民權的侵害。[26]

在朵金與麥金儂攜手合作之際，雷根政府的司法部長米斯（Edwin Meese）成立色情調查委員會。「米斯委員會」（The Meese Commission）由許多右派保守份子組成，在一九八六年出版的調查報告中主張色情帶來實質傷害，試圖建立色情與性犯罪之間的連結。令人心寒的是，不少反色情女性主義者選擇支持米斯委員會。這段歷史結盟標示了性論戰的另一個里程碑。若七〇年代的反色情女性主義者主要透過街頭抗議來「奪回黑夜」，八〇年代的她們則願意與保守政府結盟，借助法律條文與體制力量來消滅色情。

不過，麥金儂與朵金合擬的草案不如想像中進行得那麼順利，因為「反色情民權法案」抵觸了美國憲法第一修正案（First Amendment）中保障的言論自由。美國最高法院最終拒絕審理麥金儂與朵金的法案，使這項法案以「違憲」之名走入歷史。在法案失敗以後，反色情女性主義者並沒有因此放棄挪用司法力量，反而回頭仰賴既有的猥褻法。一九九一年，反色情女性主義團體大力支持「色情受害者補償法案」（The Pornography Victims Compensation Act）。這項法條能夠使性犯罪的受害者對猥褻材料的創作者與發行者提出告訴——即便他們沒有參與性犯罪。儘管這項法條如「反色情民權法案」一樣並未成為現實，卻也再次證明了反色情女性主義者與司法體制結盟的決心。

美國憲法第一修正案擋住了反色情法案，加拿大卻早一步

吸收了鄰國的反色情修辭。一九九二年，加拿大最高法院在「巴特勒案」（*Butler v. Her Majesty the Queen*）中裁決特定色情材料「貶低女性」，因此違反了憲法對女性權益的保障。「巴特勒案」不只劃分了兩國在法律定義上的歧異，更反映出源自美國的反色情論述如何跨越國界、走入加拿大司法體制的過程。儘管「巴特勒案」的裁決並非直接根據朵金與麥金儂合擬的法案，兩者卻採用了相當類似的修辭形式。表面上，加拿大的法律轉變是為了保障「女性權益」，不過，法學家史卓森（Nadine Strossen）卻發現，加拿大官方在「巴特勒案」之後真正加強搜捕的，其實是女性主義與同性戀情慾論述。許多女性主義與同性戀書店遭受警方偵查，而不少含有情慾指涉的書刊也因此被加拿大海關扣留──包括朵金自己的名著《色情：男人掌控女人》。[27] 儘管朵金與麥金儂隨後發佈共同聲明，澄清「巴特勒案」的決定並非根據「反色情民權法案」，而加拿大官方對情慾書刊的扣押也是行之有年的規範，與自己無關[28]，但是雙方在面對色情材料時所採取的類似修辭，以及八〇年代至九〇年代發生在北美大陸的一系列司法處置，卻難以說服其他女性主義者兩人與日趨嚴峻的體制審判毫無關係。[29]

面對朵金與麥金儂的反色情法案，女性主義內部倒也不是沒有反對聲音。早在八〇年代，反對審查制度的女性主義者便開始組織團體，抗衡反色情女性主義者採取的法律途徑，包括美國的「女性主義反審查工作組」（Feminist Anti-Censorship Taskforce）與英國的「女性主義反審查聯盟」（Feminist Against Censorship）。[30] 一九九二年，美國極具爭議性的公眾知識份子佩利亞（Camille Paglia）更在《花花公子》上宣

稱自己是一個熱愛色情的女人，以擁護色情與反對審查的立場大力批判麥金儂與朵金。[31] 同一時間，盧本也沒有退出這塊戰場。〈再思性〉一次又一次地走入九〇年代蓬勃發展的女性主義與同性戀研究，而她也在一九九三年替這篇文章寫下「後記」（afterword）與「附言」（postscript），爬梳十年來反色情與性激進之間的勢力消長。〈再思性〉於是從一篇獨立文章衍生為承載盧本多年思考、紀錄北美性政治流變的論述場域。[32]

當然，「後巴納德」的性論戰不只發生於司法場域，更持續在學院內漫燒。一九八六年，五學院（Five College）的女性研究中心在曼荷蓮（Mount Holyoke）舉辦「女性主義、性慾與權力」（"Feminism, Sexuality, and Power"）研討會，邀請盧本進行專題演講。這場研討會延續了巴納德性會議的精神，意圖將階級與種族帶入討論，避免過去以中產階級白人作為思考中心的論述盲點。不過，與會的反色情女性主義者卻再次將議題縮限於色情與女同志愉虐。她們拒絕接受其他學者對情慾的多元解讀，甚至不願跟意見相左的學者參與同一場工作坊。原本錯綜複雜的情慾討論，再次落入二元對立——「女性主義」的性與「反女性主義」的性。

五學院研討會不是唯一一場「後巴納德」的性論戰。七年後，這場戰爭蔓延到澳洲。一九九三年，一群美國性別學者——包括凡斯與盧本——受邀至澳洲國立大學（Australian National University）的人文研究中心，發表情慾與同性戀相關研究，卻受到當地基進女性主義者的強烈抨擊。後者致信澳

洲國立大學，控訴人文研究中心請來一群「反女性主義者」。幾天後，這起事件甚至登上了澳洲同志刊物《雪梨觀星者》（Sydney Star Observer）。報導中，澳洲國立大學駁斥基進女性主義者的指控，湯普森（Denise Thompson）卻不以為然地反擊，這群來自美國的學者非但不是女性主義者，更是「十流的美國佬」（"tenth-rate yanks"）。[33]

五學院與澳洲國立大學的爭議就像是巴納德性會議的「第二幕」與「第三幕」，證明學院內的性論戰不曾結束於一九八二年的那個春天，也不曾於紐約的女子學院落幕。[34] 凡斯發現，在巴納德性會議以後，學院開始迴避與情慾相關的研究，就怕再次惹來當年的紛爭。盧本斯坦基金會（The Rubinstein Foundation）在隔年旋即取消對巴納德女性主義會議的贊助，而儘管第十屆會議由巴納德學院全額資助，會議內容卻經過嚴密審查。曾經參與這場性會議的學者登上學院黑名單，飽受匿名的攻擊、同事的背叛與學術會議的排斥。反色情女性主義顯然不只走入政府法院，更走入學院高層，形成一座結合法律與學術審查的監控體系。[35]

但是，巴納德性會議真正留下的，是更長遠的影響。凡斯說了，這場會議的遺產是「雙面的」。一方面，這場會議的確讓情慾研究面臨了更嚴峻的體制打壓；另一方面，它卻成功拓展了女性主義論述，反映出女性主義政治的複雜矛盾。盧本可能沒有想過，在〈再思性〉出版二十五年以後，會有一場特別為她舉辦的會議，名稱就叫「再次思考性」（"Rethinking Sex"）。這場辦在賓州大學（University of Pennsylvania）的

研討會聚集了來自不同領域的性別學者，共同探討情慾政治自八〇年代以來歷經的種種流變，不只延續了巴納德性會議關注情慾、種族與階級的多元視野，更拓展了當年未能涵蓋的議題──愛滋史、酷兒離散、跨性別生命與新自由主義。[36] 如果沒有巴納德，沒有〈再思性〉，我們很難想像這場會議的誕生。海澀愛（Heather Love）便在開場致詞中坦承，錯過巴納德，像是錯過一段重要的歷史。當年遭受學院杯葛與激烈抗議的一場會議，竟在二十七年後，成為新興性別學者最想親臨的歷史事件。

隔年，盧本發表性論戰回憶錄〈覆血難收：重返再思性〉（"Blood under the Bridge: Reflections on 'Thinking Sex'"），一邊爬梳誕生於舊金山灣區的性論戰序曲，一邊回憶巴納德性會議的種種細節。[37] 當然，盧本不只追憶過去，更展望未來。她坦承，自己回頭重讀〈再思性〉時，的確發現許多缺陷；隨著二十多年來性別研究的蓬勃發展，她更體認到自己當年的分析不夠成熟。史翠萊克（Susan Stryker）就曾批判〈再思性〉，指出盧本不該將「跨性別」視為單純的情慾偏好，主張酷兒理論不足以詮釋跨性別政治。[38] 史翠萊克的批評固然有理，卻沒有因此取消〈再思性〉的歷史意義。畢竟，這篇文章象徵的不是性別政治的齊頭並進，而是女性主義的典範轉移。在這篇文章之後，性別與情慾不再像七〇年代一樣被並置處理，兩者的區隔與對話開展出更細緻的歷史分析，更創新的理論探索。〈再思性〉標示的因此不是女性主義的結束，而是酷兒研究的開展；它不只沒有「背叛」女性主義，更拓展了女性主義，讓女性主義可以在原有的性別分析之外，加入情慾分析

的視野。[39]

　　盧本不是唯一回頭重探性論戰的「歷史人物」。與盧本一同參與巴納德性會議的艾邱思（Alice Echols），也在二〇一六年回顧這場會議對當代性別研究造成的影響。在艾邱思的觀察中，巴納德性會議不只開啟了性論戰，更造就了性別研究的「酷兒」轉向。在巴納德會議以前，美國當然也有同性戀研究，但男同志與女同志似乎互不相干；另一方面，七〇年代的女同志論述也強調同性浪漫情誼，將「女人」等同於「女同志」，以性別詮釋情慾，掩飾了女性社群潛在的情慾矛盾。在巴納德性會議之後，「女同志」指涉的不再只是浪漫的姊妹情，更是激進的地下性；女同志研究的重心也從早年的正面情誼轉移到後期的邊緣情慾。在女同志性化為邊緣情慾以後，它開始與男同志性結盟，共同對抗性階層的權力部署。如果沒有巴納德性會議，沒有盧本的〈再思性〉，這段「酷兒結盟」或許就不會發生。某種程度上，巴納德性會議宣告了「酷兒理論」的誕生。[40]

　　艾邱思的回顧文章意外指向了另一個戰場。性論戰雖然以反色情與性激進的對立走入歷史記憶，色情卻不是點燃性論戰的唯一火種。[41] 如何定義「女同志」、詮釋「女同志性」，早在七〇年代就引發「女同志女性主義者」與「性激進女同志」的激烈爭鬥。這樣看來，女同性戀也有屬於自己的「性論戰」。若要談女同志性論戰，當然要從這號人物開始說起——那就是因「女同志連續體」一詞聲名大噪的基進女性主義詩人，芮曲。

註

1.

關於這段歷史回顧，見 Carole S. Vance, "More Danger, More Pleasure: A Decade after the Barnard Sexuality Conference," in *Pleasure and Danger: Exploring Female Sexuality*, ed. Carole S. Vance (London: Pandora, 1992), xvi-xxxix; Jane Gould, *Juggling: A Memoir of Work, Family, and Feminism* (New York: Feminist Press at the City University of New York, 1997), 189-205.

2.

基進女性主義期刊《滾開》（*Off Our Backs*）在當時曾報導巴納德會議。不過，盧本指出，《滾開》中的報導幾乎沿用「女性反色情聯盟」對巴納德性會議的扭曲再現。即便是立場較為中立的女性主義史學家葛哈德，都在自己的專書中聲稱這場會議包括討論 S／M 的場次，而盧本澄清當年沒有任何一場工作坊專門探討 S／M。由此可見，反色情女性主義對巴納德性會議的再現影響深遠。見 Gayle Rubin, "Blood under the Bridge: Reflections on 'Thinking Sex,'" *GLQ* 17.1 (2010): 24-25.

3.

巴納德性會議不是第一場因為情慾政治而引發爭議的研討會。早在一九七四年十月，全國婦女組織（National Organization of Women）的紐約分部便舉行一場會議，透過不同的工作坊探討各式各樣的情慾偏好、認同與實踐，同時播放一系列包含異性戀與同性戀的性愛影片。這場會議造成不少基進女性主義者的不滿。她們在《滾開》中指控這場會議過於「異性戀」，過於偏重性愉悅，沒有對色情提出足夠的批判。某種程度上，這場會議可以視為巴納德性會議的前身。不過，巴納德性會議之所以在性論戰史上佔據了中心位置，在於它濃縮了反色情與性激進女性主義的重大衝突。因此，這場會議仍普遍被視為開啟性論戰序幕的關鍵事件。

4.

關於如何指稱性論戰的兩大對立陣營，學界至今沒有定論。弗格森（Ann Ferguson）以「基進女性主義」與「自由放任女性主義」（libertarian feminists）稱之。不過，基進女性主義不該被視為立場一致的流派；七〇年代中葉，基進女性主義歷經「內部革命」，新起的基進女性主義者與反色情運動合流，不再視早年重新定義女性高潮的寇特為政治領袖。另一方面，盧本等人的論述也不該被解讀為「自由放任主義」。盧本在〈再思性〉中提出的「性階層」理論，以及對邊緣情慾的關懷，恰好是對自由主義意識形態的批判。除了「基進女性主義」與「反色情女性主義」以外，也有人採用「反性」（anti-sex）女性主義一詞。但是，反色情女性主義未必「反性」；事實上，她們發展自文化女性主義，提倡非感官、非暴力、奠基於女性親密關係之上的「理想化情慾」。相對於「反性」，性激進女性主義也時常被稱為「擁性」（pro-sex）或「性積極」（sex-positive）女性主義。如上述，性激進女性主義未必毫無批判性地「擁性」，也未必只擁護正面積極的情慾關係；事實上，性激進女性主義而後與酷兒理論結合，大量探討「性負面」的酷兒潛能。為避免上述稱呼所可能造成的誤解，我在此採用「反色情女性主義」與「性激進女性主義」指稱性論戰的兩大政治路徑。值得注意的是，反色情與性激進並非純然的二元對立，也存在各自的內部矛盾。因此，這兩大流派的爭論應被理解為特定脈絡中的歷史衝突，而非超越脈絡存在的永恆對立。

5.

除了運動實踐之外，莎摩爾也有論述創作。她們大量書寫女同志的愉虐情慾，出版《你的手帕是什麼顏色》（*What Color Is Your Handkerchief*）以及《力量覺醒：女同志愉虐的書寫與圖像》（*Coming to Power: Writings and Graphics on Lesbian S/M*）。兩本書都在女性主義與女同志社群中引發極大爭議，許多女性主義書店甚至拒絕陳列它們。

6.
反色情女性主義對愉虐實踐的批判而後集中於一九八二年由羅素等人主編的《反對 S／M：基進女性主義的分析》（*Against Sadomasochism: A Radical Feminist Analysis*）。這本文集收錄羅素、愛金森、葛瑞芬（Susan Griffin）、摩根（Robin Morgan）等多位知名反色情女性主義者的文章，是反色情／反愉虐女性主義的代表論述。

7.
關於七〇年代末發生於舊金山灣區的「性論戰前史」，見 Rubin, "Blood under the Bridge," 27-33.

8.
一九六九年，寇特與費爾史東共同創立「紐約基進女性主義」，隨後卻因為理念衝突而離開組織。事實上，這段分家並非特例。七〇年代，基進女性主義歷經大量的思想辯證與內部衝突。雖然同意性本身即為政治，也同意父權體制為性別壓迫的基礎，但如何解讀性政治、如何抵抗父權，卻是基進女性主義者自七〇年代起便不停爭論的核心議題。艾邱思發現，基進女性主義在七〇年代下半葉已轉變為文化女性主義。她指出早年基進女性主義挑戰性別與情慾的歷史建構，具有「激進」潛能，後期卻逐漸邁向二元對立，鞏固男女之間的本質差異。關於基進女性主義的內部分裂與「文化轉向」，見 Alice Echols, *Daring to Be Bad: Radical Feminism in America, 1967-1975* (Minneapolis: University of Minnesota Press, 1989); Jane Gerhard, *Desiring Revolution: Second-Wave Feminism and the Rewriting of Twentieth-Century American Sexual Thought* (New York: Columbia University Press, 2001), 149-82.

9.
這篇文章不只迅速成為女性主義經典，更間接推動了酷兒理論的誕生。關於〈交易女人〉對早年酷兒理論的啟發，見 Sharon Marcus, "Queer Theory for Everyone: A Review Essay," *Signs* 31.1 (2005): 197-98.

10.
這篇演講而後收錄於一九八〇年由蕾德爾（Laura Lederer）主編的反色情女性主義專書《奪回黑夜：女人論色情》（*Take Back the Night: Women on*

Pornography）。

11.

除了發表論述以外，反色情女性主義也透過影片傳播自己的理念。一九八二年的紀錄片《這不是一個愛情故事》（*Not a Love Story*）即是最具代表性的例子。這部電影甫上映便在女性主義學界引發爭議。酷兒電影學者瑞琪（B. Ruby Rich）便批判導演克萊恩（Bonnie Klein）將紀錄片化為道德劇，一方面把性產業中的女人塑造成叛徒，一方面把反色情女性主義者建構成聖人。更重要的是，儘管這支紀錄片打著「反色情」的招牌，卻採用相當傳統的拍攝方式再現性產業中的女人，建立起無異於色情片的觀看視角。《這不是一個愛情故事》不僅沒有賦予這些女人聲音，反而使她們更進一步暴露在觀眾的獵奇凝視與道德同情之中。見 B. Ruby Rich, "Anti-Porn: Soft Issue, Hard World," *Feminist Review* 13 (1983): 56-67.

12.

這篇文章最早發表於《村聲》雜誌，而後收錄於一九八一年出版的《初見曙光》（*Beginning to See the Light*）中。關於威利絲的女性主義論述，另可參見一九九二年的文集《別再當好女孩》（*No More Nice Girls*）。

13.

事實上，反色情女性主義者並非完全避談種族。朵金便曾在《色情：男人掌控女人》中提及色情文類對黑人女性的剝削。不過，細讀之下將不難發現，「種族」僅是朵金用來強化反色情論述的修辭手法。對她來說，黑人女性同時承受白人男性與黑人男性的性暴力，她的膚色即是她的「性」，男人對她施加的性剝削無異於種族壓迫。在這樣的修辭中，種族完全等同於性，黑人女性成為女性受暴的集體隱喻。儘管朵金論及「種族」，卻也弔詭地讓「種族」消失，並沒有進一步分析性別與種族之間的多重矛盾。

14.

一九八二年的「學者與女性主義會議」普遍被稱為「巴納德性會議」，有時更直接被簡稱為「巴納德會議」，足見這場會議對巴納德女性研究中心以及美國女性主義史而言的重要性。

15.
這篇文章源自史匹勒在巴納德性會議進行的開場演說。

16.
這篇文章源自奈索在巴納德性會議參與領導的工作坊「政治正確與不正確的性」（"Politically Correct, Politically Incorrect Sexuality"）。

17.
女同志分離主義的代表團體為七〇年代初成立於華盛頓特區的「怒女集合」（The Furies Collective）。她們主張徹底與男性切割，呼籲女性放棄自己在異性戀社會中享有的特權。她們也批判 T ／婆角色，認為 T ／婆複製異性戀的權力關係，強化而非挑戰性別壓迫。

18.
奈索不只是女性主義性論戰，更是「女同志性論戰」的代表人物，因為支持 T ／婆情慾並批判女同志分離主義而引發爭議。除了 T ／婆情慾之外，奈索也曾為文辯護異性戀女性情慾。在〈我老媽愛做愛〉（"My Mother Liked to Fuck"）一文中，奈索以自傳式散文訴說母親的故事，詰問反色情女性主義。奈索的母親少女時期曾遭受強暴，但是「她拒絕讓這件醜惡的事情奪走她的情慾自由」，反而持續與男人發生一夜情與外遇。奈索認為自己的母親同時是「性受害者」（sexual victim）與「性冒險家」（sexual adventurer），以此挑戰反色情女性主義論述中的男女二元宰制論，並駁斥女同志分離主義者將異性戀女人一律視為「父權共謀」的指控。

19.
盧本的理論深受傅柯影響，尤其是《性史》中對於「壓抑假說」（repressive hypothesis）的解構。「壓抑假說」預設西方社會自十七世紀起壓抑性少數，傅柯卻指出在十八、十九世紀崛起的多重現代體制——包括醫學與精神分析——不但沒有「壓抑」性少數，反而透過論述「生產」出性少數。換言之，性少數並非外於體制的先驗存在，而是透過體制誕生的歷史主體。《性史》在一九七八年翻譯成英文以後深刻影響英美性別學者，也引發學界針對如何書寫「性史」而展開的一系列辯論。

20.
「性負面」在酷兒理論興起以後成為重要的辯論場域。盧本在此將性負面視為形構性階層的主要意識形態之一。不過，在後續的酷兒理論之中，「性負面」時常被挪用為解構中產階級主體與進步意識形態的關鍵概念，因此也開啟了酷兒學界的內部論爭。關於性負面與酷兒政治的相關討論，見 Leo Bersani, *Homos* (Cambridge: Harvard University Press, 1996); Lee Edelman, *No Future: Queer Theory and the Death Drive* (Durham: Duke University Press, 2005); Heather Love, *Feeling Backward: Loss and the Politics of Queer History* (Cambridge: Harvard University Press, 2007); Judith Halberstam, *The Queer Art of Failure* (Durham: Duke University Press, 2011); Lauren Berlant and Lee Edelman, *Sex, or the Unbearable.* (Durham: Duke University Press, 2014).

21.
盧本指出，美國精神醫學學會（American Psychiatric Association）出版的《精神疾病診斷與統計手冊》（*Diagnostic and Statistical Manual of Mental Disorders*）可以視為精神醫學體制用以管理／規訓性偏差的歷史參照指標。現代精神醫學論述並非固定不動，而會隨著時代變化，例如一度被視為性偏差的「同性戀」就曾歷經多次定義轉變，包括一九七四年在第二版第六刷中改名為「性傾向錯亂」（"sexual orientation disturbance"）、一九八〇年在第三版中更名為「自我失調性傾向」（"ego-dystonic sexual orientation"），以及一九八七年在修正後的第三版中獲得進一步除名。同性戀在美國精神疾病史上的屢次更名與最終除名，雖然得力於七〇年代的同志解放運動，但不應被視為單純的「進步」象徵，而應該被理解為現代醫學體制的權力掌控流變。盧本便強調，在同性戀獲得除名以後，許多性偏差依然遭受病理化與污名化。賽菊克也曾指出，儘管第三版手冊首次將同性戀除名，但也同時收錄了「幼年時期性別認同錯亂」（"gender identity disorder of childhood"），病態化扮裝或展現陰柔特質的男童，而這個新的診斷類別並未獲得同性戀運動的同等關注。見 Eve Kosofsky Sedgwick, "How to Bring Your Kids up Gay," *Social Text* 29 (1991): 20.

22.
盧本發現，在二次大戰前後的「性罪犯」論述中，積極合意的同性戀性行為時

常與強暴混淆，進一步模糊同性戀與性罪犯之間的界線。同時期崛起的「性心理病患法」（"sexual psychopath laws"）也讓精神醫學體制獲得司法加持，對同性戀與性少數進行更嚴密的權力管控。

23.

巴納德性會議結束以後，凡斯編輯與會學者的論文，在一九八四年出版了《愉悅與危險：探索女性情慾》（*Pleasure and Danger: Exploring Female Sexuality*）。這本書不只是巴納德性會議的歷史紀錄，更成為美國性論戰史上最重要的文獻之一。除了《愉悅與危險》之外，一九八三年出版的《慾望的力量》（*Powers of Desire*）也收錄多位代表學者的文章，是八〇年代除了《愉悅與危險》之外最重要的性論戰文獻。一九九五年，道根（Lisa Duggan）與杭特（Nan Hunter）合著《性論戰：情慾異議與政治文化》（*Sex Wars: Sexual Dissident and Political Culture*），爬梳美國女性主義從六〇年代到九〇年代的性論戰脈絡，成為另一本性論戰的代表著作。

24.

這段話出自麥金儂發表於一九八二年的經典文章〈女性主義，馬克思主義，方法與國家〉（"Feminism, Marxism, Method, and the State: An Agenda for Theory"）。

25.

麥金儂早在七〇年代後期便致力於讓性騷擾走入法律規範，主張性騷擾強化女人在就業環境中的不平等地位，因此符合一九六四年民權法案第七條的「性別歧視」類別。關於麥金儂的性騷擾論述，見 Catharine A. MacKinnon, *Sexual Harassment of Working Women: A Case of Sexual Discrimination* (New Haven: Yale University Press, 1979).

26.

關於朵金與麥金儂的反色情民權論述，見 Andrea Dworkin and Catharine A. MacKinnon, *Pornography and Civil Rights: A New Day for Women's Equality* (Minneapolis: Organizing Against Pornography, 1988).

27.

關於這段歷史，見 Nadine Strossen, *Defending Pornography: Free Speech, Sex, and the Fight for Women's Rights* (New York: Scribner, 1995), 231-38.

28.

這段聲明發表於一九九四年八月二十六日，見 Andrea Dworkin and Catharine A. MacKinnon, "Statement on Canadian Customs and Legal Approaches to Pornography," in *Radically Speaking: Feminism Reclaimed*, eds. Diane Bell and Renate Klein (North Melbourne: Spinifex, 1996), 218-20.

29.

在這段時間歷經定義變化的還有「硬蕊」（hard core）。過去，「硬蕊」與「軟蕊」（soft core）之間的差異在於性器的暴露與接觸；而後，「硬蕊」卻逐漸指稱讓觀者感到不適的色情材料，包括含有愉虐場景的作品。威廉絲（Linda Williams）發現這項定義的轉變使得「性偏差主體」間接成為體制下的代罪羔羊。關於「硬蕊」與美國猥褻法的定義流變，見 Linda Williams, "Second Thoughts on Hard Core: American Obscenity Law and the Scapegoating of Deviance," in *Dirty Looks: Women, Pornography, Power*, eds. Pamela Church Gibson and Roma Gibson (London: British Film Institute, 1993), 46-61; Williams, *Hard Core: Power, Pleasure, and the "Frenzy of the Visible"* (Berkeley: University of California Press, 1999).

30.

關於女性主義反審查論述，見 Varda Burstyn, ed., *Women Against Censorship* (Vancouver: Douglas and McIntyre, 1985); Kate Ellis et al., ed., *Caught Looking: Feminism, Pornography and Censorship* (New York: Caught Looking, 1986).

31.

佩利亞在九〇年代初因為替瑪丹娜辯護而成為家喻戶曉的公眾知識份子。她大力支持瑪丹娜在音樂錄影帶中展現的情慾與愉虐符碼，駁斥女性主義者對瑪丹娜的批評，甚至稱瑪丹娜為「女性主義的未來」。除了瑪丹娜之外，佩利亞也積極參與性論戰。值得注意的是，佩利亞的立場為「擁性」。她大力

反對建構論，不只強調兩性有先天上的差異，更認為性是「自然與文化之間的積極互動」（"a dynamic interplay of nature and culture"）。這樣的本質論不同於大多數性激進學者所採取的解構路徑。關於佩利亞的性論戰論述，見 Camille Paglia, *Sex, Art, and American Culture* (New York: Vintage, 1992), 49-74; Paglia, *Vamps and Tramps* (New York: Vintage, 1994), 19-94.

32.
盧本的「後記」首先發表於考夫曼（Linda Kauffman）主編的《世紀末的美國女性主義思想》（*American Feminist Thought at Century's End*）一書。由於寄出「後記」以後又發生許多重大事件，盧本便在同年於艾博勒夫（Henry Abelove）等人主編的《同性戀研究讀本》（*The Lesbian and Gay Studies Reader*）中再次發表「附言」。

33.
見 Barbara Farrelly, "ANU Denies Conferences Showcase Anti-Feminism," *Sydney Star Observer*, March 19, 1993.

34.
「第二幕」與「第三幕」為盧本自己的說法。關於這段「後巴納德」的性論戰史，見 Rubin, "Blood under the Bridge," 33-35.

35.
關於凡斯對巴納德性會議的後續觀察，見 Carole S. Vance, "Epilogue," in *Pleasure and Danger: Exploring Female Sexuality*, ed. Carole S. Vance (Boston: Routledge and Kegan Paul, 1984), 431-39.

36.
海澀愛根據這場會議編輯同名專題，並在隔年發表於《同性戀季刊》（*GLQ*）。

37.
這篇回憶錄源自盧本在「再次思考性」會議進行的開場演說，首先發表於海澀愛編輯的《同性戀季刊》專題。

38.

盧本接受史翠萊克對自己的批判，不過她同時強調，跨性別實踐（transgender practices）在早年精神醫學論述中普遍被視為「性偏差」，與同性戀、戀物癖與被虐慾共處類似的結構位置，因此她在當年才會將跨性別納入性階層理論中。隨著時代變遷，跨性別逐漸發展為性別身份，跨性別研究（transgender studies）也在九〇年代崛起，挑戰早年酷兒理論的盲點。關於史翠萊克對盧本的批評，以及跨性別研究與酷兒理論之間的矛盾，見 Susan Stryker, *Transgender History* (Berkeley: Seal Press, 2008), 130-31; Stryker, "Stray Thoughts on Transgender Feminism and the Barnard Conference on Women," *Communication Review* 11 (2008): 217-18; Jack Halberstam, *Trans: A Quick and Quirky Account of Gender Variability* (Oakland: University of California Press, 2018).

39.

盧本在〈再思性〉中修正自己發表於一九七五年的〈交易女人〉，以「性階層」模型補充早先「性／別體系」理論之不足，因此被不少人指控「背叛」女性主義。盧本表示自己從未背離女性主義，並強調自我批判、與時俱進是女性主義運動最重要的傳統之一。

40.

見 Alice Echols, "Retrospective: Tangled Up in Pleasure and Danger," *Signs* 42.1 (2016): 11-22.

41.

性論戰不僅侷限於反色情與性激進的對立，隨後更蔓延到校園性別政治。一九九三年，凱蒂洛菲（Katie Roiphe）以一本《宿醉之晨：性、恐懼與女性主義》（*The Morning After: Sex, Fear and Feminism*），大力批判校園女性主義暗藏的保守意識形態。事實上，洛菲早在兩年前便於《紐約時報》（*The New York Times*）發表爭議社論〈約會強暴恐慌症〉（"Date Rape Hysteria"），指出瀰漫於校園的「約會強暴」討論如何偷渡了五〇年代的性別意識形態，將女性再現為沒有情慾、只能抵抗的被動客體。兩年後，洛菲出版《宿醉之晨》，迅速成為九〇年代最受爭議的女性主義代表，也帶起了新一波「性論戰」。這波性論戰不只象徵了女性主義的世代衝突，也標示出

性論戰的戰場由七〇年代的「性革命」與八〇年代的「色情／愉虐」，逐漸轉移到九〇年代以後的「校園性政治」。校園性政治在二十年後掀起另一波性論戰。西北大學教授吉普妮斯（Laura Kipnis）在二〇一五年二月於《高等教育紀事報》（*The Chronicle of Higher Education*）發表〈學院性恐慌〉（"Sexual Paranoia Strikes Academe"）一文，批判美國高等學院禁止師生戀的法令。文章刊登以後，一群西北大學學生在校園內發起遊行抗議，指控吉普妮斯的文章創造出「危險的環境」，並根據美國教育法修正案第九條申告吉普妮斯。《紐約時報雜誌》（*New York Times Magazine*）記者貝茲倫（Emily Bazelon）因此在同年九月發表一篇文章，表示「性論戰又回來了」。二〇一七年，吉普妮斯出版《校園性恐慌》（*Unwanted Advances: Sexual Paranoia Comes to Campus*）一書，分析校園性別政治的體制結構與意識形態，引發女性主義學界的激烈爭論，也成為性論戰發展至今最新的代表著作。關於九〇年代以後女性主義運動的「世代衝突」如何介入性論戰，見 Astrid Henry, *Not My Mother's Sister: Generational Conflict and Third-Wave Feminism* (Bloomington: Indiana University Press, 2004), 88-114; Jennifer Baumgardner and Amy Richards, *Manifesta: Young Women, Feminism, and the Future* (New York: Farrar, Straus and Giroux, 2010), 235-66.

Sex, Heels
and Virginia Woolf:

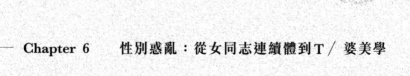

——— **Chapter 6** 性別惑亂：從女同志連續體到 T ／婆美學

一九八四年，桑黛兒（Debi Sundahl）、伊萊納（Myrna Elana）與金妮（Nan Kinney）在舊金山創辦了美國第一本女同志色情雜誌——《上來》（*On Our Backs*）。在女性主義圈掀起滔天大浪的巴納德性會議不過是兩年前的事情，三人當然知道，在這個時間點創辦一本「為勇敢的女同志創造娛樂」（"Entertainment for the Adventurous Lesbian"）的雜誌，是對反色情女性主義者的挑釁。更挑釁的，當然是這本雜誌的名稱。所有對性論戰有一點了解的人都知道，《上來》的標題刻意仿諷七〇年代崛起的基進女性主義期刊——《滾開》（*Off Our Backs*）。一本雜誌要男人滾開，一本雜誌要女人上來；一本雜誌反對男人製造的色情，一本雜誌擁抱女人獨享的色情。《上來》與《滾開》的矛盾，似乎重演了七〇年代下半葉發生在舊金山灣區的性論戰序曲。[1]

反色情女性主義者兩年前竭力杯葛巴納德性會議，現在當然也不會輕易放過這本色情雜誌。在《上來》發行隔年，蕾霍特（Dorchen Leidholdt）在全國女性與法律會議上，直接點名被她視為「擁性」的組織、書籍與期刊——包括莎摩爾、《愉悅與危險》（*Pleasure and Danger*）以及出刊不久的《上來》——指控「擁性」的女人助長父權社會對女性的壓迫。[2]《上來》與反色情女性主義之間的衝突，當然可以視為巴納德性會議的「續章」；桑黛兒與金妮也曾結識盧本，參與編輯莎摩爾通訊。[3] 要談《上來》，不可能不談兩年前的那場性會議，不談始於七〇年代末的性論戰。但是，《上來》不只是色情——它是專門給女同志看的色情。[4] 這樣具有特定閱聽眾的性別政治，使得《上來》不單延續了反色情與性激進的戰爭，更標示

出發生在女同志社群內部的性論戰。在女同志圈外的人或許很難想像，最激烈反對《上來》的，不是男人，而是另外一群「女同志」。對這群女同志來說，色情不是女性主義，色情是「男人的價值」。若想獲得解放，女人就必須摒棄男性價值，全心全意地認同女人。

女同志女性主義：從「女人認同女人」到「女同志連續體」

一九七〇年五月一日，二十名基進女同志現身於第二次全國女性集會（Second Congress to Unite Women）的開場儀式。她們佔領舞台，奪取麥克風，激烈控訴女性主義運動排斥女同志，並公開朗讀那篇改寫歷史的宣言——〈女人認同女人〉（"The Woman-Identified Woman"）。從那一刻起，「女同志女性主義」誕生，女性主義運動再也回不到過去。[5]

〈女人認同女人〉由「基進女同志」（Radicalesbians）共同撰寫，撰寫人包括瑪曲（Artemis March）、哈特（Lois Hart）、布朗（Rita Mae Brown）、莎姆斯基（Ellen Shumsky）、芳克（Cynthia Funk）與葛萊史東（Barbara Gladstone）。在這篇宣言中，基進女同志開宗明義地表示，「女同志」是女性集體的憤怒象徵，也是擺脫束縛的自主女性。「女同志」是獨立，是完整，是自由，更是推翻父權社會的革命方式。顯而易見地，這篇宣言雖然由基進女同志寫成，也讓女同志一詞開天闢地地走入女性主義運動，但是它真正想

談的卻不是「女同志」，而是「女人」。

在〈女人認同女人〉中，基進女同志一方面連結「女同志性」與「男同志性」，控訴父權社會對兩者的壓迫，宣稱一旦父權社會遭到解構，「異性戀」與「同性戀」的分類也將不復存在；另一方面，基進女同志又將女同志性等同於挑戰性別框架的女人。因此，真正定義「女同志」的，不是女同性情慾，而是女人的自主，「因為，在這個充滿性別歧視的社會，一個女人若想要獨立，她便無法成為一個女人——她必須是一個『歹客』（dyke）。」

在基進女同志眼中，女人與女人之間的連結必須是情感，不能是性慾。女人若將另一個女人視為性客體，那不只複製了男人對女人的物化，更參與了異性戀社會對女同志的「去人性化」。相對於「男性認同」（male-identified）的性慾與物化，則是「女性認同」（woman-identified）的情感與支持。唯有當女人擺脫「男性認同」，將愛與能量導向姊妹，女人——或說「女同志」——才有可能建立親密的情誼，擁抱真實的自我，並掀起一場推翻父權的文化革命。

〈女人認同女人〉雖然反覆召喚「女同志」，真正預言的卻是「文化女性主義」的崛起。七〇年代中葉，基進女性主義除了在布朗米勒與朵金的帶領下邁向「反色情」，更歷經了艾邸思所批判的「文化」轉向。[6] 不若早年領袖費爾史東（Shulamith Firestone）嘗試解構女性與生育之間的連結，將女人還原為「多形性」的主體，文化女性主義意圖建立屬於女人的「反抗

文化」，頌揚女人獨有的優越特質。[7] 在文化女性主義者眼中，兩性有本質上的差異。如果說，男人要的是色情、性慾與感官征服，女人要的則是親密、支持與情感連結。[8]

文化女性主義原意為建立女性反抗文化，但她們奠基於本質論的思考路線，卻也恰好與反色情女性主義及女同志分離主義合流。[9] 既然女人要的是情感連結，那麼，女人應當反色情，因為色情是「男人的價值」；既然男人無法停止性化女人，那麼女人也理當是「女同志」，因為「女同志」象徵的是非性化的女女認同。基進女同志雖然早在一九七〇年便宣揚了這些理念，但真正將「女人認同女人」發揚光大的，卻是一個女同志詩人。那個人就是芮曲。

一九八〇年，芮曲發表〈強迫異性戀與女同志存在〉（"Compulsory Heterosexuality and Lesbian Existence"）。[10]
在這篇文章中，芮曲批判女性主義研究長期漠視「女同志存在」，要不是隻字未提女同志，就是直接將女同志視為「性偏好」。對芮曲而言，這樣的女性主義論述不只無法帶起激進的革命，更與她眼中最大的敵人共謀——強迫異性戀體制。[11]

異性戀不是情慾偏好，異性戀是「政治體制」——這是芮曲在整篇文章中反覆強調的重點。她不滿過去的女性主義研究只關注兩性權力不平等，卻不正視強迫異性戀體制。在此，她特別改寫高芙（Kathleen Gough）提出的男性權力八論——包括對女性情慾的壓抑、對女性勞動的剝削、對女性客體的交易，以及對女性創造的箝制——主張這套權力運作方式不只是

父權的，更是強迫異性戀的，因為它使婚姻成為必然，使異性戀成為自然，壓抑的不只是女人，更是女同志存在。[12] 所以，當我們談男性壓迫，不能只談他們享有的權力，談兩性之間的不平等，更要談與男權互生互構的強迫異性戀體制。

相對於強迫異性戀的，則是男人無論如何都想否認的「女同志存在」與「女同志連續體」。前者指的既是歷史中的女同性關係，也是當代女同志對歷史的反覆召喚；後者指的則是各種存在於女人之間的認同經驗（"woman-identified experience"），包括女人的政治盟誼、情感互助與愛慾分享。芮曲雖然使用「女同志」一詞，真正指稱的卻不是狹義上的「女同志性」（lesbianism），而是廣義上的女性親密連結。她也相信，光是挖掘歷史上的「女同志存在」還不足夠。「女同志存在」必須進一步發展為女性認同，因為女性認同不只是一種文化經驗，更是一種政治力量。一旦女人開始有意識地認同彼此，她們終有一天能夠推翻強迫異性戀體制，獲得解放。

芮曲所謂的「愛慾」不是肉體上的歡愉，而是黑人女同志詩人蘿德（Audre Lorde）口中的「情慾」。同樣源自文化女性主義傳統，蘿德早在一九七八年的〈情慾的利用〉（"The Uses of the Erotic"）中，鼓勵女人找回自身的情慾力量，以情慾作為政治抵抗。[13] 在蘿德的定義中，「情慾」（the erotic）與「色情」（the pornographic）並不相同。情慾是源自女人身體的內在力量，是深切的感知，愉悅的分享，也是創造的源頭；色情則是對感官的放縱，對感受的壓抑，以及對情慾的否認。對蘿德來說，情慾不與政治對立 —— 事實上，情慾

即是政治。女人若釋放埋藏在身體裡的情慾，不只可以重獲力量，更能生成集體政治：「我們將在自己的語言，自己的歷史，自己的舞蹈，自己的愛慾，自己的工作，自己的生活中，重奪情慾的知識與運用。」

蘿德的「情慾力量」，因此與芮曲的「女同志連續體」互相呼應。兩人雖然都是女同志，卻不侷限於狹義的身份認同，而意圖召喚存在於女人之間的情感交流與政治盟誼。一時間，「女同志連續體」成為女性主義運動的全新指標。[14] 街頭上，女性主義者不再只是批判父權社會，更批判強迫異性戀體制；學院中，女性主義者不再只是爬梳女性文學傳統，更要看見女女愛慾認同。七〇年代初的基進女同志還需要藉由「薰衣草威脅」（"Lavender Menace"）重奪舞台，發表宣言；七〇年代末的女同志詩人已經透過「女同志連續體」走入學院，樹立典範。

七〇年代的基進女同志造就了「女同志文學批評」（lesbian literary criticism）的崛起。紀茉曼說了，女同志文學批評的建制，一方面得力於街頭上的基進女同志運動，另一方面則與學院內的女性主義文學批評互生互構。[15] 女同志文學批評是當芮曲遇上莫爾，當「女同志連續體」遇上「女性批評學」。如同莫爾的《文學女人》與淑華特的《她們的文學》，早年女同志批評家試圖挖掘潛藏於文學史中的女女愛慾，藉此建構出一個「次文化傳統」。一時間，我們有了露爾（Jane Rule）的《女同志意象》（*Lesbian Images*），有了瑪克思（Elaine Marks）的〈女同志互文〉（"Lesbian

Intertextuality"），有了史密斯羅森柏（Carroll Smith-Rosenberg）的〈女性世界的愛與儀式〉（"The Female World of Love and Ritual"），也有了庫克（Blanche Wiesen Cook）的〈唯女獨想〉（"Women Along Stir My Imagination"）。不過，一直是到一九八一年，學院中的女同志才盼到一本聖經——那是費德曼（Lillian Faderman）從文藝復興時期一路爬梳到二十世紀、厚達五百頁的女女愛慾史《超越男性之愛》（*Surpassing the Love of Men*）。是《超越男性之愛》確立了女同志文學批評的位置，也是《超越男性之愛》讓我們知道，「女同志連續體」不只是理論，也不只是口號，它更是橫跨了四百年的豐厚歷史。[16]

不過，女同志文學批評之所以崛起，正是基於同一時間風起雲湧的女性主義差異政治。女人不只要結盟，更要看見彼此的差異。其中，「種族」在基進女同志的內部矛盾中扮演了極為重要的角色。芮曲的「女同志連續體」與蘿德的「情慾力量」雖然都源自文化女性主義思想，但是和芮曲不同的是，蘿德進一步「種族化」自己的論述。在〈情慾的利用〉中，蘿德特別強調，女人的情慾力量在歐美白人社會中時常遭到誤用。她也表明自己作為一個「黑人女同志女性主義者」（"a Black lesbian feminist"），難以與來自歐美白人傳統的女人共享情慾。唯有當女人願意在「女性認同」的基礎上交換情慾，她們才能攜手合作，抵抗這個「種族歧視、父權且反情慾」的社會。

蘿德的文章標示出女同志女性主義與文化女性主義的「內部革命」。文化女性主義者強調的是男人與女人之間的本質

差異，但她們往往忽視女人與女人之間的其他差異——包括種族、階級與多元的情慾實踐。蘿德對白人意識形態的批判並不止於〈情慾的利用〉。一九七八年，另一個有名的基進女同志戴利（Mary Daly）出版代表作《婦女生態學》（Gyn/Ecology），意圖透過女神信仰與神話，召喚女性的內在自我。當戴利將作品寄給蘿德以後，基進女同志社群卻出現了無法彌補的裂痕。因為，蘿德在《婦女生態學》中找不到非洲的女神，非洲的神話。更重要的是，在戴利眼中，非洲女人只是受害者，不是力量的來源。蘿德發現，自己的信仰再度「被消失」，而這一次，讓非洲女人噤聲的，不再是白人男性，而是——同樣來自白人社會的——女性主義者。

蘿德因此在隔年寫了那封象徵歷史決裂的信件——〈致瑪麗戴利的公開信〉（"An Open Letter to Mary Daly"）。[17] 雖然她多次以「瑪麗」之名呼喚戴利，整封信讀起來卻更像是激情的控訴：「瑪麗，你可曾讀過黑人女性的作品？你可曾讀過我的文字？還是你用手指輕輕滑過它們，只為了找出足以強化既有成見的段落？瑪麗，我希望你明白，這助長了種族主義與女人的分裂。」戴利、芮曲與蘿德原屬同一個基進女同志社群，在發表這封公開信以後，蘿德卻正式宣告了與這個社群的訣別。透過〈致瑪麗戴利的公開信〉，蘿德告別了白人女同志，也拓展出屬於黑人女同志的發聲空間。[18]

同年，黑人小說家沃克（Alice Walker）在〈自己的孩子〉（"One Child of One's Own"）中呼應蘿德，批判文化女性主義傳統中暗藏的白人意識形態。[19] 這一年，芝加哥（Judy

Chicago）的《晚餐派對》（*The Dinner Party*）在女性主義社群掀起了滔天大浪。在這個裝置藝術作品中，芝加哥透過三角形的大型餐桌，以及餐盤上的女性陰部圖像，重現西方歷史與神話中的女性典範。從莎弗到吳爾芙，從亞馬遜到狄更生，芝加哥的《晚餐派對》不只是當代藝術，更是文化女性主義的政治宣言。[20] 但是，沃克發現，當芝加哥再現黑人廢奴與女權鬥士特魯斯（Sojourner Truth）時，只給了特魯斯三張並連的臉龐，卻不給特魯斯如花盛放的陰部。沃克質疑，難道白人女性主義者無法想像黑人的陰部？難道黑人無法生育，不是「女人」？[21] 沃克對芝加哥的批判呼應了蘿德的憤怒。如果說，七〇年代初的基進女同志宣言是與自由女性主義運動的告別，七〇年代末的黑人女同志控訴，則象徵了基進女同志社群再也無法復原的歷史傷痕。[22]

　　不過，基進女同志的內部衝突比我們想像中還要複雜。蘿德雖然高調地與白人決裂，她與芮曲等人的論述卻依舊一脈相承。蘿德早年之所以能與芮曲順利結盟，不是沒有原因的。她一方面揭露基進女同志內部的種族矛盾，另一方面卻也和芮曲一樣，批判「男性認同」，肯定「女性認同」。我們不會忘記，在〈情慾的利用〉中，蘿德視色情為男人的壓迫模式，視情慾為女人的內在力量。儘管她在文章結尾進一步「種族化」自己的論述，男女對立依舊凌駕於種族衝突之上。而強調兩性本質差異、呼籲女性發展出獨立於男性的「反抗文化」，正是芮曲、戴利與蘿德在論述中共享的文化女性主義思想。

　　更重要的是，蘿德口中的「情慾」是女人的「內在」力

量。在蘿德眼中，女人之所以失去力量，是由於內在情慾受到外在體制的剝削與誤用。這樣「內在化」女性情慾的論述，與芮曲兩年後提倡的「女同志連續體」互相呼應。在〈強迫異性戀與女同志存在〉中，芮曲的確成功揭露出異性戀關係的「體制性」，「去自然化」原先被視為理所當然的愛情與婚姻，但她也在批判異性戀體制的過程中，反過來「再自然化」女同志連續體。對芮曲來說，女同性關係是絕對「自然」的存在，只是長期受到強迫異性戀體制的壓抑。這樣的論述路徑固然促進了女性盟誼，卻也容易化為烏托邦式的政治理想，不只無法精確指認特定時代脈絡中的情慾差異[23]──當代酷兒研究已陸續指出，異性戀體制與「女同志存在」在歷史中未必總是對立[24]──更有「乾淨化」女同性慾望的危險。這是為什麼，芮曲否定女同志色情，認為那只是迎合男性凝視的文化產物；這更是為什麼，芮曲主張女同志必須與男同志切割，因為「男同性戀價值」（"male homosexual values"）包含了戀童癖與性氾濫。「女同志連續體」原可作為超越身份政治的女性結盟策略，卻在芮曲的反色情立場中，回過頭來賤斥了另一群人──性激進的男同志與女同志。

這正是基進女同志理論最大的盲點所在。表面上，基進女同志要女性主義運動看見「女同志」，在全國女性集會中宣告了「女同志女性主義」的誕生。實際上，她們一心掛念的依舊是「女人」，不是「女同志」；是性別壓迫，不是情慾壓迫。從「女人認同女人」到「女同志連續體」，基進女同志反覆將性慾推給男人，將親密留給女人；將色情文化與「男性認同」畫上等號，將政治結盟視為「女性認同」的終極目標。十年下

來，基進女同志雖然改寫了女性主義運動，卻也疏離了另一群女同志 —— 擁抱色情的女同志，充滿性慾的女同志，以及，酒吧中的 T ／婆女同志。從七〇年代末開始，這群被排擠在基進女同志社群之外的「性激進」份子，開始撰寫一系列文章，發起一系列運動。她們不只創辦色情雜誌，重返酒吧文化，更誓言要把女同志帶上床。

女同志性論戰就從這裡開始。

女同志性論戰：從愉虐情慾到 T／ 婆美學

一九七八年，惠緹（Monique Wittig）在美國現代語言學會（Modern Language Association）的年度研討會上，說出這句驚天動地的宣言：「女同志不是女人。」

基進女同志要女人認同女人，因此，某種程度上，每個女人都可以是「女同志」。惠緹卻說女同志不是女人，擺明衝著基進女同志而來。這個來自法國的小說家離經叛道，既不採用西蘇（Hélène Cixous）轟動一時的「陰性書寫」（Écriture Féminine）[25]，也不信仰流行於美國的文化女性主義。若有誰曾經啟發了惠緹，那是波娃（Simone de Beauvoir）。事實上，在主張「女同志不是女人」的隔年，惠緹就發表了自己最重要的代表作 ——〈人非生而為女人〉（"One Is Not Born a Woman"）。光看標題我們便知道，惠緹的靈感來自《第二

性》（*The Second Sex*）。[26]

　　在這篇文章中，惠緹開宗明義地表示，若要停止父權異性戀社會對女性造成的壓迫，我們首先必須解構「女人」的自然迷思。女人非生而為女人，女人「成為」女人──這是波娃早在《第二性》提醒我們的事。但惠緹發現，七〇年代的基進女同志回過頭來重建「女性本質」，鞏固男女之間的根本差異。對惠緹來說，強調女人優於男人、比男人更為「文明」，只是反轉二元對立，不是打破二元對立。這樣的論述策略不只「自然化」性別，更「自然化」自古至今用以壓迫女人的意識形態。惠緹堅持，這不是一個「女同志式」的政治路線。

　　作為唯物女性主義者（materialist feminist），惠緹主張，一個「女同志式」的政治實踐必須解構性別的本質迷思，也必須解構異性戀式的「直思維」（the straight mind）。惠緹對「直思維」的批判，當然讓我們想起了芮曲急欲拆除的強迫異性戀體制。但是和芮曲不同，惠緹並沒有回過頭來「自然化」女同志。相反的，她強調，「女同志」之所以顛覆「直思維」，正在於她們「不是女人」。女同志跳脫了直思維體系中的男女二元對立，看穿了「女人」的神話打造。是女同志的「不自然」，讓她們有了激進的反抗力量。

　　惠緹的大膽宣言在女同志社群掀起滔天大浪。如果女同志不是七〇年代的「女人認同女人」，也不是芮曲提倡的「女同志連續體」，那麼，「女同志」到底是什麼？事實上，這正是惠緹最矛盾的地方。她雖然挑戰了基進女同志理論中的「自然

神話」，視女同志為破除本質迷思的革命英雄，但她口中的「女同志」卻也反過來成為另一種烏托邦想像。在惠緹眼中，天下的「女同志」都是一樣的 —— 女同志不是「女人」，超越「直思維」，是唯一不受性別框架束縛的群體。以解構本質主義為號召的惠緹，似乎在勾勒這幅理想圖像的同時，不慎「同質化」女同志存在，也二元化「女同志」與「女人」。我們不禁質疑，主張女同志必然要與「女人」劃清界線，難道不是鞏固了另一種二元對立，另一種「本質主義」？[27]

天下的「女同志」並不總是一樣的 —— 這是同時期現身的性激進女同志要告訴我們的事。一九七九年，卡利菲亞以〈蕾絲邊情慾的祕密面貌〉（"A Secret Side of Lesbian Sexuality"）一文大方「出櫃」，但是她驕傲宣示的並非同志身份，而是一直不受女同志女性主義者認可的情慾實踐：「比起女同志，我認為自己更接近一個施虐／受虐狂。」[28]

卡利菲亞的告白是有脈絡的。走過性論戰的我們會知道，這是反色情對上性激進的關鍵時刻。女同志愉虐連同色情，成為羅素與朵金的頭號公敵。但卡利菲亞的情慾告白不只是對反色情女性主義的挑戰，更是對基進女同志社群的吶喊。她知道自己即便在女同志社群都不受歡迎，因為她不只熱愛 S ／ M，更是一名「施虐者」。卡利菲亞嘆息，熱愛受虐的女同志或許還有救贖的可能，熱愛施虐的女同志卻幾乎等同於「電鋸殺人狂」。這是為什麼，若要替自己貼上一張標籤，她寧可選擇「愉虐實踐者」；在基進女同志與 S ／ M 男同志之間，她也情願選擇後者。

這篇近乎挑釁的情慾告白開啟了女同志性論戰的濫觴，也解構了「女人認同女人」與「女同志不是女人」。卡利菲亞讓我們知道，女人未必總是認同女人；有時候，「女人」更認同「男人」——包括那些被基進女同志一律視為壞血的男同志。卡利菲亞也讓我們知道，女同志或許不是「女人」，但她未必超越直思維，自成烏托邦。在情慾的向度上，女同志有時更靠近承受污名的「異性戀女人」一些。在女同志運動蓬勃發展的七〇年代末，卡利菲亞真正認同的社群，不是「女同志」，而是同樣徘徊在性階層底部的邊緣主體——跨性別、扮裝皇后、性工作者與皮革戀物癖。

愉虐不是女同志性論戰的唯一焦點。一九八一年，奈索在《異端》（Heresies）雜誌發表另一篇延續戰火的文章——〈T／婆關係〉（"Butch-Fem Relationships"）。[29] 如果惠緹建構出女同志異於女人的主體位置，卡利菲亞揭露出女同志不可言說的地下情慾，奈索則要進一步探索女同志角色扮演的情慾政治。[30] 在這篇文章中，奈索以自傳性敘事開頭，訴說自己從五〇年代一路走來的「婆」心聲。她坦言，每當她走入女同志酒吧，便會深刻體認到自己是婆，一個強烈渴望陽剛女同志的婆。對奈索來說，T／婆關係是情慾的宣示，也是愛戀的語言。更重要的是，T／婆關係是反叛的政治：「在五〇年代，有勇氣喚醒另一個女人的慾望，構成了一種政治行動。」

五〇年代標示的是女同志曾歷經的黑暗歷史。在那個同性戀仍承受各式迫害的年代，正是T／婆勇敢面對了異性戀的憤怒與仇視。奈索指出，異性戀社會之所以痛恨T／婆，不

在於 T ／婆「複製」異性戀關係，而在於 T ／婆展示了女同志情慾的自給自足，排除了以獵奇目光窺視她們的異性戀觀者。T ／婆情慾因此同樣挑戰了強迫異性戀體制，但是不同於基進女同志，奈索不只不賤斥慾望，更將 T ／婆慾望化為自己的政治認同。她主張，T ／婆既是個人的慾望，也是集體的政治；否認 T ／婆，便是否認酷兒的歷史。[31]

　　奈索的女同志書寫除了記載歷史，更關懷階級；T ／婆文化除了屬於五〇年代，更屬於地下酒吧。這或許說明了 T ／婆文化為何總是在基進女同志的論述中缺席。奈索就發現，早年的女同志研究大多聚焦於中上階級的文學場景，但源自勞動階級的女同志酒吧文化卻很少引起學院女同志的關注；即便受到討論，也往往被視為「複製異性戀」的落伍文化。[32] 她呼籲女同志放下成見，仔細聆聽來自 T ／婆的聲音，因為 T ／婆不只走過前石牆時期的黑暗歷史，更留給女同志一段極其珍貴的情慾遺產。[33]

　　奈索以婆的觀點追溯女同志的情慾歷史，但 T 與婆畢竟是互為主體的關係，如果要讓 T ／婆情慾更加飽滿，我們不能只聽到婆的聲音。莫拉嘉（Cherríe Moraga）和荷莉柏（Amber Hollibaugh）在同期《異端》所發表的〈床笫動力學〉（"What We're Rollin Around in Bed With"），正好帶領我們重返 T ／婆的慾望場景。[34] 這篇對話錄始於莫拉嘉的「征服幻想」。她坦承自己從小便渴望征服女人，但是在女性主義運動中，這樣的渴望只能被壓抑，不能被談論。荷莉柏附和，一旦在女性主義場合提及不夠正確、不夠乾淨的情慾想像，便

會遭到指控，備受譴責。女性主義者對性權力似乎只有一種解釋——陽剛的壓迫者與女性受害者（masculine oppressor / female oppressee）。但是對莫拉嘉與荷莉柏來說，性權力的曖昧游移與多重協商，正是形塑 T／婆情慾的核心。

　　和奈索一樣，荷莉柏大方坦承自己的婆情慾。她強調，將自己交付給另一個女人，在女性主義者眼中或許是權力的放棄，但是對她而言，卻正好是力量的來源。婆透過完全的自我交付，迫使 T 的慾望現身，而婆則在回應對方的過程中，進一步生成自己的情慾主體。這樣的慾望交換使她重獲權力，化被動為主動。莫拉嘉則以陽剛女同志的角度出發，回應了荷莉柏的語言誘惑。她坦承，正是荷莉柏那樣積極索求的婆，召喚了她的慾望主體，使她無論如何都要擁有對方。[35] 莫拉嘉以 T 的角度閱讀婆，荷莉柏則以婆的角度詮釋 T，兩人的對話與其說是一篇學術討論，不如說是一場情慾角力，在激烈的往返辯證中彰顯了 T／婆關係的動力學。

　　T／婆角色扮演不只可以形塑女同志的情慾主體，更能開創酷兒的戲劇美學。這是凱思（Sue-Ellen Case）在一九八八年的〈邁向 T／婆美學〉（"Towards a Butch-Femme Aesthetic"）中想要告訴我們的事。一如其他性激進女同志，凱思不忘批判七〇年代的反色情運動。對凱思來說，真正使女同志「入櫃」的，不只是恐同大眾，更是反色情的女同志女性主義者。在早年女同志運動的階級意識形態中，來自勞動階層的 T／婆文化遭到驅逐，成為鬼魂。而現在，若要將「女同志」帶出女性主義運動的「深櫃」，讓女同志主體浴火重生，我們便不能

只談 T／婆，更要談 T／婆最擅長的抵抗策略 —— 敢曝美學（camp）。[36]

　　敢曝是裝腔作勢的性別表演，以誇大戲擬的表演美學突顯性別的模仿結構；敢曝也是同性戀的地下文化，在扮裝皇后（drag queen）與扮裝國王（drag king）的顛覆實踐中寫下早年的酷兒歷史。[37] 這是為什麼凱思會主張，八〇年代女性主義批評家一系列的「女性偽裝」（female masquerade）理論，掏空了同性戀扮裝的歷史意義，收編了敢曝美學的政治能量。[38] 在此，凱思特別從 T／婆視角重探芮維爾（Joan Riviere）的經典理論 ——〈女性特質是偽裝〉（"Womanliness as a Masquerade"）。[39] 早在一九二九年，芮維爾就透過古典精神分析指出，「女性特質」是一種生存策略，一種戲劇偽裝：「若你問我如何定義女性特質，如何區分真正的女性特質與『女性偽裝』，我的答案是，它們之間沒有差別。」沒有差別，不是因為「女性偽裝」夠真，而是因為「女性特質」夠假。這正是芮維爾最大膽的主張 —— 在「女性偽裝」之前，不曾有過「原真」的女性特質。女性特質「本身」即是偽裝。

　　不過，凱思真正挪用的，是芮維爾對異性戀與同性戀女人的區別 —— 異性戀女人以「女性特質」掩飾自己與男人競爭的野心，同性戀女人則大方展示自己的「象徵性陽具」。芮維爾在此當然延續了古典精神分析的盲點，預設了同性戀女人與陽剛特質之間的必然連結，但是這不代表她的理論無法被重新詮釋。凱思便替我們做出最佳示範。她以 T／婆文化改寫芮維爾的理論，將陽剛女同志喻為陽具展示者，將陰柔女同志視為

女性扮裝者,主張 T ／婆文化之所以顛覆,在於雙方皆為另一個女人表演自己所屬的情慾角色,使得「陽具」化為虛構指涉,在女同志的慾望場景中恆常缺席。T ／婆文化最激進的地方,便在於它看似召喚了「陽具」,卻又掏空了陽具的意義;扮演了「角色」,卻又解構了角色的神話。

所以,對凱思而言,最激進的女同志團體,不是提倡分離主義的「怒女集合」(The Furies Collective),也不是追求合宜政治的「比利提斯的女兒」(the Daughters of Bilitis),而是發跡於紐約地下咖啡館的「開襠褲劇團」(Split Britches)。這個由魏芙(Lois Weaver)、蕭(Peggy Shaw)和瑪歌琳(Deb Margolin)組成的實驗性劇團,正是 T ／婆美學的最佳代表。凱思在此以開襠褲劇團的早年代表作《美女與野獸》(Beauty and the Beast)為例,帶我們看魏芙與蕭如何透過敢曝美學戲擬「野獸」與「美女」的求愛腳本,挪用凱薩琳赫本(Katharine Hepburn)與詹姆士狄恩(James Dean)的性別圖像,藉此突顯 T ／婆角色的模仿結構,T ／婆情慾的戲劇情境。在《美女與野獸》中,T ／婆角色並不「原真」,T ／婆慾望也並不「自然」,卻也是在這樣不原真、不自然的表演中,女同志能夠再一次地重返夢境,「認同野獸」,釋放原本在女性主義運動中備受壓抑的怪胎情慾。[40]

從卡利菲亞的愉虐情慾,奈索、莫拉嘉與荷莉柏的 T ／婆對話,一直到凱思的敢曝美學,八〇年代一系列的性激進女同志論述,不只讓我們看見女同志運動與性論戰高度重疊的歷史,更預示了「酷兒理論」的誕生。我們不會忘記,早在

一九八二年，盧本就在巴納德性會議中呼籲女性主義者不能只看到性別壓迫，看不到情慾壓迫。盧本口中的「情慾政治基進理論」，在性激進女同志輪番上陣的慾望告白與表演實踐中，有了超越理論框架的血肉，打破學院藩籬的力量。

　　當然，理論與實踐、街頭與學院從來不是二元對立。正如七〇年代的基進女同志間接開啟了女同志文學批評，八〇年代的性激進女同志同樣推動了酷兒理論的發展。一九九〇年，巴特勒（Judith Butler）出版《性別惑亂》（*Gender Trouble*），犀利詰問性別與情慾身份的「原真」神話。一九九三年，凱叟更以一本《幽魅女同志》（*The Apparitional Lesbian*），改寫女同志文學批評的情慾地景，要女人不只看見女同志，更看見女同志「性」。[41] 她批判以費德曼為首的「去性化」論述，主張高度「身體化」的女同志情慾，早從十八世紀起便以鬼魂姿態出沒西方文學史。[42] 是這些批判性詰問讓我們明白，沒有八〇年代的女同志性論戰，我們或許不會見證酷兒理論的誕生。[43]

　　如果女性主義不曾因為盧本的一篇〈再思性〉而走入歷史，那麼，性論戰當然也不可能因為酷兒理論的現身而稍有停歇。相反的，酷兒理論在學院內外引發一場又一場更複雜、更激烈的性論戰。後來的我們會知道，酷兒理論也經歷了自己的內部革命，因著「反社會轉向」（antisocial turn）與「歷史主義」（historicism）之爭，開闢了世紀末的全新戰場。[44]

　　不過，那又是另一個故事了。

註

1.

《上來》的副標題衍生自《花花公子》──「為男人創造的娛樂」（"Entertainment for Men"）──許多圖像也挪用自男性色情雜誌，證明「異性戀色情」與「女同志色情」未必對立。這本刊物的寫手遍佈女同志社群，包括早年參與性論戰的代表人物卡利菲亞、奈索，以及九〇年代崛起的酷兒理論家哈伯斯坦（J. Jack Halberstam）。除了女同志議題之外，《上來》也曾刊載有關愛滋與跨性別的文章，包括謝娜（Marcy Sheiner）在一九九一年對女跨男（female to male）的報導──〈有些女孩會變成男孩〉（"Some Girls Will Be Boys"），是八〇年代以後最重要的同性戀刊物之一。

2.

見 Dorchen Leidholdt, "When Women Defend Pornography," in *The Sexual Liberals and the Attack on Feminism*, eds. Dorchen Leidholdt and Janice G. Raymond (New York: Teachers College Press, 1990), 125-31.

3.

根據桑黛兒與金妮的回憶，《上來》的創刊號首刷兩千本，起初在同志驕傲節賣出五百份，而後欲在女性主義與同志書店寄售，卻受制於反色情政策，最後僅有百分之五的書店同意寄售。不過，到了一九八九年，已有九成五的女性主義與同志書店願意販售《上來》。關於這段創辦歷史，見 Christi Cassidy, "Opening Pandora's Box," in *American Queer, Now and Then*, eds. David Shneer and Caryn Aviv (London and New York: Routledge, 2006), 102-5.

4.

《上來》頻繁挪用《花花公子》與《好色客》（*Hustler*）中的色情再現。「搖滾羅夢娜」（Rock 'n' Roll Ramona）特輯便「重現」《好色客》曾於一九八五年六月號刊登過的 S ／ M 色情圖像。多蘭（Jill Dolan）指出《上來》透過女同志角色扮演「再脈絡化」既有色情，使色情不再為男性凝視服

務，而能重回女同志社群。《上來》的確重新詮釋了男性雜誌中的色情圖像，不過，多蘭似乎過度二分「異性戀色情」與「女同志色情」，彷彿《好色客》中的色情無法取悅女同志，也彷彿《上來》絕對免於「男性凝視」。見 Jill Dolan, "The Dynamics of Desire: Sexuality and Gender in Pornography and Performance," *Theatre Journal* 39.2 (1987): 171-73.

5.

這起事件以「薰衣草威脅」之名走入女性主義歷史，象徵了基進女同志與自由女性主義運動的分裂。關於「女同志女性主義」的歷史脈絡，見 Lillian Faderman, *Odd Girls and Twilight Lovers: A History of Lesbian Life in Twentieth-Century America* (New York: Columbia University Press, 2012), 188-245; Faderman, *The Gay Revolution: The Story of the Struggle* (New York: Simon & Schuster, 2015), 227-46.

6.

見 Alice Echols, *Daring to Be Bad: Radical Feminism in America, 1967-1975* (Minneapolis: University of Minnesota Press, 1989).

7.

文化女性主義與早年基進女性主義對生育有不同解讀。在《性的辯證》中，費爾史東認為唯有徹底切割女人與生育之間的關係，以「人工生產」作為替代方案，女人才能獲得解放。在一九七六年的《女人所生》（*Of Woman Born*）中，芮曲則進一步區分生育在「經驗」（experience）與「體制」（institution）上的差異。她一方面批判父權社會對女性身體的控制，一方面卻主張女性若能重奪自己的身體，那麼，生育將化為獨有的力量來源。《性的辯證》與《女人所生》反映出的不只是女性主義理論家的個別差異，更是基進女性主義在七〇年代中葉的「文化轉向」。

8.
葛哈德指出，文化女性主義的意識形態影響廣泛。七〇年代下半葉至八〇
年代崛起的一波女性主義心理學名著，從喬德洛（Nancy Chodorow）的
《母職的複製》（*The Reproduction of Mothering*）、迪娜斯坦（Dorothy
Dinnerstein）的《美人魚與牛頭人身怪》（*The Mermaid and the
Minotaur*）、米勒（*Jean Baker Miller*）的《邁向女性新心理學》（*Towards
a New Psychology of Women*），到吉利根（Carol Gilligan）的《不同的聲
音》（*In a Different Voice*），皆帶有明顯的文化女性主義色彩。見 Jane
Gerhard, *Desiring Revolution: Second-Wave Feminism and the Rewriting of
Twentieth-Century American Sexual Thought* (New York: Columbia University
Press, 2001), 164-73.

9.
女同志分離主義堅持與男性徹底切割，而文化女性主義則提倡與「男性價值」
分離。看起來，文化女性主義並非女同志分離主義，以「女女認同」號召異
性戀女人響應。但艾邱思指出，異性戀女人在運動中時常遭受質疑，女同志
分離主義與文化女性主義在政治實踐上依舊曖昧難分。見 Alice Echols, *Shaky
Ground: The Sixties and Its Aftershocks* (New York: Columbia University
Press, 2002), 116.

10.
這篇文章最早發表於《徵象》（*Signs*）期刊，而後收入芮曲一九八六年出版
的散文集《血液、麵包與詩歌》（*Blood, Bread, and Poetry: Selected Prose
1979-1985*）中。

11.
芮曲檢討的著作包括喬德洛的《母職的複製》、迪娜斯坦的《美人魚與牛頭人
身怪》、米勒的《邁向女性新心理學》，以及安瑞芮曲與英格麗許（Deirdre
English）合著的《女性建議百年史》（*For Her Own Good: 150 Years of the
Experts' Advice to Women*）。她認為這些著作雖有貢獻，卻沒有對強迫異性
戀體制提出足夠的批判。

12.

高芙的男性權力八論出自〈家族的起源〉（"The Origin of the Family"）一文，除了上述四點之外，還有「強加男性慾望於女性之上」、「控制或搶奪女人的孩子」、「限制女人的身體與活動」，以及「阻止女性近用知識與文化」。芮曲認為高芙只看到兩性之間的權力差異，而沒有看到男性權力與強迫異性戀體制的共謀，因此特別加上自己的註解。

13.

這篇文章最早發表於第四屆柏克夏女性歷史研討會（the Fourth Berkshire Conference on the History of Women），而後收錄於蘿德一九八四年出版的文集《姊妹外人》（*Sister Outsider*）。除了〈情慾的利用〉之外，蘿德最重要的代表作是結合神話、歷史與自傳的《薩米：重新命名自己》（*Zami: A New Spelling of My Name*）。

14.

芮曲的「女同志連續體」影響深遠，在學界帶起一波「連續體」式的女性主義理論浪潮。勞倫緹斯（Teresa de Lauretis）就發現，翠思克（Haunani-Kay Trask）在《愛慾與權力》（*Eros and Power*）中雖未直接引用芮曲，卻延續了芮曲的理論模型，將女同志納入「女性主義愛慾」（feminist eros）的範疇中討論。見 Teresa de Lauretis, *The Practice of Love: Lesbian Sexuality and Perverse Desire* (Bloomington: Indiana University Press, 1994), 193-94.

15.

紀荣曼指出，女同志批評家一方面受惠於七〇年代的女性主義文學批評，一方面則致力於建構女同志的文學典範與批評視角。這牽涉到如何定義「女同志文學」、「女同志作家」與「女同志美學」的問題。但紀荣曼同時提醒，試圖給予過於清晰或理想化的定義，可能有縮限或美化女同志書寫的危險。見 Bonnie Zimmerman, "What Has Never Been: An Overview of Lesbian Feminist Criticism," *Feminist Studies* 7.3 (1981): 451-75.

16.

在七〇年代女同志文學批評建制以前，已有幾本重要的女同志文學研究，包括佛斯特（Jeannette Foster）於一九五六年自費出版的《文學中的性多元

女子》（*Sex Variant Women in Literature*），以及葛瑞兒（Barbara Grier）在一九六七年以筆名戴蒙（Gene Damon）編輯的書目《文學中的女同志》（*The Lesbian in Literature: A Bibliography*）。關於女同志文學研究的早年發展脈絡，見 Zimmerman, "What Has Never Been," 454-55.

17.
蘿德原先將這封信私下寄給戴利。她聲稱自己從未收到戴利的回信，因此在一九八一年將自己的信件公開發表於《名為我背之橋：基進有色女性之書寫》（*This Bridge Called My Back: Writings by Radical Women of Color*）。事實上，戴利曾在一九七九年九月二十二日回信給蘿德。她接受蘿德對自己著作的諸多批評，並提議兩人在同月於紐約大學舉辦的西蒙波娃研討會碰面。這封失落的信件一直到二〇〇三年才被傳記作者德佛（Alexis De Veaux）找回，也讓基進女同志的內部衝突獲得重新檢視。關於這段歷史翻案，見 Alexis De Veaux, *Warrior Poet: A Biography of Audre Lorde* (New York: Norton, 2004), 246-47.

18.
德佛指出，蘿德雖然曾與芮曲密切來往，但芮曲與戴利的結盟也讓她逐漸對前者失去信任。因此，對德佛來說，這封信真正暗藏的是蘿德「與白人女性主義意識形態的道別」，以及對自己身為「黑人，女同志，女性主義者，母親與戰鬥詩人」的自覺意識。見 De Veaux, *Warrior Poet*, 236-37.

19.
這篇文章首先發表於《女士》雜誌，而後收錄於重要的黑人女性主義研究《眾女皆白，眾黑皆男，但我們很勇敢》（*All the Women are White, All the Blacks Are Men, But Some of Us Are Brave*），以及沃克一九八三年出版的文集《尋找母親的花園》（*In Search of Our Mothers' Gardens*）。關於〈自己的孩子〉的論述脈絡，另見 Maria Lauret, *Alice Walker* (Basingstoke: Macmillan, 2011), 152-57; Cheryl R. Hopson, "Alice Walker's Womanist Maternal," *Women's Studies* 46.3 (2017): 221-33.

20.
關於《晚餐派對》在女性主義運動與藝術史中的意義，見 Amelia Jones,

ed., *Sexual Politics of Judy Chicago's* Dinner Party *in Feminist Art History* (Berkeley: University of California Press, 1996); Jane Gerhard, *The Dinner Party: Judy Chicago and the Power of Popular Feminism, 1970-2007* (Athens: University of Georgia Press, 2013).

21.
沃克不是唯一批判《晚餐派對》的黑人女性主義者。幾年後,史匹勒延續沃克,痛批芝加哥藉此「閹割」特魯斯,彷彿她的情慾主體「打從一開始就不存在」。見 Hortense J. Spillers, "Interstices: A Small Drama of Words," in *Pleasure and Danger: Exploring Female Sexuality*, ed. Carole S. Vance (Boston: Routledge and Kegan Paul, 1984), 77-78.

22.
除了蘿德與沃克之外,七〇年代下半葉起至八〇年代初也湧現一波黑人女同志批評,代表性論述包括史密斯的〈邁向黑人女性主義批評〉("Towards a Black Feminist Criticism")與克拉克(Cheryl Clarke)的〈女同志性:抵抗的行動〉("Lesbianism: An Act of Resistance")。另有多本重要的合集、特刊與書目收錄黑人與有色女同志書寫,見 Lorraine Bethel and Barbara Smith, eds., *Conditions: Five, The Black Women's Issue* 2.2 (1979); J. R. Roberts, *Black Lesbians: An Annotated Bibliography* (Tallahassee: Naiad Press, 1981); Gloria T. Hull, Patricia Bell Scott and Barbara Smith, eds., *All the Women are White, All the Blacks Are Men, But Some of Us Are Brave: Black Women's Studies* (New York: The Feminist Press, 1982); Cherríe Moraga and Gloria Anzaldúa, eds., *This Bridge Called My Back: Writings by Radical Women of Color* (New York: Kitchen Table / Women of Color Press, 1983).

23.
自「女同志史學」(lesbian historiography)興起以來,如何書寫「女同性戀史」,如何辨識不同歷史脈絡中的女同性情慾,是學界至今爭論不休的議題。翠奧柏(Valerie Traub)以「連續主義」(continuist)與「差異主義」(alterist)指稱兩種女同志史學路線,前者將跨越不同時期的女女親密關係廣納「女同性戀史」中,強調女同性慾望的歷史連續性,後者則受傅柯《性史》影響,突顯特定歷史脈絡對女同性情慾的差異性建構。費德曼的《超越男

性之愛》便傾向「連續主義」，而翠奧柏自己的名著《早期現代英國的女同志復興》（*The Renaissance of Lesbianism in Early Modern England*）則採取「差異主義」。面對此路線歧異，翠奧柏主張學者應在不放棄差異主義的前提下，試圖指認女同性關係在不同時期之間的「後設相似性」。見 Valerie Traub, "The Present Future of Lesbian Historiography," in *A Companion to Lesbian, Gay, Bisexual, Transgender and Queer Studies*, eds. George E. Haggerty and Molly McGarry (Oxford: Blackwell, 2007), 124-45.

24.
芮曲主張「女同志存在」在歷史紀錄中往往遭到銷毀，以鞏固強迫異性戀體制。不過，許多酷兒研究指出，在現代醫學體制建構出「女同性戀」身份之前，婚姻家庭不只未必「壓抑」女同性關係，很多時候甚至是「生產」後者的物質基礎。哈格堤就從十八世紀晚期至十九世紀早期的文學作品中發現，女同性慾望往往源自家庭結構本身，例如母女與姊妹關係；瑪可斯（Sharon Marcus）也透過維多利亞時期文獻指出，十九世紀中葉的女同性關係不但能與異性戀婚姻體制共存，某種程度上更能幫助穩固婚姻。這些研究讓我們知道，歷史中的「女同志存在」未必總是與（異性戀）婚家體制矛盾。見 George E. Haggerty, *Unnatural Affections: Women and Fiction in the Later Eighteenth Century* (Bloomington: Indiana University Press, 1998); Sharon Marcus, *Between Women: Friendship, Desire and Marriage in Victorian England* (Princeton: Princeton University Press, 2007).

25.
關於西蘇的「陰性書寫」理論，見 Helene Cixous, "The Laugh of the Medusa," trans. Keith Cohen and Paula Cohen, *Signs* 1.4 (1976): 875-93.

26.
〈人非生而為女人〉最早發表於一九七九年在紐約大學舉辦的《第二性》研討會，而後收錄於惠緹一九九二年出版的文集《直思維與其他散文》（*The Straight Mind and Other Essays*）。

27.
惠緹的理論受到不少女性主義學者的批判。法斯（Diana Fuss）便指出，惠緹

在定義女同志時，高度仰賴自由人文主義的意識形態，彷彿「女同志」是完全自由自主的個體。她提醒，「女同志」是持續變動的歷史建構，不可能自外於社會結構。我們應該避免在解構性別二元對立的同時，回過頭來想像「女同志」的絕對自由。見 Diana Fuss, *Essentially Speaking: Feminism, Nature and Difference* (New York: Routledge, 1989), 43-45.

28.
〈蕾絲邊情慾的祕密面貌〉是卡利菲亞的代表性文章，而後收入一九九四年的文集《公共性：激進性文化》（*Public Sex: The Culture of Radical Sex*）。關於卡利菲亞早年的女同志書寫，另可參見《莎弗性：女同志情慾之書》（*Sapphistry: The Book of Lesbian Sexuality*）。不過，卡利菲亞的性別政治並不侷限於女同志與愉虐實踐。九〇年代末，卡利菲亞開始接受性別轉換，成為跨性別男性，而他在一九九七年出版的《性轉換：跨性別政治》（*Sex Changes: The Politics of Transgenderism*）也成為跨性別研究的重要論述。

29.
〈T／婆關係〉發表於《異端》雜誌有名的「性專題」（"Sex Issue"）中。這期專題收錄多位性激進女同志的書寫，包括莫拉嘉、荷莉柏與卡利菲亞，是極為重要的女同志性論戰文獻。

30.
奈索在巴納德性會議中曾領導工作坊「政治正確與不正確的性」，而後在會議專書《愉悅與危險》中發表〈婆問題〉一文，延續T／婆關係的討論。她的女同志情慾論述另可見於一九八七年的自傳式文集《限制國度》（*A Restricted Country*）以及一九九二年主編的《持久的慾望：T／婆讀本》（*The Persistent Desire: A Femme-Butch Reader*）。

31.
奈索將五〇年代的T／婆關係視為不可遺忘的女同志歷史，呼籲我們正視黑暗的過去，總讓我們想起海澀愛在《感覺倒退》（*Feeling Backward*）中所論及的「酷兒歷史政治」。在這本書中，海澀愛指出同性戀研究總是在「過去」與「未來」、負面情感與正面認同之間反覆拉扯。早年同性戀歷史隱含的羞恥、悲傷、絕望與孤獨，時常被掩埋於「進步」的同性戀史觀中。海澀愛並未徹底

否定未來展望的積極意義，但她同時提醒我們正視充滿負面性的同性戀過往。儘管《感覺倒退》檢視的主要是十九世紀末至二十世紀初的現代主義文學，海澀愛所提出的「倒退政治」卻廣泛影響了當代同性戀與酷兒研究。

32.
奈索所描述的Ｔ／婆酒吧文化與同時期崛起的女同志組織「比利提斯的女兒」形成對照。「比利提斯的女兒」刻意疏遠勞動階層文化，將自己打造成合宜體面的「女同志女性主義者」。作為組織成員，瑪汀（Del Martin）與里昂（Phyllis Lyon）便在《蕾絲邊／女人》（*Lesbian / Woman*）中強調「比利提斯的女兒」如何幫助女同志建立「能夠被社會接受的行為舉止與打扮」。這樣的階級意識形態而後受到性激進女同志的強烈批判。

33.
關於Ｔ／婆文化的相關討論，另見 Judith Halberstam, *Female Masculinity* (Durham: Duke University Press, 1998), 111-40.

34.
荷里柏是女性主義性論戰的核心人物，曾在巴納德性會議發表終場演講〈慾望的未來展望：激情與愉悅的基進期許〉（"Desire for the Future: Radical Hope in Passion and Pleasure"）。同名文章而後收入《愉悅與危險》，成為性論戰的代表文獻之一。關於荷里柏的其他書寫，另可參見二〇〇〇年出版的《我的危險慾望》（*My Dangerous Desires*）一書。

35.
不過，莫拉嘉也表示，自己曾受其他陽剛女同志吸引，渴望對方以熟悉的方式征服自己。對莫拉嘉來說，這是「另一種情慾動力」（"a different dynamic"）。這段告白說明了Ｔ／婆角色互換與流動的可能。

36.
凱思在這篇文章中援引了奈索的〈Ｔ／婆關係〉，意圖延續八〇年代初的Ｔ／婆討論。不過，兩人採取的論述路徑不盡相同。奈索質疑「角色扮演」的政治用途，強調Ｔ／婆情慾的「真實性」，凱思則透過Ｔ／婆關係的「戲劇性」發展出酷兒式的敢曝美學。

37.

關於扮裝皇后與扮裝國王的相關研究，見 Esther Newton, *Mother Camp: Female Impersonators in America* (Chicago: University of Chicago Press, 1979); Halberstam, *Female Masculinity*, 231-66; Judith "Jack" Halberstam and Del Lagrace Volcano, *The Drag King Book* (London: Serpent's Tail, 1999).

38.

凱思批判的理論包括多恩（Mary Ann Doane）的〈電影與偽裝〉（"Film and the Masquerade"）與盧索（Mary Russo）的〈女性詭態〉（"Female Grotesques"）。不過，凱思在此似乎重複了惠緹的論述盲點，在「女性偽裝」與「女同志偽裝」之間劃下過於清楚的界線，看不見兩者在戲劇情境中的曖昧流動。關於異性戀女人的敢曝美學如何建構女性主義政治，見 Pamela Robertson, *Guilty Pleasures: Feminist Camp from Mae West to Madonna* (Durham: Duke University Press, 1996).

39.

〈女性特質是偽裝〉最早發表於《國際精神分析期刊》（*International Journal of Psychoanalysis*）。在這篇文章中，芮維爾透過精神分析理論解釋女人如何表演傳統陰性特質，掩飾自己閹割「父親」、搶奪「陽具」的野心，藉此迴避「父親」的報復。這篇文章的生產脈絡雖然是古典精神分析，卻受到晚近女性主義學者的廣泛引用，啟發無數性別與電影研究。

40.

除了《美女與野獸》以外，開襠褲劇團的另一個代表作為一九九〇年與男同志劇團 Bloolips 合作演出的《美麗緩刑》（*Belle Reprieve*）。在這齣戲中，開襠褲劇團再次透過敢曝美學將《慾望街車》（*A Streetcar Named Desire*）中的性別圖像與愛慾場景轉化為同性戀扮裝與 T／婆情慾互動。關於開襠褲劇團的表演政治，見 Jill Dolan, *The Feminist Spectator as Critic* (Ann Arbor: University of Michigan Press, 1991), 71-77; Sue-Ellen Case, Introduction to *Split Britches: Lesbian Practice / Feminist Performance*, ed. Sue-Ellen Case (New York: Routledge, 1996), 1-34.

41.

凱叟對女同志文學批評的貢獻除了《幽魅女同志》之外，還有二〇〇三年主編的重量級文選《女同志文學》（*The Literature of Lesbianism*）。此外，凱叟也曾在散文集《教授：情感教育》（*The Professor: A Sentimental Education*）中以回憶錄形式書寫早年參與女同志運動的過往，以及研究生時期與女教授發生的一段禁忌關係。

42.

不過，翠奧柏在回顧女同志史學時也指出，凱叟雖然批判了費德曼的「去性化」路線，卻也和費德曼一樣採用「連續主義」的史學模型，串聯起「前現代」與「現代」的女同性愛慾再現。見 Traub, "The Present Future of Lesbian Historiography," 124.

43.

「酷兒理論」一詞出自勞倫緹斯在一九九〇年於加州大學聖塔克魯茲分校舉辦的同名會議。哈普林指出，勞倫緹斯當年提出「酷兒理論」是為了挑戰「男同志／女同志研究」的既有框架，問題化以白人中產男同志為中心的論述模型。巴特勒的《性別惑亂》與賽菊克的《衣櫃認識論》（*Epistemology of the Closet*）普遍被視為酷兒理論的奠基之作。不過，也有人認為酷兒理論可以追溯至盧本的〈再思性〉與賽菊克的早年代表作《男人之間》（*Between Men*）。在千禧年以後，面對酷兒理論的學院建制與「正典化」，學者也開始回頭反思它的可能與侷限，進一步詰問情慾、階級、族裔與國家身份之間的複雜形構，見 David M. Halperin, "The Normalization of Queer Theory," *Journal of Homosexuality* 45.2-4 (2003): 339-43; Sharon Marcus, "Queer Theory for Everyone: A Review Essay," *Signs* 31.1 (2005): 191-218; David L. Eng, Judith Halberstam and José Esteban Muñoz, "What's Queer about Queer Studies Now?" *Social Text* 84-85 (2005): 1-17.

44.

關於酷兒理論的「反社會轉向」與歷史主義之爭，見 Robert L. Caserio, Lee Edelman, Judith Halberstam, José Esteban Muñoz and Tim Dean, "The Antisocial Thesis in Queer Theory," *PMLA* 121.3 (2006): 819-28; Judith Halberstam, "The Anti-Social Turn in Queer Studies," *Graduate Journal of*

Social Science 5.2 (2008): 140-56; Valerie Traub, "The New Unhistoricism in Queer Studies," *PMLA* 128.1 (2013): 21-39.

Sex, Heels
and Virginia Woolf:

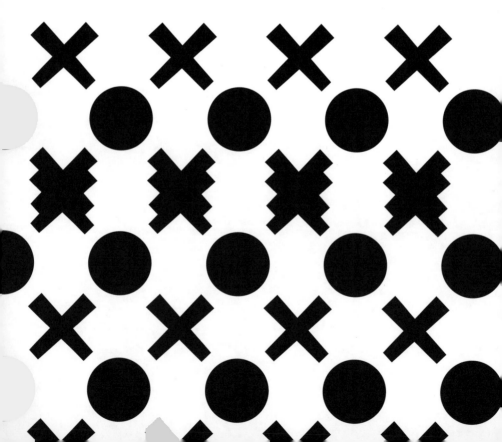

Part 3

文化論戰

Sex, Heels
and Virginia Woolf:

Chapter 7　　壞教慾：羅曼史與女性主義愛恨史

一九九六年，海倫費爾汀（Helen Fielding）的《BJ單身日記》（Bridget Jones's Diary）在全球掀起一波都會單身女子浪潮。這本脫胎自《獨立報》（The Independent）專欄的小說不只宣告了 Chick Lit 文類的誕生，更引發女性主義學界的爭議。《BJ單身日記》中享受性愛，閱讀《柯夢波丹》，幽默嘲諷女性主義經典的倫敦單身女子布莉姬瓊斯，讓九〇年代的女性主義學者直說，她是「後女性主義」（postfeminism）的時代產物。

　　面對《BJ單身日記》所象徵的後女性主義現象，女性主義者大多持敵對態度。有人說，後女性主義是新興保守勢力對女性主義的反挫；也有人說，布莉姬是受惠於女性主義運動、卻把女性主義視為「理所當然」的 X 世代女子。[1] 就連第二波女性主義大將葛瑞爾都不以為然地表示，《BJ單身日記》不過是米爾斯與布恩羅曼史（Mills & Boon）的升級版，包藏在世紀末單身女郎底下的，依舊是對愛情與婚姻的傳統渴望。[2]

　　在這波批判聲浪中，葛瑞爾的評價特別值得我們留意。她指出《BJ單身日記》之所以引發女性主義者的不滿，除了因為布莉姬不符合女權典範之外，更因為這本小說暗藏了羅曼史敘事。作為 Chick Lit 文類的始祖，《BJ單身日記》不只反映出新世代的女性情慾浪潮，更繼承了十八世紀崛起的女性羅曼史。[3] 兩個世紀以來，羅曼史小說不只受盡男人的冷嘲熱諷，更面臨女性主義者的嚴厲批判。《BJ單身日記》在九〇年代所掀起的爭議，說新不新，說舊不舊。新的是世紀末女人在女性主義政治與後女性主義文化之間的游移，讓女性主義者深感

不安；舊的是女人對愛情、對羅曼史的渴望，始終被女性主義者打上問號。

從十八世紀起便由女人一手主導，羅曼史為何成為女性主義史上最受爭議的文類？

當羅曼史遇見女性主義：從父權毒物到女性色情

「女性解放運動若要成功，就必須認真對付擁有百萬資本的卡特蘭工業。」

對葛瑞爾有點了解的人應該會知道，早在一九七〇年，她便已在《女太監》中批判羅曼史，奠定女性主義運動的「反羅曼史情結」。延續《女太監》一貫的諷刺筆法，葛瑞爾在批判中帶有幽默，在譴責中不忘解嘲。她承認，自己在少女時期也曾擁有羅曼史幻想，熟知兩大羅曼史女王海爾（Georgette Heyer）與卡特蘭（Barbara Cartland）。不過，現在的她顯然已經擺脫少女時期的半熟幻想，看透羅曼史暗藏的父權結構。葛瑞爾在此以戲謔口吻細數羅曼史的典型公式──男主角必然比女主角優越，女主角也必然以謙卑與美貌收服他的心。親吻必然遲於真愛，若有男人提早獻吻，那是引誘女人墮落的反派。不過沒關係，男主角很快便會現身，以真愛拯救女主角。「這就是女人替自己挑選的英雄。這就是善於自我束縛的女人替男人發明的種種特徵。」

不過，葛瑞爾想要談的不只是作為文類的羅曼史小說，而是作為意識形態的羅曼史幻想，以及隱藏在幻想背後的中產階級婚姻體制。這是為什麼葛瑞爾不只談海爾與卡特蘭，更談舞會，談社交，談中產階級的「性儀式」（the ritualization of sex）。畢竟，《女太監》一心一意批判的，便是閹割了女人的婚姻體制。葛瑞爾指出，羅曼史原是引領女人步入婚姻的途徑，在女人飽嚐婚姻之苦以後，又反過來變成逃逸的幻想，祕密的渴望。因此，葛瑞爾真正意圖批判的，倒不是羅曼史文學，而是羅曼史所象徵的「家居浪漫神話」（domestic romantic myth）。

　　《女太監》揭示了第二波女性主義面對羅曼史的基本論調。七〇年代下半葉，女性主義文化批評接合反色情運動；在不少論述中，羅曼史與色情密不可分，成為最受爭議的兩大通俗文類。一九八〇年，道格拉斯（Ann Douglas）便在〈軟色情文化〉（"Soft-Porn Culture"）一文中連結硬蕊色情與羅曼史小說，聲稱「流行文化正在獵殺解放的女人。」[4] 她將席捲北美大陸的哈樂昆羅曼史（Harlequin）視為稀釋過後的色情文類，但是和「硬色情」一樣，它的吸引力奠基於男人的權力與女人的屈從。「哈樂昆羅曼史的女主角起初拒絕臣服，但硬色情的女主角也是——瓦解女性反抗正是色情的樂趣之一。」

　　相較於葛瑞爾，道格拉斯少了戲謔，少了幽默，多了義正詞嚴，也多了勢不兩立。在她眼中，羅曼史不只與女性解放運動矛盾，更是對女權的刻意反挫。她引用哈樂昆集團的銷售數字，指出羅曼史消費在六〇與七〇年代之間急速成長，而這正

好是第二波女性主義運動崛起的時刻。[5] 因此,哈樂昆羅曼史的暢銷不是歷史的意外,而是政治的反動。同一時間,美國湧現一波女性主義創作,探索種種「非色情」的女性經驗。對道格拉斯來說,這些創作提供了「健康」的女性幻想,帶來了美好的未來展望——無論色情如何羞辱女人,反挫女人,這終究是女人的年代,女人的世紀。

顯而易見地,道格拉斯對羅曼史的批判奠基於七〇年代中葉崛起的反色情女性主義運動。她表面上譴責羅曼史,實際上不滿的卻是色情。同樣從色情切入,史妮托(Ann Barr Snitow)卻有不同的看法。在〈大眾市場羅曼史〉("Mass Market Romance")一文中,史妮托同樣將羅曼史視為女性特有的色情。[6] 和葛瑞爾與道格拉斯一樣,史妮托細數羅曼史的劇情公式與角色典型,主張哈樂昆羅曼史之所以成功,正在於它們沒有歷史、沒有過去、沒有特定指涉,因而造就出廣泛的認同效應。[7] 不過,不同於葛瑞爾對羅曼史的貶抑,也不同於道格拉斯對色情的譴責,史妮托反而認為,以「女性色情」重探浪漫文類,可以幫助我們理解女性心理的社會形構。史妮托的副標題說得很清楚了——「給女人看的色情可不一樣」("Pornography for Women Is Different")。

史妮托主張,色情有兩種——給男人看的色情,以及給女人看的色情。[8] 哈樂昆羅曼史顯然是為女人量身打造的色情文類。從這個角度來看,它的「去歷史」、「去脈絡」便顯得合情合理,因為色情文類為求歸返嬰兒時期慾望(infantile desire),普遍化性慾的滿足,本來就習慣迴避特定指涉。[9] 不

過，既然是給女人看的色情，哈樂昆羅曼史當然有別於主流色情，反映的不只是普世的性幻想，更是女人的性心理。史妮托在此引用迪娜斯坦（Dorothy Dinnerstein）的名著《美人魚與牛頭人身怪》（*The Mermaid and the Minotaur*），指出女人在父權社會中深受雙重標準束縛，難以探索情慾資源，獲得情慾滿足。這是為什麼，女人比男人更容易尋求感情回饋。這也是為什麼，哈樂昆羅曼史不只是「色情」，更是「女性色情」，因為它不只解放女性情慾，更反映了女人在父權社會中「情感化」、「浪漫化」性慾的需求。反過來看，即便是看似「去性化」的浪漫情節，都潛藏了情慾刺激，可以被視為「女性色情」的一部分。哈樂昆羅曼史最厲害的地方，便是在浪漫幻想、情慾滿足與家居理想之間取得完美的平衡，成就一段「不可能的可能」。[10]

以後設的觀點來看，史妮托的文章雖然發表於一九七九年，卻提早預示了八〇年代羅曼史研究的崛起。她以精神分析理論拆解女性閱讀心理的論述路徑，也在三年後被另一個學者發揚光大。對這個學者來說，羅曼史暗藏的不是女人的色情幻想，而是女人的復仇渴望。這個讓羅曼史在女性主義學界一舉翻身的傳奇學者，正是莫德烈斯基（Tania Modleski）。

羅曼史研究之母：浪漫文類的歷史族譜與精神分析

一九八二年，莫德烈斯基出版《羅曼史的甜蜜復仇》

（*Loving with a Vengeance*），從此改寫女性浪漫研究的視野。莫德烈斯基當然不是第一個替羅曼史翻案的女性主義學者，但《羅曼史的甜蜜復仇》卻可以說是最早系統化羅曼史的理論專著。史妮托再怎麼同情羅曼史，都只在期刊上發表單篇論文，莫德烈斯基卻首開先聲，以一本專書的份量，爬梳女性浪漫小說在英美文學史中的前世今生，拆解哈樂昆羅曼史、歌德小說與肥皂劇隱含的女性心理結構。

莫德烈斯基以「雙重批評標準」（the double critical standard）揭開羅曼史研究的序幕。七〇年代的女性主義者早已告訴我們傳統文學領域的性別雙重標準，一方面針砭批評界對男性文學的過分推崇，一方面則試圖建構出女人的文學傳統。莫德烈斯基循著這條線，進一步揭露大眾文學領域中的「雙重批評標準」。儘管和傳統菁英文學比起來，大眾文化（mass culture）本身已是「陰性化」的代表，但只要是男性主導的文類，依舊可以獲得比女性文類更高的評價。[11] 這是為什麼，我們可以在《大眾文化研究》（*The Journal of Popular Culture*）中找到對偵探小說的高度評價，卻很難找到對羅曼史的同等頌揚。[12] 這也是為什麼，當大眾文學研究逐漸走入學院，樹立典範，寫給女人看的小說依舊登不上「大雅之堂」。如果大眾文化已從十九世紀起歷經「陰性化」，那麼，女性浪漫文類顯然是「陰性中的陰性」，賤斥中的賤斥。

不過，比起男人，女人自己對羅曼史的否定更值得我們深入分析。女人對浪漫小說的貶抑其來有自。早在十九世紀中葉，同樣身為女性小說家的艾略特，就曾匿名發表一篇名為

〈淑女作家的愚蠢小說〉（"Silly Novels by Lady Novelists"）的評論，大力反對風行於維多利亞時期的女性小說，認為它們陳腔濫調，脫離現實。[13] 可以發現，艾略特貶抑的雖然是十九世紀小說，七〇年代的女性主義者卻繼承了她的批評模式，以同樣的論調否定了二十世紀的羅曼史浪潮。莫德烈斯基在此歸納出女性主義者面對浪漫文類時的三種負面態度——輕視、敵意與嘲諷。若道格拉斯的〈軟色情文化〉是敵意的代表，葛瑞爾的《女太監》則是嘲諷的範例。但不管是輕視、敵意還是嘲諷，都出自女性主義者與「陰性文類」切割的渴望——羅曼史是女人可恥的幻想，倒退的政治，「次等的自我」（her own "worse" self）；女人若想成為更理智、更進步、更優越的「女性主義者」，一定要跟羅曼史劃清界線，勢不兩立。

　　莫德烈斯基顯然不是這樣的「女性主義者」。她繼承了淑華特首開先河的女性批評學，將羅曼史視為英美文學史中隱藏版的「次文化」，爬梳出一段長達兩百年的女性浪漫文學史。對莫德烈斯基來說，二十世紀的女性浪漫文類全都可以追溯到十八、十九世紀的英美小說。[14] 哈樂昆羅曼史的始祖是理查森（Samuel Richardson）、珍奧斯汀與十八世紀興起的情感小說（sentimental novels）；歌德羅曼史當然毫無意外地該從雷德克里夫（Ann Radcliffe）與勃朗特姊妹算起；廣納多段婚姻家庭關係的肥皂劇（soap opera）也有自己的族譜可循——十九世紀的家庭小說（domestic novels）與煽情小說（sensation novels）。莫德烈斯基強調，這些文類發展並非獨立進行，而是互相交織，共享文學傳統與角色類型。十八世紀情感小說的純真女主角在下個世紀便可能出現於家庭小說之

中，而在十九世紀逐漸沒落的歌德羅曼史也未曾真正消失，反而以家庭小說的形式浴火重生，持續釋放女人在婚家場域歷經的焦慮與恐懼。[15] 兩個世紀以來，女性浪漫文類可以說是千變萬化，也可以說是始終如一；改變的是次文類的多元發展，不變的是對女性心理的探索與關懷。

透過這段歷史爬梳，莫德烈斯基成功建構出羅曼史的系譜。不過，她的貢獻並不僅止於此。真正讓莫德烈斯基廣受後人引用的，是她對羅曼史讀者進行的精神分析。不同於早先女性主義者，莫德烈斯基主張，女性浪漫文類看似鞏固婚家體制與男性權威，真正體現的卻是女人對婚姻的不滿，以及對父權的反抗。歌德羅曼史表面上刻劃遙遠的地景，實際上卻將古堡化為婚姻的隱喻，揭露私有空間的「疏離性」；家庭小說表面上歌頌家庭意識形態，實際上卻暗藏了婚家場域中的矛盾與衝突[16]；而埋藏在哈樂昆羅曼史核心的，更絕非女性的自我束縛，而是女性的復仇渴望。莫德烈斯基主張，哈樂昆羅曼史中反覆出現的「消失行為」（"the disappearing act"）—— 女主角藉由消失、受傷或逃逸，迫使男主角揭露自己深藏的愛意 —— 並不像早先女性主義者想像得那麼簡單。這段情節雖然隱含了自我毀滅的動力，真正的目的卻是掌控男人的愛慾，譴責男人的錯待。因此，「消失行為」象徵的，是女人的復仇幻想（revenge fantasy）。儘管它無法構成一種積極的解放途徑，卻也不該被簡化為女人的被虐渴望。[17]

某種程度上，哈樂昆羅曼史可以說是一種「雙重文本」，唯有深諳其道的人才能讀出女人的憤怒與反抗。這樣的雙重性

也表現在羅曼史讀者的認同機制上。莫德烈斯基就發現，羅曼史讀者看似直面認同女主角，跟隨她進行各式各樣的戀愛冒險，其實早已對劇情發展瞭若指掌。讀者打從一開始便知道男主角的壞不是壞，是無法表達的愛；讀者也明白女主角對男主角的恨，總有一天會變成愛。如果說，女主角的「無知」是為了證明她並非處處算計的女反派，那麼，羅曼史讀者所掌握的「知識」，則使得她們比女主角更危險、更叛逆。這樣在天真與世故、無知與知識之間的游移，形塑了羅曼史讀者的「分裂意識」（split consciousness）——她們不只觀看，她們「看著自己被看」。[18] 是「分裂意識」證明了羅曼史讀者不只不被動，而且相當主動；不只不無知，而且無所不知。

　　莫德烈斯基一手爬梳羅曼史的歷史族譜，一手開創羅曼史的精神分析，樹立了女性浪漫研究的里程碑。[19] 在她之後，羅曼史從洗腦女性的父權「毒」物，一舉翻身為通俗文化研究的關鍵讀物。[20] 要說莫德烈斯基是美國羅曼史研究之母，一點也不為過。不過，羅曼史的翻案並沒有停留在這邊。在《羅曼史的甜蜜復仇》出版兩年以後，另一個女性主義學者意圖超越傳統文本分析。她深入尋常社區，訪問凡婦俗女，讓原本只活在理論中的羅曼史讀者重獲血肉之軀，現身說法。

羅曼史讀者現身：浪漫文類的民族誌與文化政治

　　早在莫德烈斯基出版《羅曼史的甜蜜復仇》以前，蘿德

薇（Janice A. Radway）便開始思考羅曼史讀者的閱讀實踐。她一方面受到當時風起雲湧的讀者反應理論（reader response theory）影響，一方面卻又不滿足於這些理論與「實際讀者」之間的斷裂。[21] 起初，她找上了紐約的羅曼史編輯，希望能從他們口中取得一手的讀者資料。但這些編輯不做市場調查，只憑經驗出版。正當薇德薇打算放棄時，她遇到了一個專為女人尋找完美羅曼史的書店店員桃樂絲艾文（Dorothy Evans）。是桃樂絲重新點燃了她的希望，也是桃樂絲幫助她寫出自己的生涯代表作──《閱讀羅曼史》（ *Reading the Romance* ）。[22]

《閱讀羅曼史》雖然只晚了《羅曼史的甜蜜復仇》兩年出版，卻標示了羅曼史研究的「讀者轉向」。[23] 不同於前一波研究著重的文本分析，薇德薇關注的是女人──更精確來說，是郊區中的中產階級主婦──如何在日常生活中「閱讀」與「使用」羅曼史。對薇德薇來說，傳統文本分析不只忽視了羅曼史閱讀的社會脈絡，更預設文本具有固定不變的核心意義。和其他「讀者理論家」（reader-theorist）一樣，她主張文學作品的意義產生自文本結構與讀者社群之間的反覆協商。即便是看似鞏固傳統意識形態的羅曼史小說，都可能在讀者的日常實踐之下，反過來抵抗父權體制。不過，不同於一般讀者理論家，薇德薇沒有停留在理論層次的探討。為了一窺羅曼史讀者的閱讀實踐，她邀請她們從幕後走到幕前，訴說自己與羅曼史的愛恨纏綿。

透過桃樂絲，薇德薇結識了史密頓鎮（Smithton）的女人。[24] 她不只觀察桃樂絲與客戶互動的情形，更深度採訪這群

嗜讀羅曼史的女人。這群中產階級主婦大多介於二十五歲到四十四歲之間，但無論年齡差異，她們都可以在一個禮拜內消化數冊羅曼史，可謂羅曼史的重度沉迷者。[25] 對史密頓鎮的女人而言，羅曼史顯然不只是簡單的消遣娛樂，更是構成她們每日生活的必需用品。是在這樣看似平凡無奇的日常脈絡中，蘿德薇發現了羅曼史在這群女人的生命中所扮演的祕密角色——抵抗家務勞動。

為什麼沉迷於羅曼史？史密頓鎮女人的答案是「逃逸」（escape）。在這邊，「逃逸」有兩層意義。一方面，羅曼史的花花世界帶給主婦幻想層次的逃逸，幫助她們遠離日常生活的平庸。一旦打開羅曼史，她們便可以確保所有的愛情都會修成正果，所有的戀人都會終成眷屬。另一方面，羅曼史作為日常閱讀實踐，也成功地讓主婦擺脫繁重的家務勞動。儘管史密頓鎮女人頻繁提及閱讀所附加的教育意義，但蘿德薇發現，隱藏在閱讀習慣背後的，其實是家庭主婦對父權體制的抵抗。她們平時深受母親／妻子角色的束縛，以及家務勞動的剝削。唯有在放下家事，好好享受一本羅曼史的時候，她們才可以暫時卸下職責，不再扮演那個總是照料家庭起居的平凡主婦。

這樣看來，羅曼史讀者對父權的反抗不在於閱讀心理，而在於閱讀實踐。莫德烈斯基在兩年前以「消失行為」揭露羅曼史讀者潛意識的憤怒，蘿德薇則將這份憤怒重置於女人的日常情境當中，「再脈絡化」羅曼史讀者的心理結構。從反抗父權的角度來看，羅曼史閱讀便不只是一種實踐，更是一種「女性主義實踐」——女人藉由閱讀羅曼史打造「自己的房間」，重

奪「自己的時間」。這是女人送給自己的一份禮物，也是女人對婚家體制的祕密反叛。

蘿德薇雖然揮別了莫德烈斯基的文本分析，卻延續了她的精神分析。在《羅曼史的甜蜜復仇》中，莫德烈斯基改寫的是佛洛伊德 [26]；在《閱讀羅曼史》中，蘿德薇挪用的則是喬德洛（Nancy Chodorow）。在《母職的複製》（*The Reproduction of Mothering*）中，喬德洛藉由精神分析的客體關係理論（object relations theory），重探女人與母親之間「未解的分離」。相較於在異性戀關係中得到滿足的男人，女人即便在長大成人、走入婚姻以後，也無法徹底擺脫對母親的依戀，總是積極尋求前伊底帕斯時期的母女關係。據此，「母職」（mothering）成為女人用以重建母女連結的途徑。蘿德薇以此理論切入女性浪漫小說，主張女人之所以反覆閱讀羅曼史，就是為了找回已經失落的母女關係。但是在羅曼史的世界中，真正照顧女主角的不是母親，而是外表強勢、內心柔軟的男主角。換句話說，羅曼史的男主角看似陽剛，實際上卻佔據了一個極為「陰性」的文化位置。他既是女人在潛意識裡渴求的陰性依戀，也是女人在婚家體制中重獲的替代母親。

不管是喬德洛的精神分析改寫，還是蘿德薇的羅曼史讀者研究，其實都在反覆強調一個論點：女性在異性戀婚姻中從未得到滿足。喬德洛曾在《母職的複製》中大膽總結，異性戀關係對女人而言總是「次等的」（secondary）。男人可以透過異性戀婚姻重返原初關係，女人卻無法藉由同一條途徑喚回母女記憶。因此，至少在情感滿足的面向上，男人需要女人，多

於女人需要男人。蘿德薇則在《閱讀羅曼史》中突破生理性別框架，首開先聲地將羅曼史男主角比作女人失落的「母親」。女人之所以沉迷羅曼史，期待與完美的男人相遇，不是因為她們太需要男人，反倒是因為現實中的男人從未滿足她們的情感需求。唯有透過浪漫幻想，女人才能獲得替代式的心理補償。這是為什麼蘿德薇會主張，羅曼史閱讀證明的不是異性戀婚姻體制的圓滿，而是它的失敗。

　　蘿德薇結合民族誌與讀者反應理論，成功突破了莫德烈斯基兩年前的論述侷限，也開啟了羅曼史研究的嶄新頁面。[27]不過，這並不代表蘿德薇的研究毫無缺陷。蘿德薇或許未曾想過，在《閱讀羅曼史》出版以後，自己會受到不比莫德烈斯基輕微的批評。[28]一九八七年，柏蘭（Lauren Berlant）在《現代語文學》（*Modern Philology*）上發表一篇嚴厲的評論，批判蘿德薇將中產白人女性等同於「真實讀者」（"real readers"），沒有意識到她所挑選的研究樣本不過是特定階級中的消費主體。對柏蘭來說，蘿德薇不只忽視了羅曼史工業生產出的強制消費慾望，更忽視了史密頓鎮女人所享有的中產階級特權。[29]

　　柏蘭不是唯一不滿蘿德薇的女性主義學者。隔年，因肥皂劇研究《觀看朱門恩怨》（*Watching Dallas*）一炮而紅的荷蘭籍華裔學者洪美恩（Ien Ang）[30]，在《暗房》（*Camera Obscura*）期刊中再次提筆抨擊蘿德薇。[31]洪美恩不滿《閱讀羅曼史》的地方倒不在於階級視野的缺乏，而在於書中暗藏的「女性主義權威」（feminist authority）。儘管蘿德薇的確在

《閱讀羅曼史》中替史密頓鎮女人發聲，主張她們不只不被動，更能主動挪用羅曼史抵抗家務勞動，但她仍在最後堅稱，羅曼史不能解決社會問題；若想拆除父權體制，我們必須仰賴「真正的社會改革」（"real social change"）。在蘿德薇的烏托邦想像中，一旦女性主義取得勝利，羅曼史也將隨之消失，「不再必要」。這個武斷的結論正是洪美恩不滿蘿德薇的主因。她犀利地指出，蘿德薇在行文中逐步與羅曼史讀者劃清界線，以致於《閱讀羅曼史》最後鞏固的，依然是「我們」與「她們」、「女性主義」與「凡婦俗女」之間的高下位階。對洪美恩而言，《閱讀羅曼史》就像是一場「招募計畫」，暗示羅曼史是女人誤入的歧途，唯有「女性主義」是女人解放的希望。蘿德薇不只「去浪漫化」羅曼史，更「浪漫化」了女性主義。

洪美恩發現，《閱讀羅曼史》避而不談的，是「為快感而快感」（pleasure *as* pleasure）。在蘿德薇眼中，史密頓鎮女人的閱讀快感是替代的、暫時的，不是「真實的」；對洪美恩來說，這份快感卻是女人共享的經驗，心理的現實（psychic reality）。這樣的社群經驗超越了「女性主義」與「羅曼史閱讀」的二元對立，突破了女性主義理論的既有框架。從這個角度來看，沉迷羅曼史的凡婦俗女便未必比女性主義者「落伍」，女性主義者也未必比羅曼史讀者「進步」。知識的交流應該對等，也應該互惠——這才是一個民族誌學者該追求的理想。[32]

洪美恩的想像或許過於美好，但是不同於蘿德薇的烏托

邦，洪美恩的理想國擁有辯證與對話的空間：羅曼史可能重塑「女性主義」，凡婦俗女也可能回過頭來，教會「女性主義者」那些她們不懂的事。是在這樣的想像中我們明白，羅曼史已經有了自己的生命。它不再只是洗腦無知女性的父權工具，也不再只是通往正規女性主義的過渡階段。它有自己的歷史，自己的理論，自己的政治。從十八世紀一路走到二十世紀末，這個由女人一手主導的陰性文類，終於在女性主義史上佔有自己的一席之地。

註

1.
這個說法出自麥克蘿比（Angela McRobbie）的〈後女性主義與流行文化〉
（"Postfeminism and Popular Culture"）一文。關於《BJ 單身日記》的接受
史，另見 Imelda Whelehan, *Helen Fielding's Bridget Jones's Diary* (New York
and London: Continuum, 2002), 54-65.

2.
見 Germaine Greer, *The Whole Woman* (London: Anchor, 2000), 258.

3.
學者一般視海倫費爾汀的《BJ 單身日記》與布希奈爾（Candace Bushnell）
的《慾望城市》（*Sex and the City*）為 Chick Lit 文類的代表作。不過，和
《BJ 單身日記》相比之下，《慾望城市》並沒有單一的敘事主軸，由多篇
零碎的城市冒險組成，甚至在開頭便有意識地解構羅曼史敘事。一直要到達
倫史塔（Darren Star）將這本書改編為流行影集以後，《慾望城市》才加入
了羅曼史元素。《BJ 單身日記》、《慾望城市》與 Chick Lit 在九○年代現
身以後，引發女性主義學界的激烈辯論，學者對於 Chick Lit 與後女性主義的
解放潛能意見不一。見 Suzanne Ferriss and Mallory Young, eds., *Chick Lit:
The New Woman's Fiction* (New York and London: Routledge, 2006); Yvonne
Tasker and Diane Negra, eds., *Interrogating Postfeminism: Gender and the
Politics of Popular Culture* (Durham: Duke University Press, 2007); Angela
McRobbie, *The Aftermath of Feminism: Gender, Culture and Social Change*
(London: Sage, 2009); Stephanie Genz, *Postfemininities in Popular Culture*
(Basingstoke: Palgrave Macmillan, 2009); Stephanie Harzewski, *Chick Lit and
Postfeminism* (Charlottesville: University of Virginia Press, 2011).

4.
道格拉斯對大眾文化的批判其來有自。早在一九七七年的《美國文化的陰性

化》（*The Feminization of American Culture*）一書中，道格拉斯便主張美國大眾文化源自十九世紀情感小說的保守意識形態與女性角色典型，最佳代表即是《湯姆叔叔的小屋》（*Uncle Tom's Cabin*）中的「小伊娃」（Little Eva）。

5.
哈樂昆羅曼史的銷售數字在眾多文獻中有不同的呈現。道格拉斯聲稱哈樂昆集團在一九六六年僅賣出一萬四千本羅曼史，到了一九七九年卻賣出超過五千萬本羅曼史。莫德烈斯基則引用波士納（Michael Posner）與柏曼（Phyllis Berman）的報導，指出哈樂昆羅曼史在一九七七年於北美大陸賣出一億多冊，還不包括在海外售出的五千萬冊。蘿德薇則根據哈樂昆集團自己釋出的年度報告揭露，光是一九七九年，它們便在全球售出一億六千八百萬冊羅曼史。見 Tania Modleski, "The Disappearing Act: A Study of Harlequin Romances," *Signs* 5.3 (1980): 437; Janice A. Radway, "Women Read the Romance: The Interaction of Text and Context," *Feminist Studies* 9.1 (1983): 53.

6.
這篇文章最早發表於《基進歷史評論》（*Radical History Review*）期刊，而後收錄於史妮托、史丹塞（Christine Stansell）與湯普森（Sharon Thompson）共同主編的合集《慾望的力量》。

7.
史妮托聲稱哈樂昆羅曼史迴避特定族裔與地方色彩的描繪。事實上，不少哈樂昆羅曼史的吸引力正好奠基於異國／地域色彩，哈樂昆集團甚至曾與旅遊產業結合，強調旗下作品足以帶領讀者進行一場浪漫的異國之旅。見 Janice A. Radway, *Reading the Romance: Women, Patriarchy, and Popular Literature* (Chapel Hill: University of North Carolina Press, 1991), 88-89.

8.
許多人在論及情慾材料時習慣區分「色情」（pornography）與「情色」（erotica）。史坦能（Gloria Steinem）在一篇有名的文章中將「色情」定義為對女性施加的支配與暴力，而「情色」則是共享的愉悅與愛慾。這樣的二元對立與反色情女性主義一脈相承，是七〇、八〇年代性論戰的爭議核心。不過，史妮托在此拒斥了「色情」與「情色」的二分，選擇以「女性色情」來指涉哈樂昆羅曼史的慾望結構。關於「色情」與「情色」的主流區分，見 Gloria Steinem, "Erotica and Pornography: A Clear and Present Difference," *Ms.*, November 1978, 53-54, 75-76.

9.
史妮托在此引用女性主義作家羅斯（Joanna Russ）的「現代歌德」（modern gothic）分析，指出歌德羅曼史與哈樂昆羅曼史同樣訴諸女性的嬰兒時期慾望，共享類似的潛意識結構。

10.
值得注意的是，史妮托並非全心擁抱哈樂昆羅曼史。她雖然不願過度譴責羅曼史，卻也不認為羅曼史能夠帶來解放。對她來說，哈樂昆羅曼史的意義在於「反映」女性心理結構，揭露父權社會壓迫。不過，這樣的「反映論」有其侷限。後續研究陸續指出，羅曼史不只能夠「反映」，更能「建構」與「重寫」女性主體。

11.
在《大分裂之後》（*After the Great Divide*）中，胡伊森（Andreas Huyssen）指出自十九世紀起，大眾文化逐漸與女性連結，而高雅文化則被視為男性領域，包括有意識與大眾文化區隔的現代主義文學。在這個過程中，大眾文化不只歷經「陰性化」，更遭受賤斥與貶抑。據此，胡伊森駁斥克莉斯締娃等人視現代主義文學為「陰性代表」的說法，認為此類說法忽視現代主義暗藏的厭女情結與陽剛意識形態。

12.
《大眾文化研究》創刊於一九六七年，是美國大眾文化協會（Popular Culture Association）的官方期刊。莫德烈斯基在寫作本書之際，羅曼史研究尚未成

為顯學，不過，《大眾文化研究》而後刊登多篇羅曼史研究，莫德烈斯基當年的觀察已不適用於今日。二〇一〇年，國際羅曼史研究協會（International Association for the Study of Popular Romance）也在大眾文化協會的基礎之上自立門戶，創立《大眾羅曼史研究》期刊（The Journal of Popular Romance Studies），足見羅曼史研究發展至今的盛況。

13.
這篇文章在一八五六年發表於《西敏評論》（Westminster Review）。

14.
狹義上的羅曼史文類誕生於十八世紀中葉。學者普遍視理查森的《帕美拉》（Pamela）為英國文學史上最早的羅曼史小説。廣義上的「羅曼史」傳統則可以追溯到中世紀的騎士文學（chivalric romance）乃至古希臘文學。麥奎肯（Scott McCracken）在《閱讀大眾小説》（Pulp: Reading Popular Fiction）中便指出，羅曼史是最早出現的大眾小説形式，在十八世紀以前也未必總是以女性為中心。不過，在慾望與現實之間的往返辯證（"a dialectic between desire and the real"）是羅曼史自古典希臘一路延續到當代的核心元素。關於羅曼史的歷史流變，另可參見桑德斯（Corinne Saunders）主編的《羅曼史讀本：從古典到當代》（A Companion to Romance: From Classical to Contemporary）。

15.
莫德烈斯基指出，歌德羅曼史在潛伏了一世紀以後，因為茉莉兒的《蝴蝶夢》而再次流行，帶起一波「歌德復興」（Gothic revival）。作為二十世紀最重要的歌德羅曼史代表，《蝴蝶夢》也引發不少女性主義討論，最具代表性的文章當屬萊特（Alison Light）的〈重返夢德里：羅曼史小説、女性情慾與階級〉（"'Returning to Manderley': Romance Fiction, Female Sexuality and Class"）。

16.
莫德烈斯基在此駁斥早先將家庭小説視為保守文類的女性主義批評。淑華特在《她們的文學》中便主張煽情小説逆轉家庭小説中的刻板印象，因此比後者更為激進。莫德烈斯基則追隨帕帕許維麗（Helen Waite Papashvily）對

家庭小說的翻案，指出這類小說包含不少負面的婚姻／家庭再現，真正反映的是對婚家體制的不滿，而非全心擁抱。關於帕帕許維麗的家庭小說研究，見 Helen Waite Papashvily, *All the Happy Endings: A Study of the Domestic Novel in America, the Women Who Wrote It, the Women Who Read It, in the Nineteenth Century* (New York: Harper, 1956).

17.
莫德烈斯基指出，「消失行為」最早可以追溯至《帕美拉》，不過，也有羅曼史同時挪用又顛覆這個傳統，《簡愛》便是最好的代表。儘管簡愛一度離開羅切斯特先生，這段「消失行為」卻不是為了逼出男人的愛意，而是為了重新找到自己。更重要的是，真正在最後「毀滅」的不是女人，而是男人。勃朗特似乎在此暗示唯有象徵性地「閹割」羅切斯特，簡愛才能與他起平坐。

18.
莫德烈斯基的「分裂意識」理論啟發自約翰柏格（John Berger）的《觀看的方法》（*Ways of Seeing*）。在《觀看的方法》中，柏格重探西方藝術史的女性再現，提出這段有名的主張：「男人觀看女人，女人看著自己被看。」相較於男性，女性歷經了更為複雜的主體形塑機制，同時是「審視者」（the surveyor）與「被審視者」（the surveyed）。

19.
同時期的專著還有瑪索（Kay Mussell）的《幻想與和解：女性羅曼史的當代公式》（*Fantasy and Reconciliation: Contemporary Formulas of Women's Romance Fiction*）。和莫德烈斯基一樣，瑪索著重於文本分析，意圖拆解羅曼史小說中的類型公式、角色典型與意識形態。不過，瑪索對羅曼史的解讀較接近七〇年代的女性主義者。儘管她認同羅曼史的女主角擁有引領男性的陰性知識與力量，也能提供讀者多重「替代身份」（alternative identity）的想像，但是她同時強調羅曼史試圖消解現實生活中的諸多矛盾，鞏固女人生命中的「社會化模式」，重建單偶婚姻體制的正統位置。九〇年代以後，隨著羅曼史小說與女性主義研究的流變，瑪索也檢討自己早先的批判立場，並且給予羅曼史積極正面的評價。見 Kay Mussell, "Are Feminism and Romance Novels Mutually Exclusive? A Quickie with Kay Mussell," *All About Romance*, November 1997.

20.
莫德烈斯基雖然是美國學者，卻接合了同時期在英國崛起的女性通俗文化研究。其中，來自伯明罕大學當代文化研究中心（Centre for Contemporary Cultural Studies）的麥克蘿比與溫緒普（Janice Winship）等人在這波研究浪潮中扮演了極為重要的角色。從七〇年代下半葉到八〇年代，羅曼史、肥皂劇與女性雜誌等早先受到貶抑的文化產物重獲女性主義學者的重視，迅速奠定了女性通俗文化研究的基礎。關於這段研究發展簡史，另見 Joanne Hollows, *Feminism, Femininity and Popular Culture* (Manchester: Manchester University Press, 2000); Sue Thornham, *Feminist Theory and Cultural Studies* (London: Arnold, 2000).

21.
蘿德薇在就讀研究所期間跟隨流行文化研究大將奈伊（Russel Nye）學習，完成博士論文《大眾與菁英文學差異的現象學理論》（*A Phenomenological Theory of the Differences Between Popular and Elite Literature*）。在這本論文中，蘿德薇主張流行文化大多受制於刻板公式，一直要到任教於賓州大學的美國文明系，開始接觸到民族誌與讀者反應理論以後，她才「重新訓練」自己，轉向羅曼史的讀者研究。關於蘿德薇的早年研究與論述轉向，見 Jeffrey J. Williams, "The Culture of Books: An Interview with Janice Radway," *The Minnesota Review* 65-66 (2006): 133-48.

22.
在正式出版《閱讀羅曼史》之前，蘿德薇曾將部分研究成果以〈女人閱讀羅曼史〉（"Women Read the Romance"）之名發表於《女性主義研究》期刊。

23.
關於羅曼史研究的流變，蕾吉斯曾在第二屆國際羅曼史研究會議的專題演講中，將史妮托、莫德烈斯基、瑪索與蘿德薇歸為「第一波羅曼史批評」（"the first wave of romance criticism"），並將自己的《羅曼史的自然史》（*A Natural History of the Romance Novel*）、皮爾斯（Lynne Pearce）的《羅曼史寫作》（*Romance Writing*）、弗萊契（Lisa Fletcher）的《歷史羅曼史小說》（*Historical Romance Fiction*），以及溫戴爾（Sarah Wendell）與譚（Candy Tan）合著的《超越波濤洶湧》（*Beyond Heaving Bosoms*）視為後

千禧年的羅曼史批評代表（"millennial romance criticism"）。但是，為了強調自身研究的「創新」，蕾吉斯不只刻意忽視前人對羅曼史的正面肯定，聲稱她們一面倒地譴責羅曼史，也沒有看出莫德烈斯基與蘿德薇極為不同的研究路徑。在此，我以「方法學差異」作為羅曼史研究的分類基準，分開處理著重文本研究與精神分析的莫德烈斯基，以及著重讀者實踐與社會分析的蘿德薇。關於蕾吉斯的羅曼史研究分類，見 Pamela Regis, "What Do Critics Owe the Romance?" *Journal of Popular Romance Studies* 2.1 (2011).

24.
雖然美國境內真的有此鎮名，但在本書中，「史密頓鎮」僅是蘿德薇為求保護受訪者隱私所採用的化名。

25.
蘿德薇深度訪談的對象除了桃樂絲以外，還有十六位史密頓鎮女人。此外，蘿德薇也對四十二位讀者進行問卷調查。根據訪談與問卷，半數讀者可在一個禮拜內讀完一至四本小說，另有超過三分之一的讀者可在同樣的時間內消化五到九本羅曼史。蘿德薇也發現，史密頓鎮的女人比哈樂昆集團預設的讀者群年輕，偏好強勢與獨立自主的女主角，因此，她們真正嗜讀的並非哈樂昆羅曼史，而是歷史羅曼史（historicals）與當代羅曼史（contemporary romances）。見 Radway, "Women Read the Romance," 56-58; Radway, *Reading the Romance*, 50-60.

26.
莫德烈斯基曾在分析女性歌德小說時改寫佛洛伊德的「弔詭」（the uncanny）理論。在佛洛伊德的定義中，「弔詭」指的是既熟悉又陌生的感受，而這樣的感受源自男性主體的閹割焦慮。莫德烈斯基則在此修正佛洛伊德，主張弔詭真正的恐懼來源是無法與母親切割的「分離焦慮」（separation anxieties）。如此一來，女人應該比男人更強烈地感受「弔詭」。歌德羅曼史即是「女性弔詭」（the female uncanny）的文學代表。

27.
在蘿德薇之後，讀者反應成為羅曼史研究的重要元素。在一九八七年的《羅曼史革命》（*The Romance Revolution*）中，瑟斯頓（Carol Thurston）便透過

兩次全國性的讀者調查指出，七〇年代以降的羅曼史讀者不只是「粉絲」，更是「批評家」，而在同時期崛起的情色羅曼史（erotic romance）也不只單純「反映」，更積極「重塑」女性情慾主體。儘管瑟絲頓在書中多次挑戰蘿德薇，認為蘿德薇的團體訪談模式有礙於女人暢談自己的性幻想，《羅曼史革命》在某種程度上依舊繼承了《閱讀羅曼史》，受惠於蘿德薇的方法學開創。

28.
關於《閱讀羅曼史》的批評簡史，見 Ann Larabee, "*Reading the Romance* at Thirty," *The Journal of Popular Culture* 47.6 (2014): 1075-76.

29.
蘿德薇曾在訪談中虛心接受柏蘭的批評。她表示自己的理論訓練主要來自女性主義而非馬克思主義，《閱讀羅曼史》也的確缺乏階級視野。不過，她並不認為自己的研究完全「去政治化」。見 Williams, "The Culture of Books: An Interview with Janice Radway."

30.
洪美恩在八〇年代中葉靠著肥皂劇觀眾研究在學界迅速崛起。肥皂劇是除了羅曼史之外，另一個廣受女性主義學者討論的女性通俗文類。莫德烈斯基便曾在《羅曼史的甜蜜復仇》中分析肥皂劇如何對應女人成為母親之後的心理結構。另有學者主張肥皂劇的多重敘事與開放結構使「女性主義閱讀」成為可能，見 Ellen Seiter, "Eco's TV Guide—The Soaps," *Tabloid* 5 (1982): 35-43; Jane Feuer, "Melodrama, Serial Form and Television Today," *Screen* 25.1 (1984): 4-17.

31.
這篇書評雖然發表於一九八八年，洪美恩卻曾在早先的文章中對蘿德薇提出類似的批判。見 Ien Ang, "Popular Fiction and Feminist Cultural Politics," *Theory, Culture & Society* 4.4 (1987): 651-58.

32.
蘿德薇後來也曾自我檢討，承認自己當年的確在羅曼史幻想與女性主義意識之間建構出二元對立。見 Janice A. Radway, "Romance and the Work of Fantasy:

Struggles over Feminine Sexuality and Subjectivity at the Century's End," In *Viewing, Reading, Listening: Audiences and Cultural Reception*, eds. Jon Cruz and Justin Lewis (Boulder: Westview Press, 1994), 213-31.

Sex,   Heels
and Virginia Woolf:

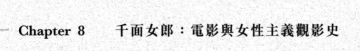

────── **Chapter 8**   千面女郎：電影與女性主義觀影史

一九七二年一月，英國藝評家約翰柏格（John Berger）與製作人狄布（Mike Dibb）在英國廣播公司第二台（BBC Two）推出紀錄影集《觀看的方法》（Ways of Seeing）。在這部影集中，柏格從藝術作品的機械複製談到廣告意象的慾望投射。出乎意料之外，這部一集不過三十分鐘、談論冷門議題的紀錄影集，居然會在學院內外掀起熱潮，從此改寫藝術評論的版圖，大眾觀看的視野。[1]

　　不過，《觀看的方法》除了撼動藝術評論界以外，還深刻影響了另一個領域 —— 女性主義批評。這部影集之所以與女性主義扯上關係，主要是因為在一月十五日播出的第二集中，柏格不只談了油畫的觀看方式與女體再現，更談了觀看與再現背後的性別政治與權力關係。他在這集節目開宗明義地說了，「男人幻想女人，女人幻想自己被幻想；男人觀看女人，女人看著自己被看。」柏格主張，歐洲油畫的觀看視角是男人的，不是女人的；女人即便自賞，都是以內化的男性視角觀看自己，審視自己。[2]

　　柏格的論點在三年後重現於一篇女性主義批評。不過，這次受到檢視的不再是歐洲油畫，而是好萊塢電影。[3]在這篇發表於《屏幕》（Screen）的文章中，作者聲稱好萊塢的觀影位置全是男性的，女人在螢幕上扮演的要不是代罪羔羊，就是美麗尤物。如果不是因為這個作者，我們可能不會那麼常聽到「男性凝視」（the male gaze）一詞，也可能不會有往後一系列關於「女性觀者」（the female spectator）的激烈論戰。這個揭開女性主義電影批評序幕的關鍵人物，就是蘿拉莫薇

（Laura Mulvey）。

男性凝視：古典好萊塢的窺淫慾望與認同幻想

一九七五年，莫薇在《屏幕》上發表〈視覺歡愉與敘事電影〉（"Visual Pleasure and Narrative Cinema"），以佛洛伊德與拉岡的理論重探好萊塢電影的觀看位置。[4]事實上，這並非創舉。同一時間，不少電影理論家即因挪用精神分析而成名。梅茲（Christian Metz）同年刊登於《屏幕》的〈想像的符徵〉（"The Imaginary Signifier"），正是結合拉岡理論與電影批評的最好代表。在那之後，精神分析語彙引領《屏幕》，主導了七〇年代的電影理論走向。[5]

因此，莫薇的開創性不在於精神分析，而在於她如何借用精神分析，揭露電影觀看視角的性別政治。對莫薇而言，好萊塢電影帶給觀眾的視覺歡愉不只是潛意識的，更是性別化的；更精確來說，這份歡愉是屬於「男性觀者」的。[6]在此，她將男性觀者的愉悅分為兩類。第一類為視覺窺淫（scopophilia），第二類為自戀認同（narcissism）；前者發展自佛洛伊德的《性學三論》（*Three Essays on Sexuality*），指的是透過觀看將他者化為客體所獲得的快感滿足；後者則源自拉岡的鏡像期（mirror stage）理論，指的是孩童透過認同鏡像所進行的主體建構。

莫薇主張，電影的觀看結構一如男性潛意識。在這個慾望結構中，女人是被動的客體，男人是積極的主體；女人是意象，男人是意象的掌控者。[7] 女人在螢幕上的存在僅是為了滿足男性凝視，即便有任何意義，都來自她的「可被觀看性」（to-be-looked-at-ness）。不過，莫薇的理論基礎既然是精神分析，當然不可能只談快感，而不談焦慮。在佛洛伊德的視野中，女人象徵的是陽具的匱乏，閹割的威脅。螢幕上的女人因此在帶來歡愉的同時，也矛盾地喚起了閹割焦慮。面對焦慮，男人自有逃逸途徑。第一條途徑是拜物窺淫（fetishistic scopophilia）── 將女人化為理想拜物，作為替代陽具，藉此徹底否認閹割。但視覺拜物不是平息焦慮的唯一策略。就敘事層面而言，好萊塢電影往往透過「解密」（demystify）女人、懲罰女人或拯救女人，平衡男性觀者原有的恐懼。這段敘事在暗示男人，既然女人有罪，那就讓我們解密她的罪，懲罰她的罪，終而拯救她的罪。[8]

　　莫薇的理論在古典好萊塢電影中得到了印證。對她來說，史登堡（Josef von Sternberg）是拜物主義的專家。在《摩洛哥》（*Morocco*）與《羞辱》（*Dishonored*）中，史登堡抽空男主角的凝視，聚焦於瑪琳黛德麗（Marlene Dietrich）的圖像，使得男性觀者無需透過螢幕上的英雄視角，便能直接享用拜物化的情慾奇觀。相較於史登堡，希區考克（Alfred Hitchcock）則帶來另一種歡愉。他雖然也將女性化為拜物，卻同時注重敘事發展。因此，在希區考克的電影中，女人一方面是拜物景觀，一方面又是罪惡尤物；男人一邊凝視女人，一邊跟隨英雄解密女人、拯救女人。[9]

莫薇的文章不只是電影批評，更是政治宣言。她在文章開頭說了，精神分析的確充滿父權意識形態，但女人可以重奪精神分析，反過來暴露父權社會的潛意識結構，以子之矛攻子之盾——「有人說一旦分析愉悅，我們便殺死了愉悅。這正是這篇文章的目的。」不過，以精神分析解構好萊塢電影只是莫薇的理論藍圖，創造「反抗電影」（counter-cinema）才是莫薇真正的政治實踐。「反抗電影」透過各種前衛的美學技巧——包括非線性的敘事與跳躍的剪接——干擾男性觀者的認同機制，摧毀主流電影的視覺歡愉，對莫薇來說既是美學的創新，也是政治的革命。這是為什麼，在七〇年代到八〇年代之間，莫薇會與丈夫沃蘭（Peter Wollen）合作，拍攝多部高度實驗性的前衛電影。一九七七年的《斯芬克斯之謎》（*Riddles of the Sphinx*），正是莫薇最具代表性的「反抗電影」之作。[10]

　　事實上，莫薇不是第一個試圖以「反抗電影」帶起革命的女性主義者。早在一九七三年，強斯頓（Claire Johnston）就在〈女性電影作為反抗電影〉（"Women's Cinema as Counter-Cinema"）一文中，提出女性電影的顛覆可能。和莫薇一樣，強斯頓仰賴精神分析拆解好萊塢的女性圖像建構。她主張螢幕上的女性再現不是「女人」，僅是男性的自戀投射。在主流商業電影中，我們因此找不到「女人作為女人」（"woman as woman"），只看得到男人與「非男人」。不過，不同於莫薇，強斯頓不認為前衛藝術電影那麼激進。相反的，她深信前衛藝術電影比主流商業電影更危險。在此，她挪用巴特（Roland Barthes）的《神話學》（*Mythologies*），將電影中的女性再現比作神話打造：「神話傳播並改造性別意識形態，

然後使它化為無形。」對強斯頓來說，意識形態的危險之處正在於它的「無形」與「自然」。相較之下，以刻板印象突顯意識形態，反而是一種有效的革命路徑。這是為什麼她會主張，好萊塢電影比歐洲藝術電影更具顛覆性，因為前者以圖像學（iconography）暴露了性別意識形態的結構，後者卻往往在迴避刻板印象的過程中，掩飾了意識形態的運作。

強斯頓呼籲，女性主義者若想發展「女性電影」，以此作為「反抗電影」的根基，就不能活在烏托邦幻想之中，想像純淨而不受干預的文化產物。「女性電影」既可以是政治反抗，也可以是消費娛樂，兩者不該二元對立，而應該共同發展。一部大眾電影若能帶給女人愉悅，釋放女性慾望，那麼，它當然也可以是一部「政治電影」。因此，女性主義者不應完全獨立於男性場域之外，反而應該滲透電影工業的各個層面，參與主流電影的實際生產，如此一來，「一個真正具有革命意義的、為女性掙扎而生的反抗電影概念，才會到來。」[11]

莫薇透過前衛電影進行革命，強斯頓則將信念寄託於女性電影工作者，兩人在七〇年代共同奠定了反抗電影的理論基礎，也開啟了女性主義電影批評的濫觴。[12] 不過，環繞著電影而生的女性主義論戰才正要揭開序幕。莫薇的電影批評聚焦於男性觀者，強斯頓的革命宣言則關注女性導演。有一個關鍵人物在兩人的論述中一再缺席，那就是掀起了下一波論爭的「女性觀者」。

女性觀者的誕生：從跨性觀看到陰性偽裝

一九八三年，卡普蘭（E. Ann Kaplan）發表〈凝視是否男性〉（"Is the Gaze Male?"）。[13] 光看標題，我們可能會以為她是衝著莫薇來的。不過，卡普蘭真正的目的不是推翻莫薇，而是提出疑問：凝視必然屬於男人嗎？女人可能重奪凝視嗎？面對好萊塢電影的拜物圖像，女人有除了接受物化與認同男性之外的觀看策略嗎？我們能不能談女性慾望主體，女性觀看位置？[14]

卡普蘭的提問是有歷史脈絡的。如果七〇年代的女性主義者學會批判男性凝視，八〇年代的女性主義者則再也不甘於單純批判，而意圖召喚女性觀者。事實上，有人比卡普蘭早一步修正莫薇，那個人就是莫薇自己。早在一九八一年，捧紅了「男性凝視」一詞的莫薇就曾為文檢討自己的侷限，探索女性觀影的可能。這篇文章不叫別的，正叫做〈再思視覺歡愉與敘事電影〉（"Afterthoughts on Visual Pleasure and Narrative Cinema"）。[15]

在〈再思〉一文中，莫薇再次挪用自己熟悉的精神分析理論。不過，這一次，莫薇關注的不再是男性觀者的窺淫慾望，而是女性觀者的「跨性認同」。佛洛伊德說了，在前伊底帕斯階段，男孩和女孩共享陽剛特質；在女孩接受陰性角色之前，她與男孩差別不大。即便長大成人，女人都無法徹底擺脫陽剛時期的召喚，終其一生在陽剛主動與陰性被動之間擺盪。對莫薇來說，這樣的來回擺盪形塑了女性觀影的可能。女人未必只

能被動接受螢幕上的拜物圖像 —— 女人可以主動認同推動敘事的英雄。原本為男性觀者創造的「敘事電影」，因此也能提供女性觀看的角度，讓女人找回失落的「陽剛自我」。

　　莫薇進一步探討她在〈視覺歡愉與敘事電影〉中匆匆帶過的電影文類：通俗劇（melodrama）。[16] 若西部電影的男主角在融入社會及與世隔絕之間猶豫不決，通俗劇的女主角則在陽剛主動與陰性被動之間反覆協商。莫薇以一九四六年的愛情史詩電影《太陽浴血記》（*Duel in the Sun*）為例，分析故事中的兩名男性角色如何象徵女主角的「雙重自我」—— 若選擇傑西，珍珠必須接受合宜的妻子角色；若隨路特而去，珍珠則能踏上狂野的冒險旅程。對莫薇來說，珍珠的分裂意識正好呼應了女性觀者的跨性認同。她們拒絕陰柔，不願被動。她們反覆召喚前伊底帕斯時期的陽剛記憶，以此作為抵抗父權的逃逸路線。

　　不過，莫薇一方面召喚了女性觀者，一方面又將她束縛於陽剛認同之中。就連莫薇自己也說了，即便珍珠選擇了路特，都難以在陽具中心的世界中建立身份。陽剛認同的確賦予女人觀看的可能，但它同時存在侷限。這是為什麼，〈再思視覺歡愉與敘事電影〉發表不過一年，就有另一個女性主義學者現身，再次嘗試「理論化」女性觀者。這個人正是後來聲名大噪的多恩（Mary Ann Doane）。

　　在〈電影與偽裝〉（"Film and the Masquerade"）中，多恩承接了莫薇的凝視理論，卻將焦點從主動與被動的對立，轉

移到觀者與螢幕圖像的距離。[17] 她指出，窺淫者的慾望產生自自我與意象之間的距離，而女性觀者的尷尬之處，便在於螢幕上的拜物圖像太過接近自己——「她便是那個意象。」這使得女人難以佔據男人的觀看位置；即便凝視自我，都容易化為一種「過度認同」（over-identification）。[18] 看來，女性觀者不可能存在，除非如莫薇所說的進行「跨性觀看」，重拾陽剛自我。

　　但多恩並沒有徹底放棄女性觀看的可能。在此，她挪用芮維爾的〈女性特質是偽裝〉，重探女人與拜物圖像之間的關係。如果說，女人對意象的「過度認同」使得觀看不再容易，那麼，偽裝（the masquerade）的意義便在於重建女人與意象之間的「距離」。偽裝之所以足以創造「距離」，是因為女人在偽裝時有意識地「誇耀」（flaunt）女性特質，表演陰性身份，讓原本熟悉的女性特質不再熟悉，也讓原本自然的陰性身份不再自然。莫薇筆下的扮裝者透過摒棄女性身份、佔據陽剛位置來逃避拜物化的命運，多恩口中的偽裝者卻反過來藉由「太女人」、「太陰性」來揭露拜物神話的打造。偽裝者讓我們知道，陰性拜物是再現的再現，模仿的模仿，是追溯不到原真的雙重仿擬。

　　不過，多恩提醒，偽裝不等同於觀看。偽裝雖然開拓了女人與陰性圖像之間的必要距離，卻未必穩固了女人的觀看位置。對多恩來說，電影帶給女人的觀看選擇依舊有限。女人若不在陽剛認同中否定拜物，便只能在自戀慾望中成為拜物。偽裝賦予女人的，是操弄意象、生產意象，乃至閱讀意象的能

力。多恩對女性觀者的曖昧情結一路延續到多年後寫成的〈再思偽裝〉（"Masquerade Reconsidered"）一文。在這篇反思中，多恩再次確認了自己早先的猶豫。她強調，偽裝雖然具有顛覆潛能，卻也不失矛盾。它一方面改寫了男性主導的觀看法則，一方面卻又將女性再次化為奇觀。多恩筆下的女性觀者因此是曖昧的，矛盾的，也是猶豫的。

這樣看來，女性觀者只能在陽剛認同與陰性偽裝之間擺盪。不過，在莫薇與多恩之後崛起的勞倫緹斯（Teresa de Lauretis）可不這麼認為。她大膽主張，女人的觀影認同打從一開始便是雙重的。[19]之所以預設女性觀者要不認同螢幕英雄，要不緊鄰拜物意象，是因為我們從未跳脫單一認同的思考陷阱，受制於視覺中心的論述模式。女性觀者在這樣的理論框架中左右為難，要不承認觀看「不可能」，要不讓自己陽剛化，成為莫薇筆下的幻想扮裝者。

在此，勞倫緹斯提出「雙重認同」（double identification）的可能。她想，觀影認同既然參與了主體形塑，女性觀者便不可能任自己成為奇觀式的他者，徹底放棄主體，畢竟「人都有自我（ego），即便是女人。」況且，女性觀者不可能被動認同圖像，因為辨識任何圖像的前提是主動觀看。早先批評家所仰賴的凝視／意象二元論顯然無法成立。為了打破此論述窠臼，勞倫緹斯刻意強調認同的「敘事」面向。在主流敘事結構之中，男人扮演的通常是推動故事前進的主體，女人則是讓電影畫下完美句點的敘事圖像（narrative image）。[20]不過，在觀看電影時，女人往往會一邊認同敘事主體，一邊認同敘事圖

像，因為它們是構成敘事的基本元素，缺一不可。是這樣的敘事認同讓女性觀者跳脫了視覺認同的困境，超越了凝視或被看的兩難。至少就敘事層面來說，「雙重認同」不是意外，是必然。

從莫薇的「跨性觀看」，多恩的「陰性偽裝」到勞倫緹斯的「雙重認同」，八〇年代的女性主義理論家不只召喚出女性觀者，更勾勒出女性觀者的多元面貌。她可能不願受制於女性角色，跨越性別界線認同螢幕英雄。她也可能刻意誇耀陰性特質，彰顯自我與意象之間的美學距離。她更可能既是英雄也是美人，不願放棄敘事上的雙重認同。莫薇、多恩與勞倫緹斯證明了精神分析除了可以用來拆解父權社會，還能幫助重塑女性主體。不過，三人口中的「女性觀者」，似乎仍是活在理論中的神話人物。這樣的論述路徑引發另一群女性主義批評家的不滿。她們說，我們不能只談觀看的理論，更要談觀看的實踐；不能只談「女性觀者」，更要談「女性觀眾」（female audience）。

女性主義電影批評的歷史，還沒寫完。

女性觀「眾」現身：從明星凝視到女同志閱讀

一九八八年，格萊希爾（Christine Gledhill）以一篇〈愉悅的協商〉（"Pleasurable Negotiations"），成功地將當時風

起雲湧的文化研究，帶入女性主義電影批評的視野。在文章開頭，格萊希爾檢討早年電影批評對精神分析的過度依賴。這樣的「電影精神分析」（cine-psychoanalysis）雖然成功拆解了男性觀影的心理結構，批判了電影工業的拜物再現，卻也同時忽略了女性觀影的複雜政治，鞏固了女人與受虐情慾的必然連結。即使當女性主義批評家陸續提出女性觀看的可能，她們也時常忽視「陰性觀者」與「女性觀眾」之間的差異，看得見理論中的認同位置，看不見歷史中的芸芸眾生。

為了突破現階段的論述困境，格萊希爾特別引入流行於文化研究領域的「協商」理論。協商將文本重新置入社會脈絡，揭露了生產／詮釋過程的多重矛盾，以及觀眾社群內部的多元差異。這樣的概念恰好可以用來活化陷入僵局的女性觀者理論──它讓意義持續流動，溢出文本生產與精神分析的既有框架；它也讓「女性觀者」重獲肉身，體現情慾、種族與階級的交錯銘刻；它更讓電影化為一個開放的文化場域，在不同族群的積極挪用之下，開發出複雜多樣的閱讀可能。

格萊希爾特別將「協商」分為三個層次來談。「體制協商」（institutional negotiations）指的是生產體制的內部矛盾。即便是主流文化工業，都可能生產出抵制資本主義意識形態的商品，更別提體制內的創意生產者也可能與公司發生爭執對立。在體制之外，「文本協商」（textual negotiations）也能在既有的文類成規中製造出干擾意識形態的元素。格萊希爾以《警花拍檔》（*Cagney and Lacey*）為例，分析這部以女性搭檔為主角的電視影集，如何在男性主導的警探文類中，創造出

性別政治與司法體系之間的意識形態矛盾。[21] 不過，她真正想要強調的，還是「接受協商」（reception as negotiation）。既然觀眾的組成有差異，文本的接受就不可能單一。在性別、情慾、種族與階級的差異建構之下，光是一個文本就可能開拓出無限的詮釋空間與次文化實踐。這是為什麼格萊希爾會說，「接受」是最激進的一種「協商」。

〈愉悅的協商〉標示了女性主義電影批評的「觀眾轉向」。從八〇年代中葉起，一波又一波的女性觀眾研究在學界大量湧現。其中最重要的，當屬史黛西（Jackie Stacey）的《明星凝視》（*Star Gazing*）。早在一九八七年，史黛西便在《屏幕》上發表〈拼命尋找差異〉（"Desperately Seeking Difference"），頌揚女人與女人之間的「同性觀看」。[22] 史黛西口中的同性觀看既是敘事的，也是觀眾的；她既要探索螢幕上的女女互望，也要關照螢幕外的認同慾望。對史黛西來說，認同與慾望的界線沒有我們想像得那麼二分。當女人觀看另一個女人，她總是一方面渴望成為對方，一方面想要擁有對方。這樣的女（同）性觀看挑戰了古典精神分析的「性別差異」基礎，以及對認同與慾望的清楚劃分。[23] 現在，女性觀者不再只能透過陽剛視角追隨男人，也不再只能佔據受虐位置自我垂憐——女人可以凝望另一個女人，而且不必然被動，不必然自戀。相較於傳統的兩性差異，女人與女人「之間」的差異，才是促使女人互看的關鍵元素。[24]

〈拼命尋找差異〉成功地替女性觀看理論開闢一條新的道路。不過，真正讓史黛西一舉成名的，還是一九九四年出版的

經典著作——《明星凝視》。在這本書中，史黛西意圖將「經驗觀者」（empirical spectator）重新帶入女性主義電影研究。她指出，過去的女性主義批評家在精神分析的主導之下，視野往往侷限於文本觀者（textual spectator）。正如多恩所言：「女性觀者是概念，不是個體。」而「經驗觀者」雖然早就隨著文化研究崛起，卻大多侷限於電視與廣播研究。現在，史黛西要讓女人從概念重返歷史，從個體長成社群，將原本只存在於理論與文本中的「女性觀者」，化為有血有肉、有笑有淚、有幻想有實踐的「女性觀眾」。

為了使女性觀眾從歷史中現身說法，史黛西沿用戴爾（Richard Dyer）與泰勒（Helen Taylor）開創的研究方法，在《女性週報》（*Woman's Weekly*）與《女性領域》（*Woman's Realm*）中刊登廣告，邀請女粉絲寫下自己對四〇、五〇年代女明星的崇拜與迷戀。[25] 至於為何挑選這兩個年代？史黛西解釋，戰後英國社會一方面要求女人重回家庭，扮演主婦，一方面又鼓勵女人積極消費，妝點自己。在那個女性商品文化重新崛起的時代，女粉絲對女明星的追隨有了物質基礎，也成為日常實踐。[26] 這樣看來，史黛西的研究並不「普世」，也無法「推而廣之」；她聚焦的不只是女性觀眾，更是戰後英國的女性觀眾。但《明星凝視》的「侷限」正好反過來挑戰了早年女性觀影理論中的「普世主義」（universalism），指向另一條強調「歷史殊異性」（historical specificity）的研究路徑。[27]

史黛西究竟在女粉絲的情書中找到什麼祕密？答案是「陰性著迷」（feminine fascinations）。她發現，女人在觀看螢

幕上的陰性圖像時，往往會主動尋找自己與明星之間的「相似」與「差異」，一方面透過「相似」建立認同情感，一方面則透過「差異」投射幻想與慾望。在相似與差異的往返辯證之中，戰後英國女人因此得以逃脫平庸的家居生活，重塑自己的陰性身份。在此，史黛西進一步區分了螢幕上的「認同幻想」（cinematic identificatory fantasy）與螢幕外的「認同實踐」（extra-cinematic identificatory practices）——前者指的是觀影時所產生的認同情感，包括專注（devotion）、愛慕（adoration）、崇拜（worship）、超脫（transcendence）、切望與啟發（aspiration and inspiration）；後者指的則是電影以外的物質實踐，包括假裝（pretending）、尋找相似處（resembling）、模仿（imitating）與風格抄襲（copying）。[28]不同於早先理論家將明星崇拜等同於「身份複製」，史黛西主張，女粉絲能夠藉由複雜的認同機制與文化實踐，積極地生產出多元的陰性身份。「陰性著迷」帶來的不是同一，也不是收編，而是身份的流動與差異的開放。

正如史黛西在〈拼命尋找差異〉中意圖模糊認同與慾望的界線，在《明星凝視》中，她也不只談身份的建構，更談慾望的可能。史黛西指出，過去奠基於古典精神分析的女性觀者理論不免「陽剛化」（masculinise）了女人的觀看慾望。女人即便可以凝視，都是因為奪取了男性觀看視角；而女人與陰性圖像之間的關係，也侷限於「陰性偽裝」與「雙重認同」。史黛西的理論則開創出新的慾望路徑。「陰性著迷」之所以顛覆，正在於它既「主動」又「陰性」，暗藏了波濤洶湧的女同性情慾。史黛西說了，她真正的目的不是「去性化慾望」

（"de-eroticising desire"），而是「情慾化認同」（"eroticising identification"）。[29]

　　史黛西口中的「陰性著迷」是「同性」的，卻未必是「女同志」的。她讓我們知道，即便是「異性戀」女人，都可能在觀看／認同另一個女人的過程中產生情慾。這是史黛西的理論貢獻，也是她的理論侷限。我們不禁要問，「女同志觀眾」在哪？如果「女性觀眾」有自己的觀看實踐，「女同志觀眾」有沒有自己的閱讀策略？事實上，一系列關於「女同志閱讀」（lesbian reading）的辯論，早從八〇年代起就隨著女同志電影展開。[30] 其中，羅柏唐尼（Robert Towne）的《個人最佳》（*Personal Best*）與約翰塞爾斯（John Sayles）的《麗亞娜》（*Lianna*）在這波女同志電影論爭中扮演了極為重要的角色。面對八〇年代備受矚目的兩部女同志電影，女性主義批評家意見不一。狄卡皮歐（Lisa DiCaprio）便認為，《麗亞娜》不過是「自由女同志主義」（liberal lesbianism）的代表。她抱怨《麗亞娜》的愛慾場景沒有激情，過於合宜。[31] 她也不滿《麗亞娜》的角色刻劃流於平面，缺乏深度。這樣的女同志再現追求的是主流社會的「接納」與「包容」，體現的是「自由女同志主義」的意識形態 —— 女同志與異性戀沒有什麼不同；女同志不是激進政治，只是「個人選擇」。威廉絲（Linda Williams）對《個人最佳》的評價同樣負面。她雖然承認這部電影可以帶給女人視覺歡愉，卻也不滿女同性愛慾在故事最後被簡化為「自戀慾望」。《個人最佳》似乎在暗示觀眾，女人對女人的渴求不過是前伊底帕斯的半熟依戀，前象徵秩序的倒退慾望。一旦走過這個階段，女人便會離開同性愛人，重回男

人身邊。威廉絲因此總結，《個人最佳》不是一部「女性主義」電影。[32]

不過，狄卡皮歐與威廉絲似乎仍停留在文本分析，尚未考慮觀眾反應。這是為什麼，史翠兒（Chris Straayer）會親自設計問卷，發送給女同志／女性主義社群，為的就是得到第一手的觀眾回應。[33] 她發現，女同志社群對《個人最佳》的閱讀相當複雜。她們一方面驚喜於女同性愛慾的再現，一方面又不滿於女同志關係的入櫃；一方面讚揚這部電影對健美女體的刻劃，一方面又譴責男性觀眾對這些圖像的意淫。[34] 顯然，女同志觀眾的「愉悅」與「不愉悅」共存，好評與負評相依，超越了喜愛與厭惡、肯定與否定的二元對立。史翠兒在此挪用巴特的文本理論，強調女同志的媒體接受不是「讀者性的」（readerly），而是「作者性的」（writerly）。透過多元的閱讀與觀看實踐，女同志不只能夠抵抗既有的意識形態，更能積極地改寫文本，重奪文本。[35]

當然，正如女性觀眾有內部差異，女同志觀眾也不該被視為同質的存在。這是另一個女同志批評家翠奧柏（Valerie Traub）要告訴我們的事。在〈女同志觀影愉悅的曖昧〉（"The Ambiguities of 'Lesbian' Viewing Pleasure"）一文中，翠奧柏開宗明義地表示，我們無法定義「什麼是『女同志』」（"What is a 'lesbian'"），因為「女同志」是一個持續變動的歷史建構。[36] 既然「女同志」不是穩固的主體位置，我們當然也無法預設專屬於「女同志」的觀看視角。她以一九八七年的《黑寡婦》（Black Widow）為例。這部電影雖然成功地被女

同志社群納為己用，化為一部邪典電影（cult film），卻也無法代言「女同志觀看」，因為女同志有種族與階級的差異，也有性別與情慾的矛盾。T／婆女同志便可能對《黑寡婦》進行截然不同的閱讀，更別提天下的 T／婆並不總是一樣的。「女同志觀者」（the lesbian spectator）正如「女性觀者」，畢竟是理論中的想像，結構中的位置，解釋得了觀看與認同，解釋不了矛盾與差異。

事實上，翠奧柏對「女同志觀影」的問題化深受酷兒理論影響。八〇年代崛起的酷兒理論挑戰了身份政治，解構了性別典範，間接造成了女性主義電影批評的轉向。九〇年代以後，各式各樣的「酷兒閱讀」因此蓬勃而生，意圖從文本的裂縫中挖掘意識形態矛盾，藉此鬆動身份政治與觀看視角的整齊配對。如果異性戀女人未必排斥「女同志閱讀」，同性戀女人也未必擁有「女同志視角」，那麼，我們顯然無法斷言何謂真正的女性／女同志觀看。從七〇年代的「男性凝視」，八〇年代的「女性觀者」到九〇年代的「酷兒閱讀」，女性主義電影批評一路走來，已經走了好遠好遠。

註

1.
《觀看的方法》在同年出版成書,由柏格、狄布、布魯柏格(Sven Blomberg)、法克思(Chris Fox)與霍利斯(Richard Hollis)共同編寫而成。書籍版本基本上承襲自影集,將四集內容化為文章,另有三篇全由圖片組成的「文章」穿插其中。

2.
柏格指出,女人的主體建構同時包含了「審視者」與「被審視者」;審視者是「男性的」,被審視者則是「女性的」。雖然他分析的主要是歐洲油畫,卻也不時類比二十世紀的廣告圖像,強調這樣的性別/觀看權力關係延續至今。不過,柏格顯然忽略了男性自二十世紀起也普遍化為女性消費者的慾望客體,主體形塑過程早已納入「被審視者」。關於男性作為女性慾望客體的歷史爬梳,見 Carol Dyhouse, *Heartthrobs: A History of Women and Desire* (Oxford: Oxford University Press, 2017).

3.
柏格與莫薇雖然分別討論歐洲油畫與好萊塢電影,也從不同的理論路徑探討觀看的性別政治,兩人的論點卻有不少相似之處,因此當後繼學者提及「男性凝視」時,常常同時引用柏格與莫薇。

4.
這篇文章而後收錄於莫薇一九八九年出版的文集《視覺與其他歡愉》(*Visual and Other Pleasures*)。

5.
關於精神分析理論與電影批評的發展簡史,見 Barbara Creed, "Film and Psychoanalysis," in *The Oxford Guide to Film Studies*, eds. John Hill and Pamela Church Gibson (Oxford: Oxford University Press, 1998), 77-90.

6.
莫薇在這篇文章中探討的「男性觀者」應被理解為結構中的觀看位置，而非實際上的觀眾經驗。這樣對「理論觀者」的探討一路從莫薇延續到卡普蘭、多恩與勞倫緹斯，直到八〇年代觀眾研究興起以後，電影觀眾的社會差異與文化實踐才會獲得重視。關於電影觀者研究，另可參見 Judith Mayne, *Cinema and Spectatorship* (London and New York: Routledge, 1993).

7.
莫薇曾短暫提及男明星的「魅惑特質」，但她認為螢幕男性圖像的意義在於提供鏡像認同，而非承載情慾凝視，因此間接否決了男人的「可被觀看性」。不過，自八〇年代起，《屏幕》也出現一系列探討螢幕男性再現的文章，持續修正莫薇的論點，見 Steve Neale, "Masculinity as Spectacle," *Screen* 24.5 (1983): 2-16; Ian Green, "Malefuction: A Contribution to the Debate on Masculinity in the Cinema," *Screen* 25.4-5 (1984): 36-48.

8.
莫薇在此強調的是男性凝視的「施虐」面向。不過，後來有許多研究指出，男性的觀看位置不如想像中那麼固定。克洛佛（Carol Clover）和克里德（Barbara Creed）在分析恐怖電影時雙雙發現，男性觀眾認同的往往是受害者而非殺人魔／怪物，因此佔據了受虐而非施虐式的觀影位置。克洛佛與克里德聚焦的雖然是特定文類，卻也證明了觀看的性別權力關係遠比莫薇想像中複雜。見 Carol J. Clover, *Men, Women, and Chain Saws: Gender in the Modern Horror Film* (Princeton: Princeton University Press, 1992), 21-64; Barbara Creed, *The Monstrous-Feminine: Film, Feminism, Psychoanalysis* (London and New York: Routledge, 1993), 152-56.

9.
莫薇對希區考克的解讀而後受到不少學者挑戰。在七〇、八〇年代，希區考

克的電影開啟大量女性主義辯論，間接推動了女性主義電影批評的發展。見 Tania Modleski, *The Women Who Knew Too Much: Hitchcock and Feminist Theory* (London: Methuen, 1988), 1-14.

10.
《斯芬克斯之謎》在女性主義學界引發不少討論。見 E. Ann Kaplan, "Avant-garde Feminist Cinema: Mulvey and Wollen's *Riddles of the Sphinx*," *Quarterly Review of Film Studies* 4.2 (1979): 135-44.

11.
如何定義「女性電影」是女性主義批評家爭論不休的議題。相關討論見 Teresa de Lauretis, "Aesthetic and Feminist Theory: Rethinking Women's Cinema," *New German Critique* 34 (1985): 154-75; Alison Butler, *Women's Cinema: The Contested Screen* (London: Wallflower Press, 2002).

12.
莫薇與強斯頓普遍被視為開啟女性主義電影批評的關鍵人物。自八〇年代起，隨著女性主義電影批評的學院建制，學界也出現多本合集與回顧性研究，見 Mary Ann Doane, Patricia Mellencamp and Linda Williams, eds., *Re-Vision: Essays in Feminist Film Criticism* (Frederick: University Publications of America, 1984); Constance Penley, ed., *Feminism and Film Theory* (New York: Routledge, 1988); Sue Thornham, ed., *Feminist Film Theory* (New York: New York University Press, 1999); Janet McCabe, *Feminist Film Studies: Writing the Woman into Cinema* (London and New York: Wallflower Press, 2004); Karen Hollinger, *Feminist Film Studies* (London and New York: Routledge, 2012).

13.
這篇文章在一九八三年同時發表於史妮托等人主編的《慾望的力量》及卡普蘭的個人專書《女性與電影》（*Women and Film*）中。

14.
卡普蘭的提問雖有意義，結論卻略顯保守，並未真正突破莫薇的侷限。和莫薇

一樣，卡普蘭高度仰賴精神分析理論。她主張凝視雖然未必是「男性」的，卻依舊是「陽剛」的；即便是凝視男性客體的女人，都佔據了「陽剛」的觀看位置。這樣「陽剛化」女性觀看的論述將受到後續批評家的一系列挑戰。

15.
這篇文章最早發表於《架構》（*Framework*）期刊，而後收錄於莫薇的文集《視覺與其他歡愉》。

16.
莫薇在六年前的文章中曾簡短論及女性主演的電影，但是她當時尚未深入探討此電影類型，只匆匆引介庫克（Pan Cook）與強斯頓的相關研究。

17.
這篇文章而後收錄於多恩一九九一年出版的專書《蛇蠍美人：女性主義、電影理論與精神分析》（*Femme Fatales: Feminism, Film Theory, Psychoanalysis*）。

18.
多恩對女性與意象的詮釋深受法國女性主義理論影響。在《此性非一》（*This Sex Which Is Not One*）中，伊希嘉黑便主張女性的情慾主體發展自觸覺而非視覺，親密共享而非獨自佔有。不過，伊希嘉黑意圖藉此建立有別於陽性視覺掌控的陰性認識論，多恩則在此基礎之上思考女性觀影的可能與限制。

19.
勞倫緹斯的「雙重認同」理論出自一九八四年出版的專書《愛麗絲並不：女性主義、符號學與電影》（*Alice Doesn't: Feminism, Semiotics, Cinema*）。

20.
勞倫緹斯的「敘事圖像」理論挪用自希斯（Stephen Heath）的《電影問題》（*Questions of Cinema*）。「敘事圖像」有別於早年女性主義批評家口中的拜物圖像，指的是女人在電影中佔據的敘事位置（narrative position），因此同時是「視覺的」與「敘事的」。

21.

格萊希爾同樣以《警花拍檔》解釋「體制協商」的可能。她引用達綺（Julie D'Acci）的研究，揭露這部影集在女性主義運動、主流媒體產業與獨立製作團隊之間的多重協商。關於《警花拍檔》的生產脈絡與性別政治，另見 Julie D'Acci, *Defining Women: Television and the Case of Cagney and Lacey* (Chapel Hill: University of North Carolina Press, 1994).

22.

事實上，史黛西不是最早提出「女同性觀看」的理論家。亞布納（Lucie Arbuthnot）與席妮卡（Gail Seneca）早在一九八一年便發現潛藏於《紳士愛美人》（*Gentlemen Prefer Blondes*）中的女同性情慾。不同於早先女性主義批評家對這部電影的否定，兩人主張，《紳士愛美人》不只拒斥了男性凝視與拜物窺淫，更再現了瑪麗蓮夢露（Marilyn Monroe）與珍羅素（Jane Russell）之間的女女互看與親密連結。見 Lucie Arbuthnot and Gail Seneca, "Pre-Text and Text in *Gentlemen Prefer Blondes*," *Film Reader* 5 (1981): 13-23.

23.

不過，這並不代表史黛西徹底摒棄精神分析理論。她雖然批判古典精神分析的「性別差異」模型，卻也挪用了佛洛伊德晚期的孩童性慾理論，強調女孩的原初愛慾客體是母親，不是父親。由於愛戀母親是所有女人的共同經驗，女性觀眾自然容易對螢幕上的陰性圖像產生認同慾望。

24.

在這篇文章中，史黛西以《彗星美人》（*All About Eve*）與《神祕約會》（*Desperately Seeking Susan*）作為文本範例。對她而言，伊芙對瑪哥的迷戀，以及蕾貝塔對蘇珊的幻想，都可以被視為一種游移於認同與慾望之間的女（同）性觀看。這兩部電影展示了女人如何在追隨另一個女人的過程中推動敘事前進，化為敘事中的「陰性慾望主體」（feminine subject of desire）。

25.

戴爾與泰勒都曾刊登廣告，邀請觀眾追溯自己的觀影與追星記憶，以此作為茱蒂嘉蘭（Judy Garland）與《亂世佳人》（*Gone with the Wind*）研究的基

礎。見 Richard Dyer, *Heavenly Bodies: Film Stars and Society* (Basingstoke: Macmillan, 1986), 141-94; Helen Taylor, *Scarlett's Women: Gone with the Wind and Its Female Fans* (London: Virago, 1989).

26.
除了戰後英國的物質歷史，史黛西也指出，四〇、五〇年代是眾多理論家聚焦的時期，因為推動女性主義電影批評發展的黑色電影（film noirs）與通俗劇正好在此時崛起。

27.
史黛西從未掩飾《明星凝視》的「侷限」，反而認為這份「侷限」有助於定位女性觀影的歷史脈絡。她承認在自己回收的兩百三十八份問卷中，共有十三份來自男性，也有不少女人論及自己對男明星的迷戀。不過，史黛西意圖聚焦戰後英國的女女認同／慾望，因此最後選擇略過這些觀看位置。關於史黛西的女性觀眾方法學，見 Jackie Stacey, "Textual Obsessions: Method, History and Researching Female Spectatorship," *Screen* 34.3 (1993): 260-74; Stacey, *Star Gazing: Hollywood Cinema and Female Spectatorship* (London and New York: Routledge, 1994), 49-79.

28.
史黛西的「陰性著迷」理論最早發表於格萊希爾主編的《明星：慾望工業》（*Stardom: Industry of Desire*）。在早先的專書章節中，史黛西使用的分類略有不同，但意思相近。例如，她將螢幕上的認同幻想分為「專注」、「崇拜」、「渴望成為」（"the desire to become"）、「陰性力量的愉悅」（"pleasure in feminine power"）及「認同與逃脫主義」（"identification and escapism"）。見 Jackie Stacey, "Feminine Fascinations: Forms of Identification in Star-Audience Relations," in *Stardom: Industry of Desire*, ed. Christine Gledhill (London and New York: Routledge, 1991), 141-63.

29.
史黛西在此回應的是茉克（Mandy Merck）與勞倫緹斯。茉克曾指出史黛西的理論源自佛洛伊德的自戀理論。勞倫緹斯則主張史黛西混淆了「認同」與「慾望」；女人對陰性圖像的迷戀出於「認同」，而非「慾望」。史黛西認為這

樣的說法不只重新劃分認同與慾望之間的界線，也再次鞏固了她意圖跳脫的精神分析理論框架。關於茉克與勞倫緹斯對史黛西的解讀，見 Mandy Merck, "Difference and Its Discontents," *Screen* 28.1 (1987): 2-9; Teresa de Lauretis, "Film and the Visible," in *How Do I Look? Queer Film and Video*, ed. Bad Object-Choices (Seattle: Bay Press, 1991), 223-64.

30.
《跳接》（*Jump Cut*）期刊在八〇年代刊登了不少女同志電影的相關討論，一九八一年更出版女同志專題，是推動女同志電影批評的重要刊物。關於《跳接》的女同志專題，見 Edith Becker, Michelle Citron, Julia Lesage and B. Ruby Rich, "Lesbians and Film," *Jump Cut* 24-25 (1981): 17-21.

31.
甘思（Jane Gaines）在討論八〇年代女同志電影時也附和狄卡皮歐的觀點。她認為合宜的女同志再現不只無法杜絕男人的窺淫視角，更同時取消了女人的情慾凝視。見 Jane Gaines, "Women and Representation," *Jump Cut* 29 (1984): 25-27.

32.
見 Linda Williams, "*Personal Best*: Women in Love," *Jump Cut* 27 (1982): 1, 11-12.

33.
史翠兒是酷兒電影批評的代表人物之一。她的《非典型觀看，非典型身體》（*Deviant Eyes, Deviant Bodies*）被甘思視為最早的酷兒電影批評專書。見 Jane Gaines, "Deviant Eyes, Deviant Bodies: Queering Feminist Film Theory," *Jump Cut* 41 (1997): 45-48.

34.
不過，史翠兒的「觀眾社群」經過特別設定。她坦承自己從未試圖囊括所有觀眾，一開始便預設研究目標為女同志與異性戀／雙性戀女性主義者。在四十四個問卷回應人中，共有三十二位女同志，六位雙性戀，五位異性戀，以及一位性別身份游移者。另外，幾乎所有的回應人都認為自己是一個「女性主義

者」。見 Chris Straayer, *"Personal Best*: Lesbian / Feminist Audience," *Jump Cut* 29 (1984): 40-44.

35.
關於巴特的文本理論，參見《S／Z》與《文本的愉悅》（*The Pleasure of the Text*）。

36.
關於「女同志」身份的不穩定性，見 Judith Butler, "Imitation and Gender Insubordination," in *The Lesbian and Gay Studies Reader*, eds. Henry Abelove, Michéle Aina Barale and David M. Halperin (New York: Routledge, 1993), 307-20.

Sex, Heels
and Virginia Woolf:

Chapter 9   偷穿高跟鞋：時尚與女性主義爭議史

一九九七年，淑華特在《風尚》（*Vogue*）雜誌上坦承自己對時尚的迷戀，引發女性主義學界一片譁然。這當然不是她第一次成為爭議人物。作為美國學院最受矚目的女性主義批評家，淑華特的一舉一動全都可以在象牙塔內掀起騷動。不過，淑華特這一回踩到的，是女性主義學界最大的地雷——時尚。這篇刊登在《風尚》的文章之所以遭受反挫，實在與聳動的標題脫離不了關係。為了押上頭韻，《風尚》的編輯將這篇文章命名為〈穿著 Prada 的教授〉（"The Professor Wore Prada"）。[1]

　　事實上，淑華特從未在文中提及自己對 Prada 的愛好。Prada 只是一個符碼，象徵「女性主義套裝」之外的服飾選擇。淑華特說了，為了突顯智識，女性主義者長期以來選擇以「小黑套裝」（little black suit）隱蔽自己的身體。但是對她而言，時尚不只不與女性主義對立，更與她的學術研究互生互構。她最喜歡的《小婦人》段落是梅格在舞會前接受的時尚大改造。她家中收藏的《維多利亞研究》（*Victorian Studies*）和《風尚》雜誌一樣多。她記得自己在博士論文口試時的漂亮回應，但她同時記得自己那天穿了一雙活希源（Courrèges）的白色靴子。淑華特說，是時候「出櫃」了。她穿了幾十年的「女性主義套裝」；現在，她要穿回自己喜歡的衣服。

　　十二月號的《風尚》雜誌一出來，淑華特便面臨女性主義學界的猛烈攻擊。有人痛批淑華特庸俗膚淺，有人指控淑華特支持血汗工廠，也有人顯然沒讀過文章——「我們可負擔不起你寫的那些 Prada 服裝！」就連淑華特的同事都忍不

住相勸，作為一個女性主義學者，她應該有「更重要的事情做」（"better things to do"）。[2] 很多人說，父權社會中的「F-word」是女性主義，因為女性主義誓言拆除父權結構，讓男人聞風喪膽。但比較少人談，女性主義運動其實也有自己的「F-word」。如果有什麼比佛洛伊德更禁忌的字眼，那顯然正是同樣以 F 開頭的「時尚」。[3]

究竟時尚如何成為女性主義運動的「F-word」？要回答這個問題，我們可以從淑華特文中提到的一個名字談起：「從瑪麗沃斯通克拉夫特到娜歐蜜沃爾芙（Naomi Wolf），女性主義總是對時尚、購物與美容嚴陣以待。」將沃爾芙與十八世紀的女權先鋒並列，淑華特在強調女性主義史上的「反時尚情結」其來有自。不過，對世紀末的美國社會而言，沃爾芙可能比沃斯通克拉夫特更具代表性。因為，九〇年代初，沃爾芙便因為一本抨擊美貌工業的話題之作，迅速成為主流媒體界的新寵兒。這本將沃爾芙推上女性主義代言人寶座的著作，就是《美麗神話》（*The Beauty Myth*）。

美麗神話：時尚、身體與女性主義

一九九一年，「反挫」（backlash）成為美國媒體界最意外的關鍵字。這個詞之所以引發話題，實在不能不提法露迪（Susan Faludi）暢銷熱賣的同名經典。在《反挫：誰與女人為敵》（*Backlash: The Undeclared War Against American Women*）

一書中，法露迪憂心忡忡地表示，女性主義運動正面臨父權社會的逆襲。眼看女人逐步走入職場，重奪權力，主流媒體與流行文化大量生產各式各樣的負面女性圖像。法露迪的副書標說得很清楚了，這是一場針對女人的「不宣之戰」。

在法露迪細數的媒體再現中，時尚也扮演了重要的角色。法露迪聲稱，八〇年代的時尚界在拉克魯瓦（Christian Lacroix）的帶領之下刮起一陣陰性旋風，鼓勵女人拋棄「權力套裝」（power suits），重返「不自然」的陰柔打扮。權力套裝在七〇年代晚期隨著莫洛（John T. Molloy）的暢銷指南《女子致勝衣裝》（*The Woman's Dress for Success Book*）崛起，一度主導了職場女性的穿衣原則。但是在八〇年代晚期，權力套裝逐漸退位，陰柔洋裝重新回歸——包括迷你裙、馬甲與花邊洋裝。法露迪說，這是時尚產業對女性主義運動的反挫。[4]

在法露迪眼中，權力套裝象徵了女權的進展。因此，一旦「權力套裝」下架，女權也必然節節敗退。她強調，莫洛之所以遭到時尚產業抵制，正是因為他推行的穿衣指南幫助女性走入職場；而時尚產業之所以帶起陰柔風潮，也是為了反撲日漸崛起的女性主義。在《反挫》中，原本並不特別「女性主義」的莫洛，竟化身女權英雄；而在伸展台上推出一套又一套高級訂製服的拉克魯瓦，則理所當然地成為反派。[5]對法露迪來說，拉克魯瓦的設計正如維多利亞時期的馬甲與迪奧（Christian Dior）的「新風貌」（The New Look），都是使女人受制於「不自然時尚」的罪魁禍首。[6]「一九八七年之所以出現一波皺摺花邊可不只是一場誤會——那是時尚產業對愈來愈獨立自

主的現代女性長久以來累積的憎恨，只是到現在才真正爆發而已。」

不過，再怎麼譴責時尚，法露迪的批判都僅僅侷限於兩個章節。同時期出版的另一本書可就沒那麼客氣了。它用將近四百頁的篇幅，細膩描述工業革命以後，新興的美貌工業如何一點一滴地消蝕女權。這本書和《反挫》一樣，一出版便登上暢銷排行榜，成為九〇年代初最受媒體關注的女性主義著作。它就是讓沃爾芙一炮而紅的《美麗神話》。[7]

《美麗神話》的主旨就濃縮在副標題中：「美麗圖像如何反撲女人」（"How Images of Beauty Are Used Against Women"）。和法露迪一樣，沃爾芙將女性解放與時尚產業視為水火不容的存在，也將八〇年代視為「反挫」的關鍵時刻。不一樣的是，法露迪的視野涵蓋美國主流媒體與流行文化，沃爾芙卻將焦點放在時尚與美容產業，聲稱阻礙女性解放的頭號公敵，不在別處，就在「美麗神話」之中。

儘管美貌崇拜可以追溯至古希臘時期，沃爾芙在此定義的「美麗神話」，卻是工業革命之後的「現代」產物。她視一八三〇年為美麗神話的起點，因為這段時間的工業發展與性別分工制度正是形塑美麗神話的關鍵因素。對沃爾芙來說，分離領域（separate spheres）[8] 要求女人待在私有空間，鞏固家居理想；而工業發展則讓美麗圖像得以大量複製與傳播——包括時尚版畫、裸體攝影與商業廣告——加速了中產階級女性受制於美麗標準的過程。家居理想與美麗神話一體兩面，互生互

構，成為束縛女性身體的歷史元兇。

因此，八〇年代的「美麗神話」，在沃爾芙眼中只是歷史重演——「在一八三〇年以後的每個世代，都要重新對抗一次美麗神話。」沃爾芙宣稱，美麗神話總是伴隨女權運動現身；女權愈高漲，美麗標準便愈顯嚴苛。第二波女性主義運動雖然拆解了「陰性迷思」，帶給女人政治與經濟上的權力，卻擊不垮美麗神話。在女人重奪物質基礎以後，美麗神話繼承陰性迷思的「未竟之業」，持續殖民女性意識，成為反挫女權的最後一項「政治武器」。沃爾芙呼籲，我們若想解放女性，一定要摧毀美麗神話。[9]

事實上，不管是法露迪還是沃爾芙，都不是第一個批判時尚的女性主義者。早從第二波女性主義運動開始，時尚便成為眾矢之的。就這方面來說，《美麗神話》繼承的是葛瑞爾的《女太監》。[10] 在這本早年經典中，葛瑞爾嘲諷，女人總是必須跟上《風尚》與《諾娃》（Nova）的最新時尚，往身上堆積一層又一層的人工物件——化妝品、內衣、絲襪、珠寶、皮草甚至假髮。「她是『永恆的陰性』，也是男人與女人共同追求的性客體。」[11] 一九八四年，基進女性主義大將布朗米勒也將自己的矛頭從色情轉向時尚。在《陰性特質》（Femininity）一書中，布朗米勒主張陰性服飾是用以標示性別差異的工具。她宣稱自己絕對不穿裙子，不踩高跟鞋，因為那全是人工產物。「陰性服裝的本質就是膚淺——就連我對它的批評都顯得膚淺。」現在，她享受穿褲裝的舒適，也享受不再需要為時尚煩惱的自由。

《女太監》與《陰性特質》都可以算是《美麗神話》的前身。我們可以發現，女性主義運動從七〇年代開始便建立起一套批判時尚的論述模式。沃爾芙與法露迪雖然在九〇年代帶起「反挫」理論的流行，對時尚的想像卻承襲自葛瑞爾與布朗米勒。對她們而言，時尚是「虛構」的、「不自然」的產物，是強加在女性身上的束縛。換句話說，她們相信女性身體原本是「真實」、「自然」的存在。「原初身體」與「人工身體」的二元對立，恰好是時尚與女性主義的核心衝突。翻開女性主義史中的一系列爭議，我們將不難發現相同的矛盾反覆上演。

　　早在一九七七年，一場關乎馬甲的論戰便在《徵象》（*Signs*）期刊上展開。羅柏茲（Helene Roberts）首先透過〈華麗的奴隸〉（"The Exquisite Slave"）一文發難，控訴十九世紀的服飾誇大了兩性差異，形塑了女人的被動與脆弱。[12] 在羅柏茲眼中，箍裙（crinoline）使女人化為「籠中之鳥」，馬甲則扭曲了女人的身形，兩者都是殘害女性身體、迫使女性屈從的病態服裝。在此，羅柏茲援引十九世紀文獻，指出馬甲早在維多利亞時期便深受醫生與服裝改革人士（dress reformer）的批判；他們齊聲譴責束腰（tight-lacing）違反自然，危及女性身體健康。但是，在醫界與服裝改革運動的反對之下，馬甲與束腰並沒有因此消失，反而更加流行。羅柏茲認為，這正是維多利亞女人屈服於被虐角色與家居理想的最好證明。

　　羅柏茲對維多利亞女性與時尚的想像，基本上是貫穿了女性主義運動的主流史觀。對大多數的女性主義者來說，維多利

亞時期的「壓抑」體現於馬甲與束腰，而第一波女性主義的「解放」則展現於男服與褲裝。馬甲逐漸成為女性主義運動中不可承受之「縛」。這是為什麼，當另一個學者在同年跳出來挑戰羅柏茲時，會在女性主義學界掀起一陣波瀾，演變成七○年代的「馬甲風波」（"the corset controversy"）。

挑戰羅柏茲的學者是專門研究戀物時尚的昆佐（David Kunzle）。在這篇同樣發表於《徵象》的文章中，昆佐主張，服裝改革運動才不是為了「解放女性」而生；相反的，他們的出發點是厭女主義與道德教訓。昆佐將服裝改革論述追溯至十八世紀的哲學家盧梭（Jean-Jacques Rousseau），發現盧梭之所以強烈抨擊馬甲與時尚，正是因為他期望女人重返「自然」，回歸「母性」。馬甲「性化」了女性身體，強化了女性威脅，因此成為墮落的服飾象徵。十九世紀的保守中產階級與服裝改革運動繼承了盧梭的思想，持續挪用「自然」修辭抨擊束腰實踐。這群人並不要求女人體弱多病，相反的，他們希望女人身強體壯，如此一來才能生兒育女，履行「天職」。「自然女人」的神話最終與家庭意識形態共謀，並不如羅柏茲所想像得那麼「女性主義」。事實上，昆佐的文章標題，正是〈服裝改革作為厭女主義〉（"Dress Reform as Antifeminism"）。

昆佐進一步指出，束腰在維多利亞時期與激進情慾連結。在眾多針砭束腰的文獻中，服裝改革者都告誡束腰不只危及女性健康，更會激發女性情慾。這是為什麼，束腰的女人會被視為妓女，受到保守道德人士的抨擊。和羅柏茲一樣，昆佐以發行於十九世紀下半葉的《英國婦女家居雜誌》（*The*

Englishwoman's Domestic Magazine）作為文獻基礎，最終卻指向截然不同的結論。羅柏茲特別挑出馬甲殘害少女的報導，以此證明戀物時尚的壓迫；昆佐卻聚焦於束腰者自己坦承的情慾快感——包括男性束腰者——挖掘出維多利亞時期的戀物與變裝慾望。[13] 他強調，儘管束腰實踐未必與「女性主義」直接相關——尤其是中上階級主導的女性主義運動——它也並不與女權對立。兩者真正的敵人不該是彼此，而應該是那些提倡「母親天性」、鞏固家庭意識形態的保守份子。[14]

十九世紀的服裝改革運動，某種程度預示了二十世紀的女性主義論述。兩者都在批判「不自然」時尚的過程中，不慎鞏固了「自然身體」的神話。昆佐不是唯一試圖解構這個神話的時尚學者。一九八五年，威爾森（Elizabeth Wilson）出版《穿上夢幻：時尚與現代性》（*Adorned in Dreams: Fashion and Modernity*），正式打破傳統女性主義的自然迷思。在這本書中，威爾森指出，女性主義的時尚批評可分為「真實主義」（authentic）與「現代主義」（modernist）兩條路線：前者頌揚身體的「自然本質」，追求「真實的自我」，後者則擁抱身體的扮裝戲耍，強調社會的建構。「真實主義」與「現代主義」的路線歧異幾乎貫穿了所有女性主義爭議——包括色情、羅曼史與時尚。採取「真實主義」路線的女性主義者之所以拒斥色情片、譴責羅曼史，在於她們信仰一個「真實的女性自我」；而「現代主義」路線的女性主義者則藉由各種挪用與仿諷，證明所謂的「性別化自我」（the gendered self），不過是一個歷經反覆演繹的社會產物。[15]

在威爾森眼中，布朗米勒的《陰性特質》正好符合了「真實主義」的批判路線。表面上看起來，布朗米勒偏好褲裝只是一種「個人選擇」，但是隱藏在這個拒絕姿態底下的，仍舊是對「自然身體」的信仰。畢竟，對布朗米勒而言，只有「陰性服裝」是人工產物，一旦女人拒穿裙子與高跟鞋，便能重獲自由，重返「自然」。問題是，「自然」的身體真的存在嗎？褲裝便不是「裝飾」、不是「建構」？布朗米勒不是唯一將自己的服裝選擇等同於女性主義政治的人。威爾森發現，六〇年代的女性主義者一度偏好「反抗文化」（counter-cultural）風格——葛瑞爾在《生活》（*Life*）雜誌封面上穿的佩斯里花紋長衫便是最好的代表。[16] 在「反時尚」的過程中，女性主義者時常意外生產出自己的時尚風格。換句話說，即便是所謂的「反抗文化」或「女性主義」風格，都不可能真正地「去時尚」。我們必須承認，「自然」、「真實」或「女性主義」的風格，本身即是一種時尚，一種建構。[17]

　　這是為什麼，在「真實主義」與「現代主義」兩條路線之間，威爾森會堅定地選擇後者。「現代主義」式的時尚批評讓我們知道，時尚既不是單向的「性別壓迫」，也不是純粹的「個人選擇」。時尚是用以建構身體與性別、探索幻想與慾望的物質媒介。這當然不是一個完美的媒介，但正如所有藝術形式，它體現了現代文化的曖昧與矛盾。這是為什麼，我們不應全面否定時尚，反而要認真看待時尚，藉由時尚重探身體與慾望的可能與侷限。

　　威爾森口中的「現代主義」路線呼應了同時間崛起的後現

代／後結構女性主義。[18] 早在一九八八年的〈展演行為與性別建構〉（"Performative Acts and Gender Constitution"）一文中，巴特勒便挪用梅洛龐蒂（Maurice Merleau-Ponty）與波娃，發展出「性別操演論」（gender performativity）。性別操演不同於性別表演，指的是性別如何透過一系列程式化的反覆演繹（"a stylized repetition of acts"），形成看似自然的穩固存在。所謂的「性別」與「內在」，不過都是一種社會模仿，一種歷史建構。巴特勒檢討早先女性主義為求結盟而訴諸的「真實自我」，認為這樣的政治結盟奠基於錯誤的本體想像。相對於「真實自我」，我們應該邁向一種「展演性別的政治」，揭露身份的建構機制，改寫性別的既有形式。[19]

巴特勒不是時尚學者，性別操演也不是時尚理論，不過，她卻在日後成為時尚研究中不斷出現的人物。原因很簡單——時尚是性別的日常演繹中不可或缺的元素。事實上，巴特勒的「性別操演論」遙相呼應了威爾森的《穿上夢幻》。如果時尚可以用來穩固性別的原真幻覺，那麼，它當然也可以反過來擾亂性別的模仿結構。女性主義者可以不穿高跟鞋，不買香奈兒，卻不該徹底摒棄時尚。唯有深入理解時尚的歷史與政治，我們才能看「穿」性別背後層層疊疊的歷史建構，錯綜複雜的物質網絡。

於是，從威爾森到巴特勒，我們見證了另一個神話的崩毀——那個「自然身體」的神話。當「自然身體」的神話終於幻滅，時尚也逐漸在九〇年代以後，成為性別研究中舉足輕重的顯學。我們不只有了女性時尚研究，更有了變裝研究，男性時

尚研究，以及酷兒時尚研究。[20] 在後現代／後結構女性主義一步步拆解「自然神話」的外衣以後，我們也終於可以看到性別的肌理紋路，時尚的歷史皺摺。

百貨情人夢：時尚、消費與女性主義

在法露迪因《反挫》成為媒體寵兒的那年，學界出現另一個火紅的關鍵字——「商品女性主義」（commodity feminism）。捧紅這個詞的是美國媒體學者古德曼（Robert Goldman）。[21] 古德曼的立論清楚明瞭：商品文化收編了女性主義。他在八〇年代的女性雜誌中發現女性主義已大量走入時尚廣告，成為視覺符碼與個人風格。廣告商有意識地以商品再現女性主義，卻在此同時化女性主義為市場經濟，化集體政治為個人選擇。

古德曼指出，宣揚女權的雜誌與其他商業刊物一同現身於《廣告時代》（*Advertising Age*），共同競爭廣告業主的青睞。即便是象徵「正統女性主義」的《女士》雜誌，都身處於同一片商業網絡，以無異於時尚雜誌的語言包裝自己——「儘管《女士》總是與《柯夢波丹》形成對比，它在廣告業主面前推銷自己的方式可沒有什麼兩樣。」不同於傳統女權社群對《女士》的讚揚以及對《柯夢波丹》的貶抑，古德曼認為「女性雜誌」與「女性主義雜誌」沒有太大差別。一旦它們進入了市場經濟，登上了廣告雜誌，它們便共同參與了「商品女性主義」

的運作。

在古德曼眼中，「商品女性主義」最大的矛盾便是將女性主義與陰性特質並置再現。在女性主義的傳統史觀中，陰性特質是壓迫的象徵，女性主義與陰性特質的關係應為對立；在時尚廣告的視覺再現中，女性主義卻化為符號，與陰性符碼和平共存。古德曼主張，這樣的共存只是表象。時尚廣告一方面抹平了女性主義與陰性特質之間的衝突，一方面又創造出新的意識形態矛盾——女人可以獨立自主，運籌帷幄，但是，她必須先擁有一個完美無瑕的性感身體。[22]

不過，女性主義與商品文化必然對立嗎？對古德曼來說，女性主義是激進的政治，只是它的顛覆力量在時尚再現中遭到收編。這樣的說法忽略一件事實，那就是「女性主義」的生成仰賴多重文化再現——包括文學藝術、批判論述與社會運動——而商品文化不過是再現「女性主義」的媒介之一。我們無法預設先於再現的「女性主義本質」，正如我們不應信仰「自然身體」的神話。任何「女性主義」都是在多元的文化場域中透過種種實踐與協商形成的政治。商品文化當然未必「女性主義」，但它也不必然「反女性主義」。事實上，早在一九八九年，費思科（John Fiske）便透過自己的消費理論，告訴我們這件事情。[23]

費思科主張，消費不是收編——消費是文化實踐（cultural practices）。他挪用德瑟多（Michel de Certeau）的「日常實踐」（practice of everyday life）理論，將日常消

費比作游擊戰略，將購物中心視為協商戰場。[24] 從這個角度來看，消費不是單向的輸送，而是雙向的協商；不是被動的接受，而是主動的生產。既然消費的過程充滿了矛盾與抵抗，那麼，我們顯然不能再用簡單的「收編論」來解釋時尚消費與女性主義之間的關係。

在費思科眼中，購物中心是消費主體的游擊戰場，而女人正是最熟悉這塊場域的「游擊戰士」。她們未必全都負擔得起商品，卻絕對足以「消費」圖像，「消費」空間。在這裡，消費超越了金錢交易，牽涉了日常實踐。女人可以在購物中心瀏覽圖像，試穿新衣，女人也可以在此群聚八卦，漫步閒逛。這種種並不仰賴經濟資本的「消費」模式，都是費思科口中的文化實踐，也讓消費的定義從「金融經濟」（financial economy）轉移到「文化經濟」（cultural economy）。在文化經濟的領域之中，商品化為一個開放性文本，消費也成為一種創造性活動。因為商品的意義可以被重寫，所以我們有了「次文化風格」[25]；因為消費的空間可以被重奪，所以我們也有了反抗的空間政治。

當然，消費作為女性的文化實踐，至少可以追溯至十八世紀。韋克麗（Amanda Vickery）便在《紳士的女兒》（*The Gentleman's Daughter*）中指出，十八世紀的女人不如大家想像得那麼深處閨中，反而在城市社交文化中扮演了核心角色。受惠於「都會復興」（urban renaissance），女人在公眾劇院、遊樂花園、集會廳與流通圖書館中大量現身，積極社交，展示最新的時裝與風尚。消費不只讓女人走入城市，更成為女性一

手主導的專業領域。十八世紀因此見證了「消費的陰性化」（the feminization of consumption）與「女性消費者」的誕生。[26] 不過，十八世紀的消費活動仍掌握在仕紳階級手中，一直要到十九世紀中葉，消費文化才真正歷經了「民主化」，使得中產階級、甚至是中下階級的女性都能以消費者的身份漫遊城市，走馬看花。而帶起這波「消費民主化」的關鍵場域，正是擁有了一百五十年歷史的女性樂園——百貨公司。

百貨公司是屬於女人的城市空間，也是屬於女人的「都會現代性」（urban modernity）。[27] 正如所有與女性連結的歷史產物，它一度不受學界重視——包括女性主義者。早先女性主義學者深受「分離領域」史觀影響，總認為城市空間只屬於男人，不屬於女人。沃芙（Janet Wolff）發表於一九八五年的〈看不見的女漫遊者〉（"The Invisible Flaneuse"）正是最好的代表。[28] 對沃芙來說，現代性文學聚焦於城市生活與公眾政治，而這些領域要不是將女人排除在外，就是對她們視而不見。沃芙並未徹底否認女人的城市經驗，但是她主張，喬治桑之所以可以化身城市漫遊者，是因為她「女扮男裝」，而百貨公司雖然讓女人走入城市，卻仍然無法被視為「現代性」經驗——那種稍縱即逝、隨波逐流的陌生相遇。沃芙因此說，「現代性的文學描述的全是男人的經驗。」[29]

在〈現代性的否認〉（"Modernity's Disavowal"）中，娜瓦（Mica Nava）卻一反沃芙的說法，指出十九世紀的女人早已大量走出家庭、走入城市，而百貨公司正是開創女人現代性經驗的核心場域。是百貨公司賦予女人嶄新的公眾身份，讓女

人無需男性陪同便能在城市中自在漫遊，也是百貨公司讓陌生男女大量交會，促成了情慾與階級的危險逾越。對娜瓦來說，百貨公司之所以在現代性文獻中缺席，不是因為它不重要，而是因為女人的文化經驗總是容易消失在男人的歷史視野之中。重探百貨公司與女性消費，就是重新召喚女人「被消失」的現代性。[30]

　　消費不只建構了女人的公眾身份，更形塑了女人的慾望主體。在一九八五年的代表作《走馬看花》（*Just Looking*）中，鮑比（Rachel Bowlby）主張，女人在百貨公司中與商品的相逢，有別於傳統的男女情慾互動。在此，女人既是誘惑者也是被誘惑者，既是擁有（商品）者也是被（商品）擁有者。女人與商品之間因此產生了自戀式的鏡像投射與慾望結構。提到「自戀」，我們總不免想起古典精神分析。在佛洛伊德的理論中，自戀是尚未社會化的半熟階段，也是前伊底帕斯的曖昧時期。女人之所以停滯於自戀階段，是因為她們無法如男人一般認同父親，建構主體。在精神分析的理論框架中，女人若不重奪陽剛身份，便要接受陰性被動。但這樣的自戀理論在百貨公司中卻不再適用，正如鮑比所說，「家庭羅曼史不是全部的故事。」在此，她以十九世紀消費史改寫精神分析理論。在消費文化的情境底下，女人的自戀鏡子化為玻璃櫥窗，原本私有的自戀情慾也化為公眾的慾望投射。女性消費者的自戀慾望最終打破私有與公眾的界線，走出深閨鏡像，走入城市幻像，流轉於百貨公司的鏡花水月之間。

　　費思科、娜瓦與鮑比的研究成功挑戰女性主義的主流史

觀，翻轉時尚消費的既定意義。但這波研究同時引發其他女性主義學者的擔憂。面對娜瓦與鮑比的崛起，麥克蘿比（Angela McRobbie）擔心女性主義學者日後只著重消費，不關注生產；只看到顛覆，看不見剝削。她發現學界的時尚論爭出現巨大鴻溝，要不強調時尚的剝削與壓迫，要不擁抱時尚的解放與逾越，沒有在兩者之間取得平衡。[31] 吉普森（Pamela Church Gibson）也呼應麥克蘿比，主張費思科的論點過於樂觀。她指出，即便是以顛覆為名的次文化風格，都可能遭到主流體制收編，再次化為量產的大眾商品。[32]

　　麥克蘿比與吉普森的呼籲固然重要，卻也不免建構出生產與消費的二元對立，彷彿一旦重探消費，女性主義者便必然忽視生產過程的種種壓迫。事實上，早在《穿上夢幻》中，威爾森便揭露了時尚產業背後的血汗剝削，鼓吹女性主義者支持勞工運動。但她同時強調，電子工業的壓榨沒有使女性主義者拒用科技產品，食品工業的黑暗也沒有使女性主義者停止大快朵頤，唯獨時尚在女性主義批評中背負了「剝削」的惡名。威爾森說得沒錯，時尚果真是一個既矛盾又曖昧的文化媒介。是這樣的矛盾讓時尚研究在走過二十個年頭以後，依舊是女性主義學界不能言說的禁忌，也是這樣的曖昧讓時尚不死，成為女性主義歷史中最挑逗人心的慾望潛意識。

註

1.

這不是淑華特第一次因為時尚遭到學界反挫。一九八五年，淑華特帶著自己在
倫敦購買的金色手提包，參與一場普林斯頓大學的女性主義研習會，同年底即
在研究生出版的地下刊物中遭受嘲諷與羞辱。關於這起事件，見 Emily Eakin,
"Who's Afraid of Elaine Showalter? The MLA President Incites Mass Hysteria,"
Lingua Franca, September 1998, 28-36.

2.

關於這波反挫浪潮，見 Elaine Showalter, "Taming the Rampant Incivility in
Academe," *The Chronicle of Higher Education*, January 15, 1999; Showalter,
"Better Things to Do," *Media History* 6.2 (2000): 109-10.

3.

時尚學者史緹爾（Valerie Steele）曾在一九九一年提出時尚為「F-word」的
說法。見 Valerie Steele, "The F-Word," *Lingua Franca*, April 1991, 16-20.

4.

法露迪不只批判拉克魯瓦，也譴責了同時期崛起的高提耶（Jean-Paul
Gaultier）、凡賽斯（Gianni Versace）與拉格斐（Karl Lagerfeld），認為他
們聯手將陰柔服裝重新帶回伸展台，助長了時尚對女權的反挫。法露迪在此
不只將陰柔特質與女性主義視為二元對立的存在，也過於簡化八〇年代的時
尚美學。當代時尚研究已普遍指出，權力套裝與陰性魅力在八〇年代共存。
拉克魯瓦的「高度陰性風格」（"High Femininity"）不過是八〇年代時尚的代
表之一，同時期的伸展台上還有亞曼尼（Giorgio Armani）推出的經典女性西
裝。另外，法露迪也沒有釐清伸展台時尚、成衣業者與日常裝扮之間的協商
關係，直接預設設計師與成衣業者強加「不自然風格」於女性身上，顯示出
對時尚產業極其有限的理解。關於八〇年代的時尚美學，參見 Valerie Steele,
Fifty Years of Fashion (New Haven: Yale University Press, 1997), 109-41; Carol

Dyhouse, *Glamour: Women, History, Feminism* (London: Zed Books, 2011), 165-88.

5.
法露迪雖然承認莫洛的出發點是「商業的」，卻強調莫洛對女權的支持，甚至在註腳中將莫洛比作香奈兒（Coco Chanel），主張兩人皆因「權力套裝」慘遭時尚產業抵制。不過，法露迪顯然忽略「權力套裝」本身亦屬時裝消費，突顯的是時尚產業的內部矛盾，而非女權與時尚的二元對立。另外，權力套裝也不如法露迪宣稱得如此解放。莫洛的穿衣指南一方面建議女人壓抑情慾與陰性特質，另一方面則提醒女人迴避男性褲裝，以免顯得過於強勢。權力套裝因此體現了女性在職場上的多重協商，而非單純的女權進展。關於權力套裝的性別政治，見 Joanne Entwistle, *The Fashioned Body* (Cambridge: Polity, 2015), 187-91.

6.
「新風貌」為迪奧於一九四七年推出的時裝系列。雖然名為「新」風貌，但迪奧著重腰身的裙裝設計，其實是一種「復古時尚」，指涉了摩登套裝現身以前的時裝風格。法露迪因此將「新風貌」視為四〇年代的時尚反挫，將迪奧視為拉克魯瓦的前身。但要理解「新風貌」，我們必須重回二次大戰前後的歷史脈絡。因應戰間物資匱乏，女性時裝發展深受規範，而迪奧的「新風貌」之所以廣受戰後女人愛戴，在於它重新賦予女人裝扮與享樂的權利。「新風貌」所象徵的性別政治顯然遠比法露迪想像得還要複雜。關於「新風貌」的生產脈絡，見 Steele, *Fifty Years of Fashion*, 1-15.

7.
根據鮑嘉納（Jennifer Baumgardner）與理查絲（Amy Richards）的數據，《美麗神話》在美國賣破二十萬本。一九九二年十月，法露迪也曾在《讀書筆記》（*Booknotes*）的訪談中指出，《反挫》光是精裝版就賣出超過二十

萬冊。關於「女性主義暢銷書」的簡史，另見 Simone Murray, *Mixed Media: Feminist Presses and Publishing Politics* (London: Pluto, 2004), 167-211.

8.
「分離領域」指的是西方社會在十八、十九世紀隨著工業資本主義與中產階級的崛起，以公眾與私有領域界定男女身份的空間政治。在這個史觀中，女性逐漸受困於私有領域，成為「家庭女人」，直到第一波女性主義運動才獲得解放。「分離領域」主導了早年女性主義研究，到了九〇年代卻陸續受到新興學者的挑戰。英國史學家韋克麗便指出，喬治英國時期的仕紳階級女性不只不受限於私有領域，更積極參與公眾場域的社交文化。儘管韋克麗的研究有階級與地域上的侷限，卻也成功問題化長期主導女性主義研究的「分離領域」史觀。見 Amanda Vickery, *The Gentleman's Daughter: Women's Lives in Georgian England* (New Haven: Yale University Press, 1998).

9.
沃爾芙雖然靠著《美麗神話》成為女性主義代言人，卻在一九九三年因為《薪火相抗》（*Fire with Fire*）迅速失去光環。在這本書中，沃爾芙主張八〇年代的反挫浪潮已成過去式，女權自九〇年代起已大有進展。她認為女性主義者應摒棄「受害女性主義」（victim feminism），擁抱「力量女性主義」（power feminism）。儘管《薪火相抗》依舊暢銷熱賣，沃爾芙卻也因為高調的立場轉變，遭受不少女性主義者的批評。在《薪火相抗》之後，一九九七年的《放蕩》（*Promiscuities*）與二〇一二年的《陰道》（*Vagina*）皆持續引發爭議，而沃爾芙也在這個過程中逐漸失去九〇年代初獲得的代言人位置。關於沃爾芙作為「女性主義代言人」的生涯流變，見 Anthea Taylor, *Celebrity and the Feminist Blockbuster* (London: Palgrave Macmillan, 2016), 165-95.

10.
葛瑞爾曾在《美麗神話》的平裝版封面上替沃爾芙背書，聲稱這本書是「繼《女太監》以後最重要的女性主義著作」（"the most important feminist publication since *The Female Eunuch*"）。除了思想上的繼承，《美麗神話》也的確是《女太監》之後最暢銷熱賣的女性主義著作之一，普遍被視為帶起九〇年代女性主義流行浪潮的代表作。見 Murray, *Mixed Media*, 181-83; Taylor, *Celebrity and Feminist Blockbuster*, 167-69.

11.
在一九九九年出版的《完整的女人》（*The Whole Woman*）中，葛瑞爾持續批判時尚，聲稱男人不會買化妝品，無需為了時尚改變身形，而女人卻必須為了時尚瘦身，因此「沒有什麼男人受制於時尚，但所有的女人都是時尚受害者。」

12.
維多利亞時尚的「兩性差異化」是時尚史的主流觀點。傳統學者認為十八、十九世紀的「分離領域」同時反映在差異愈來愈顯著的兩性服裝上。不過，恩崔索（Joanne Entwistle）指出，維多利亞時期的女性時尚挪用不少男裝物件，而男裝一直要到十九世紀末才真正進入去除多餘裝飾與色彩的「現代化」過程，兩性時尚的界線顯然比傳統史學家想像得還要模糊。見 Entwistle, *The Fashioned Body*, 151-63.

13.
不過，昆佐的戀物論述而後也受到其他學者的挑戰。史緹爾儘管並不同意傳統女性主義者對馬甲與束腰的全面譴責，卻也修正了昆佐的論點。她認為我們必須區分主流的馬甲時尚與小眾的束腰實踐；另外，她也懷疑《英國婦女家居雜誌》刊登的信件未必可信，畢竟「女性束腰者」的陳述亦可能出自男性之筆。見 Valerie Steele, *Fashion and Eroticism* (New York: Oxford University Press, 1985), 161-91; Steele, *Fetish: Fashion, Sex and Power* (New York: Oxford University Press, 1996), 57-89.

14.
這場「馬甲風波」並不停止於此。在昆佐發表〈服裝改革的厭女主義〉之後，羅柏茲在《徵象》上再次回應昆佐，女性主義作家羅斯也在同一時間加入戰場，延續了這場論爭。見 Helen E. Roberts, "Reply to David Kunzle's 'Dress Reform as Antifeminism,'" *Signs* 3.2 (1977): 518-19; Joanna Russ, "Comment on Helene E. Roberts's 'The Exquisite Slave: The Role of Clothes in the Making of the Victorian Woman' and David Kunzle's 'Dress Reform as Antifeminism,'" *Signs* 3.2 (1977): 520-21.

15.

威爾森對「自然身體」的批判承襲自理查絲（Janet Radcliffe Richards）。早在一九八〇年的《懷疑的女性主義者》（*The Skeptical Feminist*）中，理查絲就曾指出女性主義者對時尚與美妝的貶抑莫基於「自然身體」的錯誤迷思。

16.

除了《生活》雜誌以外，葛瑞爾也曾穿著同一件長衫登上《風尚》雜誌。這件由她親手縫製的佩斯里花紋長衫不僅是她的招牌風格，更在七〇年代推動一波時尚風潮，使她矛盾地成為一個「女性主義時尚偶像」。見 Petra Mosmann, "A Feminist Fashion Icon: Germaine Greer's Paisley Coat," *Australian Feminist Studies* 31 (2016): 78-94.

17.

除了「反抗文化」風格，第二波女性主義運動也與同時期現身的「中性時尚」浪潮相關。見 Jo B. Paoletti, *Sex and Unisex: Fashion, Feminism, and the Sexual Revolution* (Bloomington: Indiana University Press, 2015), 35-58.

18.

威爾森後來也討論過時尚與後現代主義之間的關係，見 Elizabeth Wilson, "These New Components of the Spectacle: Fashion and Postmodernism," in *Postmodernism and Society*, eds. Roy Boyne and Ali Rattansi (Basingstoke: Macmillan, 1990), 209-36; Wilson, "Fashion and the Postmodern Body," in *Chic Thrills: A Fashion Reader*, eds. Juliet Ash and Elizabeth Wilson (Berkeley: University of California Press, 1993), 3-16.

19.

關於巴特勒的性別操演論，另見《性別惑亂》與《造就身體》（*Bodies That Matter*）。

20.

關於變裝研究，見嘉柏（Marjorie Garber）的《貼身利益：變裝與文化焦慮》（*Vested Interests: Cross-Dressing and Cultural Anxiety*）；關於男性時尚研究，見愛德華（Tim Edwards）的《鏡中男像：男性時尚、陽剛氣質與

消費社會》（*Men in the Mirror: Men's Fashion, Masculinity and Consumer Society*）；關於時尚與酷兒政治，見史緹爾主編的《酷兒時尚史》（*A Queer History of Fashion*）。

21.
〈商品女性主義〉（"Commodity Feminism"）最早在一九九一年由古德曼、希斯（Deborah Heath）與史密斯（Sharon L. Smith）共同發表於《大眾傳播批判研究》（*Critical Studies in Mass Communication*），隔年收錄於古德曼的個人專書《廣告的社會學閱讀》（*Reading Ads Socially*）。

22.
值得注意的是，古德曼等人曾在〈商品女性主義〉文末指出，時尚廣告雖然將女性客體化，卻也可能賦予女性情慾力量。更重要的是，時尚廣告迎合的往往是女性觀者，因此也有挑戰男性凝視的潛力。學界已有不少研究指出時尚與女同性／同志凝視之間的關係。法斯便主張，時尚產業是少數允許女人大方凝視女人的文化場域；時尚攝影造就了「觀看位置的同性戀化」（"the homosexualization of the viewing position"），未必只侷限於狹義上的「女同志觀者」。克拉克（Danae Clark）則在探討「女同志消費者」（lesbian consumer）時指出，隨著女同志消費文化的崛起，時尚產業也開始在廣告中暗渡同性戀符碼，開放女同志消費者自行觀看與解讀。見 Diana Fuss, "Fashion and the Homospectatorial Look," *Critical Inquiry* 18.4 (1992): 713-37; Danae Clark, "Commodity Lesbianism," *Camera Obscura* 9.1-2 (1991): 181-201.

23.
費思科的消費理論出自一九八九年發表的兩本專書──《理解大眾文化》（*Understanding Popular Culture*）與《閱讀大眾文化》（*Reading the Popular*）。

24.
費思科在此討論的雖然是購物中心，但也可以指稱廣義的消費空間，包括十九世紀崛起的百貨公司與二十世紀流行的超級市場。關於「現代消費」的相關研究，另見 Rachel Bowlby, *Carried Away: The Invention of Modern Shopping*

(New York: Columbia University Press, 2001).

25.
關於次文化的相關研究,見 Stuart Hall and Tony Jefferson, eds., *Resistance Through Rituals: Youth Subcultures in Post-War Britain* (London: Hutchinson, 1976); Dick Hebdige, *Subculture: The Meaning of Style* (London: Methuen, 1979); Angela McRobbie, *Feminism and Youth Culture: From Jackie to Just Seventeen* (London: Macmillan, 1991); Ken Gelder, *Subcultures: Cultural Histories and Social Practice* (London and New York: Routledge, 2007).

26.
史學家普遍主張消費在十八世紀歷經「陰性化」。在此之前,男性大量參與時尚消費,消費並不特別「陰性」;十八世紀晚期,消費逐漸被建構為女性領域,「女性消費者」因此誕生。隨著女性消費者而來的是性別焦慮,十九世紀開始出現「女性偷竊狂」(kleptomaniac)的醫學研究、文學再現與大眾迷思,女性商品慾望也被視為歇斯底里症的表徵。不過,也有學者駁斥「消費陰性化」的史觀,指出男性在十八、十九世紀持續參與消費文化。關於消費文化的性別政治與相關論爭,見 Victoria de Grazia and Ellen Furlough, eds., *The Sex of Things: Gender and Consumption in Historical Perspective* (Berkeley: University of California Press, 1996); Mary Louise Roberts, "Gender, Consumption, and Commodity Culture," *The American Historical Review* 103.3 (1998): 817-44; John Styles and Amanda Vickery, eds., *Gender, Taste and Material Culture in Britain and North America*, 1700-1830 (New Haven: Yale University Press, 2006).

27.
百貨公司主要崛起於十九世紀中葉,早年代表包括巴黎的好商佳百貨(Le Bon Marché),倫敦的哈洛德百貨(Harrods),紐約的梅西百貨(Macy's),費城的沃納梅克百貨(Wanamaker's),以及芝加哥的馬歇爾菲爾德百貨(Marshall Field's)。百貨公司與十九世紀消費文化至今已累積許多研究,見 Alison Adburgham, *Shops and Shopping 1800-1914* (London: Allen and Unwin, 1964); Adburgham, *Shopping in Style: London from the Restoration to Edwardian Elegance* (London: Thames and Hudson, 1979);

Michael B. Miller, *The Bon Marché: Bourgeois Culture and the Department Store, 1869-1920* (Princeton: Princeton University Press, 1981); Rosalind Williams, *Dream Worlds: Mass Consumption in Late Nineteenth-Century France* (Berkeley: University of California Press, 1982); William Leach, *Land of Desire: Merchants, Power, and the Rise of a New American Culture* (New York: Vintage, 1993); Bill Lancaster, *The Department Store: A Social History* (London: Leicester University Press, 1995).

28.
這篇文章最早發表於《理論、文化與社會》（*Theory, Culture and Society*）期刊，而後收錄於沃芙一九九○年出版的《陰性句型：論女人與文化》（*Feminine Sentences: Essays on Women and Culture*）。

29.
沃芙的文章而後受到女性主義學者的一系列挑戰。威爾森便在一九九二年以〈看不見的男漫遊者〉（"The Invisible Flaneur"）一文駁斥沃芙，指出女人早在十九世紀下半葉大量走入城市，而消費與商品文化也是現代性文學的書寫重點之一。威爾森進一步主張，男漫遊者不如沃芙想像得那麼萬能，在流動混亂的都會迷宮中，男性權威受到「公眾女人」的多重威脅。因此，不存在的不是「女漫遊者」，而是「男漫遊者」。

30.
百貨公司也與早年女權運動有關。李區（William Leach）就發現，主流女權刊物如《女性投票者》（*The Woman Voter*）曾邀請百貨公司刊登廣告，許多百貨公司業者也在櫥窗空間宣傳女權運動，沃納梅克百貨更允許女店員在工作時間暫離崗位，走上街頭倡議女權。這段歷史揭露了早年女權運動與消費文化共享的物質基礎。見 William Leach, "Transformations in a Culture of Consumption: Women and Department Stores, 1890-1925," *The Journal of American History* 71.2 (1984): 319-42.

31.
見 Angela McRobbie, "Bridging the Gap: Feminism, Fashion and Consumption," *Feminist Review* 55 (1997): 73-89.

32.

見 Pamela Church Gibson, "Redressing the Balance: Patriarchy, Postmodernism and Feminism," in *Fashion Cultures: Theories, Explorations and Analysis*, eds. Stella Bruzzi and Pamela Church Gibson (London and New York: Routledge, 2000), 357-58.

●———————————— 謝辭

　　最初會接觸到女性主義，是因為在美國威廉與瑪麗學院
（College of William and Mary）交換期間，遇到了啟蒙恩師
蘿莉沃芙（Laurie Wolf）。是沃芙在二〇〇九年教授的女性主
義理論課點燃我的研究興趣，也是這堂課讓我往後的書寫再也
離不開女性主義，離不開性別與情慾。除了沃芙之外，伍軒宏
老師也在我回國以後，給予我最嚴謹的文化研究訓練，使我有
能力做出屬於自己的文化研究。姜翠芬、陳音頤與楊麗敏老師
則在我就讀研究所期間，分別在文學、戲劇與通俗文化領域，
持續深化我對女性主義的了解。沒有他們的引領，這本書就不
可能誕生。

　　當然，《性、高跟鞋與吳爾芙》能夠順利出版，必須感謝
臺灣商務印書館的編輯團隊。首先感謝總編輯李進文的重視與
信賴。當我提及出版女性主義論戰史的想法時，進文總編不只
大力支持，更給予我絕對的書寫空間與研究自由，使我能夠堅
定地完成這部著作。再來感謝我的主編張召儀。作為一個典型
的處女座，我的完美主義總是帶給編輯不少壓力，感謝召儀體
諒我寫稿期間的諸多焦慮，並讓這本書長成我理想中的模樣。
另外，特別感謝責編鄭莛在最後協助書稿的編排與校對，使這

本書能夠如期出版。

我從二〇一四年開始進行公眾書寫。之所以踏上這條意外的道路，必須深深感謝大澤。是大澤將我的研究推向大眾，也是大澤陪我走過早年的爭議。她在二〇一四年與二〇一六年分別替我舉辦過兩場女性主義系列講座——「從慾望城市到女神卡卡：流行文化與後女性主義的十二堂課」以及「從摩登女子到賽柏格：性別理論與文化研究的十二堂課」。這兩場講座不只奠定我早年的論述基礎，更讓我的研究走出學院藩籬，化為文化實踐。要說沒有大澤就沒有現在的我，一點也不為過。

本書的文學論戰章節曾發表於我在「說書」撰寫的專欄：「自己的書櫃」。第一章出自〈誰怕吳爾芙：英美女性主義經典論戰〉（二〇一七年二月），第二章出自〈誰的傲慢與偏見：當珍奧斯汀遇上女性主義〉（二〇一七年三月），第三章則出自〈從瘋女人到帝國主義：《簡愛》的五十道陰影〉（二〇一七年五月）。這些文章在收入本書前已經過大量改寫。在此感謝主編陳建守邀請我撰寫專欄，並且認同我對學術品質的堅持，給予我完全自由的書寫空間。

關於女性主義的性論戰與文化論戰，早年我也曾以不同的形式發表於「女人迷」專欄。這些文章包括〈穿著 Prada 的教授：美國學術圈的時尚生死鬥〉（二〇一四年二月）、〈千面女性情慾：學術圈、社會運動與大眾文化中的女性情慾〉（二〇一四年四月）以及〈羅曼史的甜蜜復仇：羅曼史讀者的罪惡快感與 A 級祕密〉（二〇一四年十月）。感謝主編柯采岑在

四年前邀請我開設專欄。當年的專欄雖然不夠成熟，卻開啟了我對女性主義論戰的思考與研究。

　　我的第一篇專欄〈穿著 Prada 的教授〉談的正是淑華特因時尚雜誌所引發的爭議，而《性、高跟鞋與吳爾芙》也以女性主義的時尚論戰作結。至今我仍舊相信女性主義不與時尚對立，學術研究不與流行雜誌互斥，而無論在學術領域作出怎樣的貢獻，我都不會與過去的自己切割。一路走來，改變的是我的論述風格，我的研究深度，不變的是我對女性主義與通俗文化，始終如一的關懷。

參考文獻

Abbott, Reginald. "What Miss Kilman's Petticoat Means: Virginia Woolf, Shopping, and Spectacle." *Modern Fiction Studies* 38.1 (1992): 193-216.

Adburgham, Alison. *Shopping in Style: London from the Restoration to Edwardian Elegance*. London: Thames and Hudson, 1979.

_____. *Shops and Shopping 1800-1914*. London: Allen and Unwin, 1964.

Alderfer, Hannah, Beth Jaker, and Marybeth Nelson, eds. *Diary of a Conference on Sexuality*. New York: Faculty Press, 1982.

Allyn, David. *Make Love, Not War: The Sexual Revolution, an Unfettered History*. London and New York: Routledge, 2001.

Alther, Lisa. *Kinflicks*. New York: Signet, 1975.

Ang, Ien. "Feminist Desire and Female Pleasure: On Janice Radway's *Reading the Romance: Women, Patriarchy and Popular Literature*." *Camera Obscura* 16 (1988): 179-90.

_____. "Popular Fiction and Feminist Cultural Politics." *Theory, Culture & Society* 4.4 (1987): 651-58.

_____. *Watching Dallas: Soap Opera and the Melodramatic Imagination*. New York: Methuen, 1985.

Angier, Carole. *Jean Rhys*. New York: Viking, 1985.

Arbuthnot, Lucie and Gail Seneca. "Pre-Text and Text in *Gentlemen Prefer Blondes.*" *Film Reader* 5 (1981): 13-23.

Armstrong, Nancy. *Desire and Domestic Fiction: A Political History of the Novel*. New York: Oxford University Press, 1987.

_____. "The Rise of Feminine Authority in the Novel." *Novel: A Forum on Fiction* 15.2 (1982): 127-45.

Atkinson, Ti-Grace. *Amazon Odyssey*. New York: Links, 1974.

Auerbach, Emily. "'The Geese vs. the 'Niminy Piminy Spinster': Virginia Woolf Defends Jane Austen." *Persuasions* 29.1 (2008).

_____. *Searching for Jane Austen*. Madison: University of Wisconsin Press, 2004.

Austen, Jane. *Emma*. Oxford: Oxford University Press, 2003.

_____. *Jane Austen's Letters*. Ed. Deirdre Le Faye. Oxford: Oxford University Press, 1995.

_____. *Mansfield Park*. Oxford: Oxford University Press, 2003.

_____. *Northanger Abbey, Lady Susan, The Watsons, Sanditon*. Oxford: Oxford University Press, 2003.

_____. *Persuasion*. Oxford: Oxford University Press, 2004.

_____. *Pride and Prejudice*. Oxford: Oxford University Press, 2004.

_____. *Sense and Sensibility*. Oxford: Oxford University Press, 2004.

Austen-Leigh, James Edward. *A Memoir of Jane Austen and Other Family Recollections*. Ed. Kathryn Sutherland. Oxford: Oxford University Press, 2002.

Barker, Juliet. *The Brontës*. London: Weidenfeld and Nicolson, 1994.

Barthes, Roland. *Mythologies*. Trans. Annette Lavers. London: Jonathan Cape, 1972.

_____. *The Pleasure of the Text*. Trans. Richard Miller. New York: Hill and Wang, 1975.

_____. *S/Z*. Trans. Richard Miller. New York: Hill and Wang, 1974.

Baumgardner, Jennifer and Amy Richards. *Manifesta: Young Women, Feminism, and the Future*. New York: Farrar, Straus and Giroux, 2010.

Baym, Nina. *Woman's Fiction: A Guide to Novels by and about Women in America, 1820-1870*. Ithaca: Cornell University Press, 1978.

Bazelon, Emily. "The Return of the Sex Wars." *The New York Times Magazine*, September 10, 2015.

Beauvoir, Simone de. *The Second Sex*. Trans. Constance Borde and Sheila Malovany-Chevallier. New York: Vintage, 2011.

Becker, Edith, Michelle Citron, Julia Lesage and B. Ruby Rich. "Lesbians and Film." *Jump Cut* 24-25 (1981): 17-21.

Berger, John. *Ways of Seeing*. New York: Penguin Books, 1977.

Berlant, Lauren. Review of *Reading the Romance: Women, Patriarchy, and Popular Literature*. *Modern Philology* 84.3 (1987): 346-50.

Berlant, Lauren and Lee Edelman. *Sex, or the Unbearable*. Durham: Duke University Press, 2014.

Bersani, Leo. *Homos*. Cambridge: Harvard University Press, 1996.

Bethel, Lorraine and Barbara Smith, eds. *Conditions: Five, The Black Women's Issue* 2.2 (1979).

Booth, Wayne C. *The Company We Keep: An Ethics of Fiction*. Berkeley: University of California Press, 1989.

_____. "*Emma*, *Emma*, and the Question of Feminism." *Persuasions* 5 (1983): 29-40.

_____. *The Rhetoric of Fiction*. Chicago: University of Chicago Press, 1961.

Bowlby, Rachel. *Carried Away: The Invention of Modern Shopping*. New York: Columbia University Press, 2001.

_____. *Just Looking: Consumer Culture in Dreiser, Gissing and Zola*. London: Methuen, 1985.

Brathwaite, Kamau. *Contradictory Omens: Cultural Diversity and Integration in the Caribbean*. Kingston: Savacou Publications, 1974.

Brontë, Charlotte. *Jane Eyre*. New York: Norton, 2000.

_____. *Letters of Charlotte Brontë*. Ed. Margaret Smith. 3 vols. Oxford: Clarendon Press, 1995-

2004.

Brown, Helen Gurley. *Sex and the Single Girl*. New York: Bernard Geis Associates, 1964.

Brown, Lloyd W. "Jane Austen and the Feminist Tradition." *Nineteenth-Century Fiction* 28 (1973): 321-38.

Brown, Rita Mae. *Rubyfruit Jungle*. New York: Bantam, 1973.

Brownmiller, Susan. *Against Our Will: Men, Women and Rape*. New York: Simon & Schuster, 1975.

_____. *Femininity*. New York: Simon & Schuster, 1984.

Brownstein, Rachel M. *Becoming a Heroine: Reading about Women in Novels*. New York: Viking, 1982.

Burstyn, Varda, ed. *Women Against Censorship*. Vancouver: Douglas and McIntyre, 1985.

Bushnell, Candace. *Sex and the City*. New York: Grand Central Publishing, 1996.

Butler, Alison. *Women's Cinema: The Contested Screen*. London and New York: Wallflower Press, 2002.

Butler, Judith. *Bodies That Matter: On the Discursive Limits of Sex*. London and New York: Routledge, 1993.

_____. *Gender Trouble: Feminism and the Subversion of Identity*. London and New York: Routledge, 1990.

_____. "Imitation and Gender Insubordination." In *The Lesbian and Gay Studies Reader*, eds. Henry Abelove, Michéle Aina Barale and David M. Halperin, 307-20. New York: Routledge, 1993.

_____. "Performative Acts and Gender Constitution: An Essay in Phenomenology and Feminist Theory." *Theatre Journal* 40.4 (1988): 519-31.

Butler, Marilyn. *Jane Austen and the War of Ideas*. Oxford: Clarendon Press, 1987.

Califia, Pat. "Among Us, Against Us—The New Puritans." *The Advocate*, April 17, 1980, 14-18.

_____. "Feminism and Sadomasochism." *Heresies* 12 (1981): 30-34.

_____. *Public Sex: The Culture of Radical Sex*. San Francisco: Cleis Press, 1994.

_____. *Sapphistry: The Book of Lesbian Sexuality*. Tallahassee: Naiad, 1980.

_____. "A Secret Side of Lesbian Sexuality." *The Advocate*, December 27, 1979, 19-23.

_____. *Sex Changes: The Politics of Transgenderism*. San Francisco: Cleis Press, 1997.

Case, Sue-Ellen. "Towards a Butch-Femme Aesthetic." *Discourse* 11.1 (1988-89): 55-73.

_____, ed. *Split Britches: Lesbian Practice / Feminist Performance*. New York: Routledge, 1996.

Caserio, Robert L., Lee Edelman, Judith Halberstam, José Esteban Muñoz and Tim Dean. "The Antisocial Thesis in Queer Theory." *PMLA* 121.3 (2006): 819-28.

Cassidy, Christi. "Opening Pandora's Box." *In American Queer, Now and Then*, eds. David Shneer and Caryn Aviv, 102-5. London and New York: Routledge, 2006.

Castle, Terry. *The Apparitional Lesbian: Female Homosexuality and Modern Culture*. New York: Columbia University Press, 1993.

_____. *Boss Ladies, Watch Out! Essays on Women, Sex, and Writing*. New York and London: Routledge, 2002.

_____. *The Professor: A Sentimental Education*. New York: Harper Perennial, 2011.

_____. "Sister-Sister." *London Review of Books*, August 3, 1995, 3-6.

_____, ed. *The Literature of Lesbianism: A Historical Anthology from Ariosto to Stonewall*. New York: Columbia University Press, 2003.

Chesler, Phyllis. *Women and Madness*. New York: Four Walls Eight Windows, 1997.

Chodorow, Nancy J. *The Reproduction of Mothering: Psychoanalysis and the Sociology of Gender*. Berkeley: University of California Press, 1978.

Cixous, Helene. "The Laugh of the Medusa." Trans. Keith Cohen and Paula Cohen. *Signs* 1.4 (1976): 875-93.

Clark, Danae. "Commodity Lesbianism." *Camera Obscura* 9.1-2 (1991): 181-201.

Clarke, Cheryl. "Lesbianism: An Act of Resistance." In *This Bridge Called My Back: Writings by Radical Women of Color*, eds. Cherríe Moraga and Gloria Anzaldúa, 128-37. New York: Kitchen Table / Women of Color Press, 1983.

Clover, Carol J. *Men, Women, and Chain Saws: Gender in the Modern Horror Film*. Princeton: Princeton University Press, 1992.

Comfort, Alex. *The Joy of Sex*. New York: Simon & Schuster, 1972.

Cook, Blanche Wiesen. "Women Along Stir My Imagination: Lesbianism and the Cultural Tradition." *Signs* 4.4 (1979): 718-39.

Cook, Pam and Claire Johnston. "The Place of Women in the Cinema of Raoul Walsh." In *Raoul Walsh*, ed. Phil Hardy, 93-109. Colchester: Edinburgh Film Festival, 1974.

Creed, Barbara. "Film and Psychoanalysis." In *The Oxford Guide to Film Studies*, eds. John Hill and Pamela Church Gibson, 77-90. Oxford: Oxford University Press, 1998.

_____. *The Monstrous-Feminine: Film, Feminism, Psychoanalysis*. London and New York: Routledge, 1993.

D'Acci, Julie. *Defining Women: Television and the Case of Cagney and Lacey*. Chapel Hill: University of North Carolina Press, 1994.

Daly, Mary. *Gyn/Ecology: The Metaethics of Radical Feminism*. Boston: Beacon, 1978.

Damon, Gene, Jan Watson and Robin Jordan. *The Lesbian in Literature: A Bibliography*. Reno: The Ladder, 1975.

Davis, Angela. *Women, Race and Class*. New York: Vintage, 1981.

De Certeau, Michel. *The Practice of Everyday Life*. Trans. Steven F. Rendall. Berkeley: University of California Press, 1984.

De Grazia, Victoria and Ellen Furlough, eds. *The Sex of Things: Gender and Consumption in Historical Perspective*. Berkeley: University of California Press, 1996.

De Lauretis, Teresa. "Aesthetic and Feminist Theory: Rethinking Women's Cinema." *New German Critique* 34 (1985): 154-75.

_____. *Alice Doesn't: Feminism, Semiotics, Cinema*. Bloomington: Indiana University Press, 1984.

_____. "Film and the Visible." In *How Do I Look? Queer Film and Video*, ed. Bad Object-Choices, 223-64. Seattle: Bay Press, 1991.

_____. "Queer Theory: Lesbian and Gay Sexualities, An Introduction." *differences: A Journal of*

Feminist Cultural Studies 3.2 (1991): iii-xviii.

_____. *The Practice of Love: Lesbian Sexuality and Perverse Desire*. Bloomington: Indiana University Press, 1994.

_____. "Sexual Indifference and Lesbian Representation." *Theatre Journal* 40.2 (1988): 155-77.

_____. *The Technologies of Gender: Essays on Theory, Film, and Fiction*. Bloomington: Indiana University Press, 1987.

De Veaux, Alexis. *Warrior Poet: A Biography of Audre Lorde*. New York: Norton, 2004.

Densmore, Dana. "Independence from the Sexual Revolution." In *Radical Feminism*, eds. Anne Koedt, Ellen Levine and Anita Rapone, 107-18. New York: Quadrangle Books, 1973.

Deresiewicz, William. *Jane Austen and the Romantic Poets*. New York: Columbia University Press, 2004.

DiCaprio, Lisa. "*Lianna*: Liberal Lesbianism." *Jump Cut* 29 (1984): 45-47.

Dinnerstein, Dorothy. *The Mermaid and the Minotaur: Sexual Arrangements and Human Malaise*. New York: Harper and Row, 1976.

Doane, Mary Ann. *Femme Fatales: Feminism, Film Theory, Psychoanalysis*. London and New York: Routledge, 1991.

_____. "Film and the Masquerade: Theorising the Female Spectator." *Screen* 23.3-4 (1982): 74-87.

_____. "Masquerade Reconsidered: Further Thoughts on the Female Spectator." *Discourse* 11.1 (1988-89): 42-54.

Doane, Mary Ann, Patricia Mellencamp and Linda Williams, eds. *Re-Vision: Essays in Feminist Film Criticism*. Frederick: University Publications of America, 1984.

Dodson, Betty. "Getting to Know Me." *Ms.*, August 1974, 106-9.

_____. *Liberating Masturbation: A Meditation on Self Love*. New York: Bodysex Designs, 1974.

_____. *Sex for One: The Joy of Selfloving*. New York: Harmony Books, 1987.

Dolan, Jill. "The Dynamics of Desire: Sexuality and Gender in Pornography and Performance." *Theatre Journal* 39.2 (1987): 156-74.

_____. *The Feminist Spectator as Critic*. Ann Arbor: University of Michigan Press, 1991.

Douglas, Ann. *The Feminization of American Culture*. New York: Knopf, 1977.

_____. "Soft-Porn Culture." *The New Republic*, August 30, 1980, 25-29.

Doyle, Christine. *Louisa May Alcott and Charlotte Brontë: Transatlantic Translations*. Knoxville: University of Tennessee Press, 2000.

Du Maurier, Daphne. *Rebecca*. New York: Avon Books, 1971.

Duggan, Lisa and Nan D. Hunter. *Sex Wars: Sexual Dissent and Political Culture*. London and New York: Routledge, 2006.

Dunbar, Roxanne. "'Sexual Liberation': More of the Same Thing." *No More Fun and Games: A Journal of Female Liberation* 3 (1969): 49-56.

Dworkin, Andrea. *Pornography: Men Possessing Women*. London: The Women's Press, 1981.

_____. "Pornography and Grief." In *Take Back the Night: Women on Pornography*, ed. Laura

Lederer, 286-91. New York: Morrow, 1980.

Dworkin, Andrea and Catharine A. MacKinnon. *Pornography and Civil Rights: A New Day for Women's Equality*. Minneapolis: Organizing Against Pornography, 1988.

_____. "Statement on Canadian Customs and Legal Approaches to Pornography." In *Radically Speaking: Feminism Reclaimed*, eds. Diane Bell and Renate Klein, 218-20. North Melbourne: Spinifex, 1996.

Dyer, Richard. *Heavenly Bodies: Film Stars and Society*. Basingstoke: Macmillan, 1986.

Dyhouse, Carol. *Glamour: Women, History, Feminism*. London: Zed Books, 2011.

_____. *Heartthrobs: A History of Women and Desire*. Oxford: Oxford University Press, 2017.

Eagleton, Terry. *The Myths of Power: A Marxist Study of the Brontës*. New York: Barnes and Noble, 1975.

Eakin, Emily. "Who's Afraid of Elaine Showalter? The MLA President Incites Mass Hysteria." *Lingua Franca*, September 1998, 28-36.

Echols, Alice. "Cultural Feminism: Feminist Capitalism and the Anti-Pornography Movement." *Social Text* 7 (1983): 34-53.

_____. *Daring to Be Bad: Radical Feminism in America, 1967-1975*. Minneapolis: University of Minnesota Press, 1989.

_____. "The New Feminism of Yin and Yang." In *Powers of Desire: The Politics of Sexuality*, eds. Ann Barr Snitow, Christine Stansell and Sharon Thompson, 439-59. New York: Monthly Review Press, 1983.

_____. "Retrospective: Tangled Up in Pleasure and Danger." *Signs* 42.1 (2016): 11-22.

_____. *Shaky Ground: The Sixties and Its Aftershocks*. New York: Columbia University Press, 2002.

_____. "The Taming of the Id: Feminist Sexual Politics, 1968-1983." In *Pleasure and Danger: Exploring Female Sexuality*, ed. Carole S. Vance, 50-72. Boston: Routledge and Kegan Paul, 1984.

Edelman, Lee. *No Future: Queer Theory and the Death Drive*. Durham: Duke University Press, 2005.

Edwards, Tim. *Fashion in Focus: Concepts, Practices and Politics*. New York: Routledge, 2011.

_____. *Men in the Mirror: Men's Fashion, Masculinity and Consumer Society*. London: Cassell, 1997.

Ehrenreich, Barbara. *The Hearts of Men: American Dreams and the Flight from Commitment*. New York: Doubleday, 1983.

Ehrenreich, Barbara and Deirdre English. *For Her Own Good: 150 Years of the Experts' Advice to Women*. New York: Anchor, 1978.

Ehrenreich, Barbara, Elizabeth Hess and Gloria Jacobs. *Re-Making Love: The Feminization of Sex*. New York: Anchor, 1987.

Eliot, George. "Silly Novels by Lady Novelists." *Westminster Review* 64 (1856): 442-61.

Ellis, Kate, et al, ed. *Caught Looking: Feminism, Pornography and Censorship*. New York: Caught Looking, 1986.

Ellmann, Mary. *Thinking about Women*. New York: Harcourt, 1968.

Emery, Mary Lou. *Jean Rhys at "World's End": Novels of Colonial and Sexual Exile*. Austin: University of Texas Press, 1990.

Eng, David L., Judith Halberstam and José Esteban Muñoz. "What's Queer about Queer Studies Now?" *Social Text* 84-85 (2005): 1-17.

Entwistle, Joanne. *The Fashioned Body: Fashion, Dress and Modern Social Theory*. Cambridge: Polity, 2015.

Faderman, Lillian. *The Gay Revolution: The Story of the Struggle*. New York: Simon & Schuster, 2015.

_____. *Odd Girls and Twilight Lovers: A History of Lesbian Life in Twentieth-Century America*. New York: Columbia University Press, 2012.

_____. *Surpassing the Love of Men: Romantic Friendship and Love between Women from the Renaissance to the Present*. New York: Morrow, 1981.

Faludi, Susan. *Backlash: The Undeclared War Against American Women*. New York: Crown, 1991.

Farrelly, Barbara. "ANU Denies Conferences Showcase Anti-Feminism." *Sydney Star Observer*, March 19, 1993.

Felman, Shoshana. *What Does a Woman Want? Reading and Sexual Difference*. Baltimore: Johns Hopkins University Press, 1993.

Felski, Rita. *Beyond Feminist Aesthetics: Feminist Literature and Social Change*. Cambridge: Harvard University Press, 1989.

_____. *The Gender of Modernity*. Cambridge: Harvard University Press, 1995.

_____. *Literature After Feminism*. Chicago: University of Chicago Press, 2003.

Féral, Josette. "The Powers of Difference." In *The Future of Difference*, eds. Hester Eisenstein and Alice Jardine, 88-94. New Brunswick: Rutgers University Press, 1987.

Ferguson, Ann. "Sex War: The Debate between Radical and Libertarian Feminists." *Signs* 10.1 (1984): 106-12.

Ferriss, Suzanne and Mallory Young, eds. *Chick Lit: The New Woman's Fiction*. New York and London: Routledge, 2006.

Fetterley, Judith. *The Resisting Reader: A Feminist Approach to American Fiction*. Bloomington: Indiana University Press, 1978.

Feuer, Jane. "Melodrama, Serial Form and Television Today." *Screen* 25.1 (1984): 4-17.

Fielding, Helen. *Bridget Jones's Diary*. London: Picador, 1996.

Firestone, Shulamith. *The Dialectic of Sex: The Case for a Feminist Revolution*. New York: Morrow, 1970.

Fiske, John. *Reading the Popular*. London: Unwin Hyman, 1989.

_____. *Understanding Popular Culture*. London: Unwin Hyman, 1989.

Fletcher, Lisa. *Historical Romance Fiction, Heterosexuality and Performativity*. Burlington: Ashgate, 2008.

Foster, Jeannette. *Sex Variant Women in Literature*. Baltimore: Diana Press, 1975.

Foucault, Michel. *The History of Sexuality: An Introduction*. Trans. Robert Hurley. New York: Vintage, 1980.

Freud, Sigmund. *The Standard Edition of the Complete Psychological Works of Sigmund Freud*. Ed. and

Trans. James Strachey. London: Hogarth Press, 1953-74.

Friday, Nancy. *Forbidden Flowers: More Women's Sexual Fantasies*. New York: Simon & Schuster, 1975.

_____. *My Secret Garden: Women's Sexual Fantasies*. New York: Simon & Schuster, 1973.

_____. *Women on Top: How Real Life Has Changed Women's Sexual Fantasies*. New York: Simon & Schuster, 1991.

Friedan, Betty. *The Feminine Mystique*. New York: Norton, 1963.

Fuss, Diana. *Essentially Speaking: Feminism, Nature and Difference*. New York: Routledge, 1989.

_____. "Fashion and the Homospectatorial Look." *Critical Inquiry* 18.4 (1992): 713-37.

Gaines, Jane. "Deviant Eyes, Deviant Bodies: Queering Feminist Film Theory." *Jump Cut* 41 (1997): 45-48.

_____. "Women and Representation." *Jump Cut* 29 (1984): 25-27.

Gallop, Jane. *Around 1981: Academic Feminist Literary Theory*. New York and London: Routledge, 1992.

_____. *The Daughter's Seduction: Feminism and Psychoanalysis*. London: Macmillan, 1982.

Gallop, Jane and Carolyn G. Burke. "Psychoanalysis and Feminism in France." In *The Future of Difference*, eds. Hester Eisenstein and Alice Jardine, 106-21. New Brunswick: Rutgers University Press, 1987.

Gambaudo, Sylvie A. "French Feminism vs. Anglo-American Feminism: A Reconstruction." *European Journal of Women's Studies* 14.2 (2007): 93-108.

Garber, Marjorie. *Vested Interests: Cross-Dressing and Cultural Anxiety*. New York: Routledge, 1992.

Gardiner, Judith Kegan, Elly Bulkin, Rena Grasso Patterson, and Annette Kolodny. "An Interchange on Feminist Criticism: On 'Dancing through the Minefield.'" *Feminist Studies* 8.3 (1982): 629-75.

Gaskell, Elizabeth. *The Life of Charlotte Brontë*. London: Penguin, 1998.

Gelder, Ken. *Subcultures: Cultural Histories and Social Practice*. London and New York: Routledge, 2007.

Genz, Stephanie. *Postfemininities in Popular Culture*. Basingstoke: Palgrave Macmillan, 2009.

Gerhard, Jane. *Desiring Revolution: Second-Wave Feminism and the Rewriting of Twentieth-Century American Sexual Thought*. New York: Columbia University Press, 2001.

_____. *The Dinner Party: Judy Chicago and the Power of Popular Feminism, 1970-2007*. Athens: University of Georgia Press, 2013.

_____. "Revisiting 'The Myth of the Vaginal Orgasm': The Female Orgasm in American Sexual Thought and Second Wave Feminism." *Feminist Studies* 26.2 (2000): 449-76.

Gibson, Pamela Church. "Redressing the Balance: Patriarchy, Postmodernism and Feminism." In *Fashion Cultures: Theories, Explorations and Analysis*, eds. Stella Bruzzi and Pamela Church Gibson, 349-62. London and New York: Routledge, 2000.

Gilbert, Sandra and Susan Gubar. *The Madwoman in the Attic: The Woman Writer and the Nineteenth-Century Literary Imagination*. New Haven: Yale University Press, 2000.

Gilligan, Carol. *In a Different Voice: Psychological Theory and Women's Development*. Cambridge: Harvard University Press, 1982.

Gledhill, Christine. "Pleasurable Negotiations." In *Female Spectators: Looking at Film and Television*, ed. E. Deidre Pribram, 64-89. London: Verso, 1988.

Godwin, William. *Memoirs of Mary Wollstonecraft*. Ed. W. Clark Durant. London: Constable, 1927.

Goldman, Jane. "The Feminist Criticism of Virginia Woolf." In *A History of Feminist Literary Criticism*, eds. Gill Plain and Susan Sellers, 66-84. Cambridge: Cambridge University Press, 2007.

Goldman, Robert. *Reading Ads Socially*. London and New York: Routledge, 1992.

Goldman, Robert, Deborah Heath and Sharon L. Smith. "Commodity Feminism." *Critical Studies in Mass Communication* 8.3 (1991): 333-51.

Gough, Kathleen. "The Origin of the Family." In *Toward an Anthropology of Women*, ed. Rayna Reiter, 51-76. New York: Monthly Review Press, 1975.

Gould, Jane. *Juggling: A Memoir of Work, Family, and Feminism*. New York: Feminist Press at the City University of New York, 1997.

Grant, Linda. *Sexing the Millennium: Women and the Sexual Revolution*. New York: Grove Press, 1994.

Green, Ian. "Malefuction: A Contribution to the Debate on Masculinity in the Cinema." *Screen* 25.4-5 (1984): 36-48.

Greene, Gayle and Coppelia Kahn, eds. *Making a Difference: Feminist Literary Criticism*. London and New York: Routledge, 1985.

Greer, Germaine. *The Female Eunuch*. London: MacGibbon & Kee, 1970.

_____. *Sex and Destiny*. New York: Harper and Row, 1984.

_____. *The Whole Woman*. London: Anchor, 2000.

Gregg, Veronica Marie. *Jean Rhys's Historical Imagination: Reading and Writing the Creole*. Chapel Hill: University of North Carolina Press, 1995.

Haggerty, George E. *Unnatural Affections: Women and Fiction in the Later Eighteenth Century*. Bloomington: Indiana University Press, 1998.

Halberstam, J. Jack. "The Anti-Social Turn in Queer Studies." *Graduate Journal of Social Science* 5.2 (2008): 140-56.

_____. *Female Masculinity*. Durham: Duke University Press, 1998.

_____. *The Queer Art of Failure*. Durham: Duke University Press, 2011.

_____. *Trans: A Quick and Quirky Account of Gender Variability*. Oakland: University of California Press, 2018.

Halberstam, Judith "Jack" and Del Lagrace Volcano. *The Drag King Book*. London: Serpent's Tail, 1999.

Hall, Stuart and Tony Jefferson, eds. *Resistance Through Rituals: Youth Subcultures in Post-War Britain*. London: Hutchinson, 1976.

Halperin, David M. *How to Do the History of Homosexuality*. Chicago: University of Chicago Press, 2002.

_____. "The Normalization of Queer Theory." *Journal of Homosexuality* 45.2-4 (2003): 339-43.

_____. *One Hundred Years of Homosexuality*. London and New York: Routledge, 1990.

Harman, Claire. *Jane's Fame: How Jane Austen Conquered the World*. Edinburgh: Canongate, 2009.

Harrison, Nancy R. *Jean Rhys and the Novel as Women's Text*. Chapel Hill: University of North Carolina Press, 1988.

Harzewski, Stephanie. *Chick Lit and Postfeminism*. Charlottesville: University of Virginia Press, 2011.

Healey, Emma. *Lesbian Sex Wars*. London: Virago, 1996.

Heath, Stephen. *Questions of Cinema*. Bloomington: Indiana University Press, 1981.

Hebdige, Dick. *Subculture: The Meaning of Style*. London: Methuen, 1979.

Heilbrun, Carolyn G. *Reinventing Womanhood*. New York: Norton, 1979.

_____. *Toward a Recognition of Androgyny*. New York: Knopf, 1973.

Henry, Astrid. *Not My Mother's Sister: Generational Conflict and Third-Wave Feminism*. Bloomington: Indiana University Press, 2004.

Hite, Shere. *The Hite Report*. New York: Macmillan, 1976.

Hogeland, Lisa Maria. *Feminism and Its Fictions: The Consciousness-Raising Novel and the Women's Liberation Movement*. Philadelphia: University of Pennsylvania Press, 1998.

Hollibaugh, Amber. "Desire for the Future: Radical Hope in Passion and Pleasure." In *Pleasure and Danger: Exploring Female Sexuality*, ed. Carole S. Vance, 401-10. Boston: Routledge and Kegan Paul, 1984.

_____. *My Dangerous Desires: A Queer Girl Dreaming Her Way Home*. Durham: Duke University Press, 2000.

Hollibaugh, Amber and Cherríe Moraga. "What We're Rollin Around in Bed With: Sexual Silences in Feminism: A Conversation toward Ending Them." *Heresies* 12 (1981): 58-62.

Hollinger, Karen. *Feminist Film Studies*. London and New York: Routledge, 2012.

Hollows, Joanne. *Feminism, Femininity and Popular Culture*. Manchester: Manchester University Press, 2000.

Hopson, Cheryl R. "Alice Walker's Womanist Maternal." *Women's Studies* 46.3 (2017): 221-33.

Homans, Margaret. *Women Writers and Poetic Identity: Dorothy Wordsworth, Emily Bronte and Emily Dickinson*. Princeton: Princeton University Press, 1980.

Hughes, Kathryn. *The Victorian Governess*. London: Hambledon Press, 1993.

Hull, Gloria T., Patricia Bell Scott and Barbara Smith, eds. *All the Women are White, All the Blacks Are Men, But Some of Us Are Brave: Black Women's Studies*. New York: The Feminist Press, 1982.

Huyssen, Andreas. *After the Great Divide: Modernism, Mass Culture, Postmodernism*. Bloomington: Indiana University Press, 1987.

Irigaray, Luce. *This Sex Which Is Not One*. Trans. Catherine Porter. New York: Cornell University Press, 1985.

J. *The Sensuous Woman*. New York: Dell, 1982.

Jaggar, Alison M. *Feminist Politics and Human Nature*. Totowa: Rowman & Allanheld, 1983.

Jeffreys, Sheila. *Anticlimax: A Feminist Perspective on the Sexual Revolution*. New York: New York University Press, 1990.

Johnson, Claudia L. "The Divine Miss Jane: Jane Austen, Janeites, and the Discipline of Novel Studies." *boundary 2* 23.3 (1996): 143-63.

_____. *Jane Austen: Women, Politics, and the Novel*. Chicago: University of Chicago Press, 1990.

_____. *Jane Austen's Cults and Cultures*. Chicago: University of Chicago Press, 2012.

Johnston, Claire. "Women's Cinema as Counter-Cinema." In *Notes on Women's Cinema*, ed. Claire Johnston, 24-31. London: Society for Education in Film and Television, 1973.

Jones, Amelia. "The Sexual Politics of *The Dinner Party*: A Critical Context." In *Reclaiming Female Agency: Feminist Art History After Postmodernism*, eds. Norma Broude and Mary D. Garrard, 409-33. Berkeley: University of California Press, 2005.

_____, ed. *Sexual Politics of Judy Chicago's* Dinner Party *in Feminist Art History*. Berkeley: University of California Press, 1996.

Jones, Ann Rosalind. "Writing the Body: Toward an Understanding of l'Écriture Féminine." *Feminist Studies* 7.2 (1981): 247-63.

Jong, Erica. *Fear of Flying*. New York: Holt, Rinehart and Winston, 1973.

Kaplan, Cora. *Victoriana: Histories, Fictions, Criticism*. New York: Columbia University Press, 2007.

Kaplan, Deborah. *Jane Austen Among Women*. Baltimore: Johns Hopkins University Press, 1992.

Kaplan, E. Ann. "Avant-garde Feminist Cinema: Mulvey and Wollen's *Riddles of the Sphinx*." *Quarterly Review of Film Studies* 4.2 (1979): 135-44.

_____. "Is the Gaze Male?" In *Powers of Desire: The Politics of Sexuality*, eds. Ann Barr Snitow, Christine Stansell and Sharon Thompson, 309-27. New York: Monthly Review Press, 1983.

_____. *Women and Film: Both Sides of the Camera*. New York: Methuen, 1983.

Kinsey, Alfred C., Wardell B. Pomeroy and Clyde E. Martin. *Sexual Behavior in the Human Male*. Philadelphia: Saunders, 1948.

Kinsey, Alfred C., Wardell B. Pomeroy, Clyde E. Martin and Paul H. Gebhard. *Sexual Behavior in the Human Female*. Philadelphia: Saunders, 1953.

Kipnis, Laura. *Bound and Gagged: Pornography and the Politics of Fantasy in America*. Durham: Duke University Press, 1999.

_____. "Sexual Paranoia Strikes Academe." *The Chronicle of Higher Education*, February 27, 2015.

_____. *Unwanted Advances: Sexual Paranoia Comes to Campus*. New York: HarperCollins, 2017.

Kirkham, Margaret. *Jane Austen, Feminism and Fiction*. London: The Athlone Press, 1997.

Koedt, Anne. "The Myth of the Vaginal Orgasm." In *Radical Feminism*, eds. Anne Koedt, Ellen Levine and Anita Rapone, 198-207. New York: Quadrangle Books, 1973.

Kolodny, Annette. "Dancing through the Minefield: Some Observations on the Theory, Practice and Politics of a Feminist Literary Criticism." *Feminist Studies* 6.1 (1980): 1-25.

Koppen, R. S. *Virginia Woolf, Fashion and Literary Modernity*. Edinburgh: Edinburgh University Press, 2009.

Kristeva, Julia. *Revolution in Poetic Language*. Trans. Margaret Waller. New York: Columbia

University Press, 1984.

_____. "Woman's Time." Trans. Alice Jardine and Harry Blake. *Signs* 7.1 (1981): 13-35.

Kunzle, David. "Dress Reform as Antifeminism: A Response to Helene E. Roberts's 'The Exquisite Slave: The Role of Clothes in the Making of the Victorian Woman.'" *Signs* 2.3 (1977): 570-79.

_____. *Fashion and Fetishism: A Social History of the Corset, Tight-Lacing and Other Forms of Body Sculpture in the West*. Totowa: Rowman & Littlefield, 1982.

Lancaster, Bill. *The Department Store: A Social History*. London: Leicester University Press, 1995.

Larabee, Ann. *"Reading the Romance* at Thirty." *The Journal of Popular Culture* 47.6 (2014): 1075-76.

Lauret, Maria. *Alice Walker*. Basingstoke: Macmillan, 2011.

_____. *Liberating Literature: Feminist Fiction in America*. New York: Routledge, 1994.

Leach, William. *Land of Desire: Merchants, Power, and the Rise of a New American Culture*. New York: Vintage, 1993.

_____. "Transformations in a Culture of Consumption: Women and Department Stores, 1890-1925." *The Journal of American History* 71.2 (1984): 319-42.

Lederer, Laura, ed. *Take Back the Night: Women on Pornography*. New York: Morrow, 1980.

Lee, Judith. "'Without Hate, Without Bitterness, Without Fear, Without Protest, Without Preaching': Virginia Woolf Reads Jane Austen." *Persuasions* 12 (1990): 111-16.

Leidholdt, Dorchen. "When Women Defend Pornography." In *The Sexual Liberals and the Attack on Feminism*, eds. Dorchen Leidholdt and Janice G. Raymond, 125-31. New York: Teachers College Press, 1990.

Light, Alison. "'Returning to Manderley': Romance Fiction, Female Sexuality and Class." *Feminist Review* 16 (1984): 7-25.

Linden, Robin Ruth, Darlene R. Pagano, Diana E. H. Russell, Susan Leigh Star, eds. *Against Sadomasochism: A Radical Feminist Analysis*. East Palo Alto: Frog in the Well, 1982.

Looser, Devoney. "Jane Austen, Feminist Literary Criticism, and a Fourth 'R': Reassessment." *Persuasions* 16 (1994): 125-34.

_____. *The Making of Jane Austen*. Baltimore: Johns Hopkins University Press, 2017.

_____, ed. *Jane Austen and the Discourses of Feminism*. New York: St. Martin's Press, 1995.

Lorde, Audre. "An Open Letter to Mary Daly." In *This Bridge Called My Back: Writings by Radical Women of Color*, eds. Cherríe Moraga and Gloria Anzaldúa, 94-97. New York: Kitchen Table / Women of Color Press, 1983.

_____. *Sister Outsider: Essays and Speeches*. Freedom: Crossing Press, 1984.

_____. *Zami: A New Spelling of My Name*. Berkeley: Crossing Press, 1982.

Love, Heather. *Feeling Backward: Loss and the Politics of Queer History*. Cambridge: Harvard University Press, 2007.

_____. Introduction to "Rethinking Sex." *GLQ* 17.1 (2010): 1-14.

MacKinnon, Catharine A. "Feminism, Marxism, Method, and the State: An Agenda for Theory." *Signs* 7.3 (1982): 515-44.

_____. "Feminism, Marxism, Method, and the State: Toward Feminist Jurisprudence." *Signs* 8.4 (1983): 635-58.

_____. *Feminism Unmodified: Discourses on Life and Law*. Cambridge: Harvard University Press, 1987.

_____. *Sexual Harassment of Working Women: A Case of Sexual Discrimination*. New Haven: Yale University Press, 1979.

_____. *Toward a Feminist Theory of the State*. Cambridge: Harvard University Press, 1989.

Maines, Rachel P. *The Technology of Orgasm: "Hysteria," the Vibrator, and Women's Sexual Satisfaction*. Baltimore: Johns Hopkins University Press, 1999.

Makward, Christiane. "To Be or Not to Be...A Feminist Speaker." In *The Future of Difference*, eds. Hester Eisenstein and Alice Jardine, 95-105. New Brunswick: Rutgers University Press, 1987.

Marcus, Jane. "Storming the Toolshed." *Signs* 7.3 (1982): 622-40.

Marcus, Sharon. *Between Women: Friendship, Desire and Marriage in Victorian England*. Princeton: Princeton University Press, 2007.

_____. "Queer Theory for Everyone: A Review Essay." *Signs* 31.1 (2005): 191-218.

Mardorossian, Carine Melkom. "Double [De]colonization and the Feminist Criticism of *Wide Sargasso Sea*." *College Literature* 26.2 (1999): 79-95.

Marks, Elaine. "Lesbian Intertextuality." In *Homosexualities and French Literature*, eds. George Stambolian and Elaine Marks, 353-77. Ithaca: Cornell University Press, 1979.

Marshall, Christine. "'Dull Elves' and Feminists: A Summary of Feminist Criticism of Jane Austen." *Persuasions* 14 (1992): 39-45.

Martin, Del and Phyllis Lyon. *Lesbian / Woman*. San Francisco: Glide, 1972.

Masters, William H. and Virginia E. Johnson. *Human Sexual Response*. Boston: Little Brown, 1966.

Mayne, Judith. *Cinema and Spectatorship*. London and New York: Routledge, 1993.

Mazzeno, Laurence W. *Jane Austen: Two Centuries of Criticism*. Rochester: Camden House, 2011.

McCabe, Janet. *Feminist Film Studies: Writing the Woman into Cinema*. London and New York: Wallflower Press, 2004.

McCracken, Scott. *Pulp: Reading Popular Fiction*. Manchester: Manchester University Press, 1998.

McRobbie, Angela. *The Aftermath of Feminism: Gender, Culture and Social Change*. London: Sage, 2009.

_____. "Bridging the Gap: Feminism, Fashion and Consumption." *Feminist Review* 55 (1997): 73-89.

_____. *Feminism and Youth Culture: From Jackie to Just Seventeen*. London: Macmillan, 1991.

_____. *In the Culture Society: Art, Fashion, and Popular Music*. London and New York: Routledge, 1999.

_____. "Postfeminism and Popular Culture." *Feminist Media Studies* 4.3 (2004): 255-64.

Medd, Jodie, ed. *The Cambridge Companion to Lesbian Literature*. Cambridge: Cambridge University Press, 2015.

Merck, Mandy. "Difference and Its Discontents." *Screen* 28.1 (1987): 2-9.

Metz, Christian. "The Imaginary Signifier." Trans. Ben Brewster. *Screen* 16.2 (1975): 14-76.

Miller, D. A. *Jane Austen, or the Secret of Style*. Princeton: Princeton University Press, 2005.

Miller, Jean Baker. *Towards a New Psychology of Women*. Boston: Beacon, 1976.

Miller, Lucasta. *The Brontë Myth*. New York: Anchor, 2005.

Miller, Michael B. *The Bon Marché: Bourgeois Culture and the Department Store, 1869-1920*. Princeton: Princeton University Press, 1981.

Millett, Kate. *Sexual Politics*. Garden City: Doubleday, 1970.

Mitchell, Juliet. *Psychoanalysis and Feminism*. New York: Vintage, 1975.

Modleski, Tania. "The Disappearing Act: A Study of Harlequin Romances." *Signs* 5.3 (1980): 435-48.

_____. *Loving with a Vengeance: Mass-Produced Fantasies for Women*. Hamden: Archon, 1982.

_____. *The Women Who Knew Too Much: Hitchcock and Feminist Theory*. London: Methuen, 1988.

Moers, Ellen. *Literary Women: The Great Writers*. New York: Doubleday, 1976.

Moi, Toril. *Sexual/Textual Politics: Feminist Literary Theory*. London and New York: Routledge, 1988.

_____. *Simone de Beauvoir: The Making of an Intellectual Woman*. Oxford: Blackwell, 1994.

_____. *What Is a Woman? And Other Essays*. Oxford: Oxford University Press, 1999.

_____. "Who's Afraid of Virginia Woolf? Feminist Readings of Woolf." *Canadian Journal of Social and Political Theory* 9.1-2 (1985): 133-47.

_____, ed. *French Feminist Thought*. Oxford: Blackwell, 1987.

_____, ed. *The Kristeva Reader*. New York: Columbia University Press, 1986.

Molloy, John T. *The Woman's Dress for Success Book*. New York: Warner Books, 1977.

Morgan, Susan. "Jane Austen and Romanticism." In *The Jane Austen Companion*, eds. J. David Grey, A. Walton Litz, and Brian Southam, 364-68. New York: Macmillan, 1986.

Moraga, Cherríe and Gloria Anzaldúa, eds. *This Bridge Called My Back: Writings by Radical Women of Color*. New York: Kitchen Table / Women of Color Press, 1983.

Mosmann, Petra. "A Feminist Fashion Icon: Germaine Greer's Paisley Coat." *Australian Feminist Studies* 31 (2016): 78-94.

Mudrick, Marvin. *Jane Austen: Irony as Defense and Discovery*. Princeton: Princeton University Press, 1952.

Mulvey, Laura. "Afterthoughts on 'Visual Pleasure and Narrative Cinema' Inspired by King Vidor's *Duel in the Sun* (1946)." *Framework* 15-16-17 (1981): 12-15.

_____. *Visual and Other Pleasures*. Basingstoke: Macmillan, 1989.

_____. "Visual Pleasure and Narrative Cinema." *Screen* 16.3 (1975): 6-18.

Murray, Simone. *Mixed Media: Feminist Presses and Publishing Politics*. London: Pluto, 2004.

Mussell, Kay. "Are Feminism and Romance Novels Mutually Exclusive? A Quickie with Kay Mussell." *All About Romance*, November 1997.

_____. *Fantasy and Reconciliation: Contemporary Formulas of Women's Romance Fiction*. Westport: Greenwood Press, 1984.

Nava, Mica. "Modernity Tamed? Women Shoppers and the Rationalisation of Consumption in the Interwar Period." *Australian Journal of Communication* 22.2 (1995): 1-19.

_____. "Modernity's Disavowal: Women, the City, and the Department Store." In *Modern Times: Reflections on a Century of English Modernity*, eds. Mica Nava and Alan O'Shea, 38-76. London: Routledge, 1996.

Neale, Steve. "Masculinity as Spectacle." *Screen* 24.5 (1983): 2-16.

Nestle, Joan. "Butch-Fem Relationships: Sexual Courage in the 1950s." *Heresies* 12 (1981): 21-24.

_____. "The Fem Question." In *Pleasure and Danger: Exploring Female Sexuality*, ed. Carole S. Vance, 232-41. Boston: Routledge and Kegan Paul, 1984.

_____. "My Mother Liked to Fuck." In *Powers of Desire: The Politics of Sexuality*, eds. Ann Barr Snitow, Christine Stansell and Sharon Thompson, 468-70. New York: Monthly Review Press, 1983.

_____. *A Restricted Country*. Ithaca: Firebrand, 1987.

_____, ed. *The Persistent Desire: A Femme-Butch Reader*. Boston: Alyson, 1992.

Newton, Esther. *Mother Camp: Female Impersonators in America*. Chicago: University of Chicago Press, 1979.

Paglia, Camille. "The Return of Carry Nation: Catharine MacKinnon and Andrea Dworkin." *Playboy*, October 1992, 36-39.

_____. *Sex, Art, and American Culture*. New York: Vintage, 1992.

_____. *Vamps and Tramps*. New York: Vintage, 1994.

Paoletti, Jo B. *Sex and Unisex: Fashion, Feminism, and the Sexual Revolution*. Bloomington: Indiana University Press, 2015.

Papashvily, Helen Waite. *All the Happy Endings: A Study of the Domestic Novel in America, the Women Who Wrote It, the Women Who Read It, in the Nineteenth Century*. New York: Harper, 1956.

Pearce, Lynne. *Romance Writing*. Cambridge: Polity, 2007.

Penley, Constance, ed. *Feminism and Film Theory*. New York: Routledge, 1988.

Plain, Gill and Susan Sellers, eds. *A History of Feminist Literary Criticism*. Cambridge: Cambridge University Press, 2007.

Poovey, Mary. *The Proper Lady and the Woman Writer: Ideology as Style in the Works of Mary Wollstonecraft, Mary Shelley, and Jane Austen*. Chicago: University of Chicago Press, 1985.

_____. *Uneven Developments: The Ideological Works of Gender in Mid-Victorian England*. Chicago: University of Chicago Press, 1988.

Pribram, E. Deidre, ed. *Female Spectators: Looking at Film and Television*. London: Verso, 1988.

Radicalesbians. "The Woman-Identified Woman." In *Radical Feminism*, eds. Anne Koedt, Ellen Levine and Anita Rapone, 240-45. New York: Quadrangle Books, 1973.

Radner, Hilary. *Shopping Around: Feminine Culture and the Pursuit of Pleasure*. New York and London: Routledge, 1995.

Radway, Janice A. *Reading the Romance: Women, Patriarchy, and Popular Literature*. Chapel Hill: University of North Carolina Press, 1991.

_____. "Romance and the Work of Fantasy: Struggles over Feminine Sexuality and Subjectivity at the Century's End." In *Viewing, Reading, Listening: Audiences and Cultural Reception*, eds. Jon Cruz and Justin Lewis, 213-31. Boulder: Westview Press, 1994.

_____. "Women Read the Romance: The Interaction of Text and Context." *Feminist Studies* 9.1 (1983): 53-78.

Regis, Pamela. *A Natural History of the Romance Novel*. Philadelphia: University of Pennsylvania Press, 2003.

_____. "What Do Critics Owe the Romance?" *Journal of Popular Romance Studies* 2.1 (2011).

Reuben, David. *Everything You Always Wanted to Know about Sex, But Were Afraid to Ask*. New York: Bantam, 1969.

Rhys, Jean. *Jean Rhys: Letters 1931-1966*. Eds. Francis Wyndham and Diana Melly. Harmondsworth: Penguin, 1985.

_____. *Voyage in the Dark*. New York: Norton, 1982.

_____. *Wide Sargasso Sea*. New York: Norton, 1982.

Rich, Adrienne. *Blood, Bread, and Poetry: Selected Prose 1979-1985*. New York: Norton, 1986.

_____. "Compulsory Heterosexuality and Lesbian Existence." *Signs* 5.4 (1980): 631-60.

_____. "*Jane Eyre*: Temptations of a Motherless Woman." *Ms.*, October 1973, 68-72, 98, 106-7.

_____. *Of Woman Born: Motherhood as Experience and Institution*. New York: Norton, 1976.

_____. *On Lies, Secrets, and Silence: Selected Prose 1966-1978*. New York: Norton, 1979.

Rich, B. Ruby. "Anti-Porn: Soft Issue, Hard World." *Feminist Review* 13 (1983): 56-67.

Richards, Janet Radcliffe. *The Skeptical Feminist: A Philosophical Enquiry*. London: Routledge and Kegan Paul, 1980.

Riviere, Joan. "Womanliness as a Masquerade." *International Journal of Psychoanalysis* 10 (1929): 303-13.

Roberts, Helene E. "The Exquisite Slave: The Role of Clothes in the Making of the Victorian Woman." *Signs* 2.3 (1977): 554-69.

_____. "Reply to David Kunzle's 'Dress Reform as Antifeminism.'" *Signs* 3.2 (1977): 518-19.

Roberts, J. R. *Black Lesbians: An Annotated Bibliography*. Tallahassee: Naiad Press, 1981.

Roberts, Mary Louise. "Gender, Consumption, and Commodity Culture." *The American Historical Review* 103.3 (1998): 817-44.

Robertson, Pamela. *Guilty Pleasures: Feminist Camp from Mae West to Madonna*. Durham: Duke University Press, 1996.

Roiphe, Katie. "Date Rape Hysteria." *The New York Times*, November 20, 1991.

_____. *The Morning After: Sex, Fear and Feminism*. New York: Back Bay Books, 1993.

_____. *Uncommon Arrangements: Seven Marriages*. New York: Dial Press, 2008.

Roller, Judi M. *The Politics of the Feminist Novel*. Westport: Greenwood Press, 1986.

Ross, Carlin. "'Getting to Know Me' in Ms. Magazine." *Betty Dodson with Carlin Ross*, August 25, 2013.

Rubin, Gayle. "Afterword to 'Thinking Sex: Notes for a Radical Theory of the Politics of

Sexuality.'" In *American Feminist Thought at Century's End*, ed. Linda Kauffman, 56-64. Oxford: Blackwell, 1993.

————. "Blood under the Bridge: Reflections on 'Thinking Sex.'" *GLQ* 17.1 (2010): 15-48.

————. *Deviations: A Gayle Rubin Reader*. Durham: Duke University Press, 2011.

————. "Postscript to 'Thinking Sex: Notes for a Radical Theory of the Politics of Sexuality.'" In *The Lesbian and Gay Studies Reader*, eds. Henry Abelove, Michéle Aina Barale and David M. Halperin, 41-44. New York: Routledge, 1993.

————. "Thinking Sex: Notes for a Radical Theory of the Politics of Sexuality." In *Pleasure and Danger: Exploring Female Sexuality*, ed. Carole S. Vance, 267-319. Boston: Routledge and Kegan Paul, 1984.

————. "The Traffic in Women: Notes on the 'Political Economy' of Sex." In *Toward an Anthropology of Women*, ed. Rayna Reiter, 157-210. New York: Monthly Review Press, 1975.

Rule, Jane. *Lesbian Images*. Garden City: Doubleday, 1975.

Russ, Joanna. "Comment on Helene E. Roberts's 'The Exquisite Slave: The Role of Clothes in the Making of the Victorian Woman' and David Kunzle's 'Dress Reform as Antifeminism.'" *Signs* 3.2 (1977): 520-21.

————. "Somebody's Trying to Kill Me and I Think It's My Husband: The Modern Gothic." *Journal of Popular Culture* 6.4 (1973): 666-91.

Russell, Diana. "On Pornography." *Chrysalis* 4 (1978): 11-15.

Russo, Mary. "Female Grotesques: Carnival and Theory." In *Feminist Studies / Critical Studies*, ed. Teresa de Lauretis, 213-29. Bloomington: Indiana University Press, 1986.

Said, Edward W. *Culture and Imperialism*. New York: Vintage, 1993.

Samois, ed. *Coming to Power: Writings and Graphics on Lesbian S/M*. Boston: Alyson, 1982.

————. *What Color Is Your Handkerchief: A Lesbian S/M Sexuality Reader*. Berkeley: Samois, 1979.

Saunders, Corinne, ed. *A Companion to Romance: From Classical to Contemporary*. Oxford: Blackwell, 2004.

Savory, Elaine. *Jean Rhys*. Cambridge: Cambridge University Press, 2004.

Scanlon, Jennifer. *Bad Girls Go Everywhere: The Life of Helen Gurley Brown*. New York: Oxford University Press, 2009.

Sedgwick, Eve Kosofsky. *Between Men: English Literature and Male Homosocial Desire*. New York: Columbia University Press, 1985.

————. *Epistemology of the Closet*. Berkeley: University of California Press, 1990.

————. "How to Bring Your Kids up Gay." *Social Text* 29 (1991): 18-27.

————. "Jane Austen and the Masturbating Girl." *Critical Inquiry* 17.4 (1991): 818-37.

————. *Tendencies*. Durham: Duke University Press, 1993.

Seelye, John. *Jane Eyre's American Daughters*. Newark: University of Delaware Press, 2005.

Seiter, Ellen. "Eco's TV Guide—The Soaps." *Tabloid* 5 (1982): 35-43.

Sheiner, Marcy. "Some Girls Will Be Boys." *On Our Backs*, March-April 1991, 20-22, 38-43.

Showalter, Elaine. "Better Things to Do." *Media History* 6.2 (2000): 109-10.

_____. *The Female Malady: Women, Madness and English Culture, 1830-1980.* London: Virago, 1987.

_____. "Feminist Criticism in the Wilderness." *Critical Inquiry* 8.1 (1981): 179-205.

_____. *Inventing Herself: Claiming a Feminist Intellectual Heritage.* New York: Scribner, 2001.

_____. *A Jury of Her Peers: American Women Writers from Anne Bradstreet to Annie Proulx.* London: Virago, 2010.

_____. *A Literature of Their Own: British Women Novelists from Brontë to Lessing.* Princeton: Princeton University Press, 1977.

_____. "The Professor Wore Prada." *Vogue*, December 1997, 80-82.

_____. "Taming the Rampant Incivility in Academe." *The Chronicle of Higher Education*, January 15, 1999.

_____. "Towards a Feminist Poetics." In *Women Writing and Writing about Women*, ed. Mary Jacobus, 22-41. London: Croom Helm, 1979.

_____. "Twenty Years On: *A Literature of Their Own* Revisited." *Novel: A Forum of Fiction* 31.3 (1998): 399-413.

_____. "Victorian Women and Insanity." *Victorian Studies* 23.2 (1980): 157-81.

_____, ed. *The New Feminist Criticism: Essays on Women, Literature and Theory.* New York: Pantheon, 1985.

Shulman, Alix Kates. *Memoirs of an Ex-Prom Queen.* New York: Knopf, 1972.

Smith, Barbara. "Toward a Black Feminist Criticism." *Conditions: Two* 1.2 (1977): 25-44.

Smith-Rosenberg, Carroll. "The Female World of Love and Ritual: Relations between Women in Nineteenth-Century America." *Signs* 1.1 (1975): 1-29.

Snitow, Ann Barr. "Mass Market Romance: Pornography for Women Is Different." *Radical History Review* 19 (1979): 141-61.

Snitow, Ann Barr, Christine Stansell and Sharon Thompson, eds. *Powers of Desire: The Politics of Sexuality.* New York: Monthly Review Press, 1983.

Spacks, Patricia Meyer. *The Female Imagination.* New York: Knopf, 1975.

_____. "Self as Subject: A Female Language." In *In / Sights: Self-Portraits by Women*, ed. Joyce Tenneson Cohen, 110-14. Boston: David R. Godine, 1978.

Spillers, Hortense J. "Interstices: A Small Drama of Words." In *Pleasure and Danger: Exploring Female Sexuality*, ed. Carole S. Vance, 73-100. Boston: Routledge and Kegan Paul, 1984.

Spivak, Gayatri Chakravorty. "French Feminism in an International Frame." *Yale French Studies* 62 (1981): 154-84.

_____. "Three Woman's Texts and a Critique of Imperialism." *Critical Inquiry* 12.1 (1985): 243-61.

Stacey, Jackie. "Desperately Seeking Difference." *Screen* 28.1 (1987): 48-61.

_____. "Feminine Fascinations: Forms of Identification in Star-Audience Relations." In *Stardom: Industry of Desire*, ed. Christine Gledhill, 141-63. London and New York: Routledge, 1991.

_____. *Star Gazing: Hollywood Cinema and Female Spectatorship.* London and New York: Routledge,

1994.

_____. "Textual Obsessions: Method, History and Researching Female Spectatorship." *Screen* 34.3 (1993): 260-74.

Stanton, Domna C. "Language and Revolution: The Franco-American Dis-Connection." In *The Future of Difference*, eds. Hester Eisenstein and Alice Jardine, 73-87. New Brunswick: Rutgers University Press, 1987.

Steele, Valerie. "The F-Word." *Lingua Franca*, April 1991, 16-20.

_____. *Fashion and Eroticism: Ideals of Feminine Beauty from the Victorian Era to the Jazz Age*. New York: Oxford University Press, 1985.

_____. *Fetish: Fashion, Sex and Power*. New York: Oxford University Press, 1996.

_____. *Fifty Years of Fashion*. New Haven: Yale University Press, 1997.

_____, ed. *A Queer History of Fashion: From the Closet to the Catwalk*. New Haven: Yale University Press, 2013.

Steeves, Edna. "Pre-Feminism in Some Eighteenth-Century Novels." *Texas Quarterly* 16 (1973): 48-57.

Steinem, Gloria. "Erotica and Pornography: A Clear and Present Difference." *Ms.*, November 1978, 53-54, 75-76.

Straayer, Chris. *Deviant Eyes, Deviant Bodies: Sexual Re-Orientations in Film and Video*. New York: Columbia University Press, 1996.

_____. "*Personal Best*: Lesbian / Feminist Audience." *Jump Cut* 29 (1984): 40-44.

Strossen, Nadine. *Defending Pornography: Free Speech, Sex, and the Fight for Women's Rights*. New York: Scribner, 1995.

Stone, Lawrence. *The Family, Sex, and Marriage in England 1500-1800*. New York: Harper and Row, 1979.

Stoneman, Patsy. "Feminist Criticism of *Wuthering Heights*." *Critical Survey* 4.2 (1992): 147-53.

Stryker, Susan. "Stray Thoughts on Transgender Feminism and the Barnard Conference on Women." *Communication Review* 11 (2008): 217-18.

_____. *Transgender History*. Berkeley: Seal Press, 2008.

Styles, John and Amanda Vickery, eds. *Gender, Taste and Material Culture in Britain and North America, 1700-1830*. New Haven: Yale University Press, 2006.

Sullivan, Melissa. "The 'Keystone Public' and Virginia Woolf: *A Room of One's Own, Time and Tide*, and Cultural Hierarchies." In *Virginia Woolf and the Literary Marketplace*, ed. Jeanne Dubino, 167-79. New York: Palgrave Macmillan, 2010.

Sutherland, Kathryn. *Jane Austen's Textual Lives: From Aeschylus to Bollywood*. Oxford: Oxford University Press, 2005.

Talese, Gay. *Thy Neighbor's Wife*. New York: Doubleday, 1981.

Tasker, Yvonne and Diane Negra, eds. *Interrogating Postfeminism: Gender and the Politics of Popular Culture*. Durham: Duke University Press, 2007.

Taylor, Anthea. *Celebrity and the Feminist Blockbuster*. London: Palgrave Macmillan, 2016.

Taylor, Helen. *Scarlett's Women: Gone with the Wind and Its Female Fans.* London: Virago, 1989.

Thompson, James. *Between Self and World: The Novels of Jane Austen.* University Park: Pennsylvania State University Press, 1988.

Thornham, Sue. *Feminist Theory and Cultural Studies.* London: Arnold, 2000.

_____, ed. *Feminist Film Theory.* New York: New York University Press, 1999.

Thurston, Carol. *The Romance Revolution: Erotic Novels for Women and the Quest for a New Sexual Identity.* Urbana: University of Illinois Press, 1987.

Tillotson, Kathleen. *Novels of the 1840s.* Oxford: Clarendon Press, 1956.

Todd, Janet. *Feminist Literary History.* New York: Routledge, 1988.

_____. "Jane Austen, Politics, and Sensibility." In *Feminist Criticism: Theory and Practice*, eds. Susan Sellers, Linda Hutcheon, and Paul Perron, 71-87. Toronto: University of Toronto Press, 1991.

_____. "Who's Afraid of Jane Austen." In *Jane Austen: New Perspectives*, ed. Janet Todd, 107-27. New York: Holmes & Meier, 1983.

_____, ed. *Jane Austen in Context.* Cambridge: Cambridge University Press, 2006.

Trask, Haunani-Kay. *Eros and Power: The Promise of Feminist Theory.* Philadelphia: University of Pennsylvania Press, 1986.

Traub, Valerie. "The Ambiguities of 'Lesbian' Viewing Pleasure: The (Dis)articulations of *Black Widow*." In *Body Guards: The Cultural Politics of Gender Ambiguity*, eds. Julia Epstein and Kristina Straub, 305-28. London: Routledge, 1991.

_____. "The New Unhistoricism in Queer Studies." *PMLA* 128.1 (2013): 21-39.

_____. "The Present Future of Lesbian Historiography." In *A Companion to Lesbian, Gay, Bisexual, Transgender and Queer Studies*, eds. George E. Haggerty and Molly McGarry, 124-45. Oxford: Blackwell, 2007.

_____. *The Renaissance of Lesbianism in Early Modern England.* Cambridge: Cambridge University Press, 2002.

_____. *Thinking Sex with the Early Moderns.* Philadelphia: University of Pennsylvania Press, 2016.

Tuite, Clara. *Romantic Austen: Sexual Politics and the Literary Canon.* Cambridge: Cambridge University Press, 2002.

Vance, Carole S. "Epilogue." In *Pleasure and Danger: Exploring Female Sexuality*, ed. Carole S. Vance, 431-39. Boston: Routledge and Kegan Paul, 1984.

_____. "More Danger, More Pleasure: A Decade after the Barnard Sexuality Conference." In *Pleasure and Danger: Exploring Female Sexuality*, ed. Carole S. Vance, xvi-xxxix. London: Pandora, 1992.

_____. "Pleasure and Danger: Toward a Politics of Sexuality." In *Pleasure and Danger: Exploring Female Sexuality*, ed. Carole S. Vance, 1-27. Boston: Routledge and Kegan Paul, 1984.

Vickery, Amanda. *The Gentleman's Daughter: Women's Lives in Georgian England.* New Haven: Yale University Press, 1998.

Walker, Alice. *In Search of Our Mothers' Gardens: Womanist Prose.* San Diego: Harcourt Brace Jovanovich, 1983.

_____. "One Child of One's Own—An Essay on Creativity." *Ms.*, August 1979, 47-50, 72-75.

Wallace, Christine. *Germaine Greer: Untamed Shrew.* New York: Faber & Faber, 1998.

Watt, Ian. *The Rise of the Novel: Studies in Defoe, Richardson and Fielding.* Berkeley: University of California Press, 1957.

Wells, Juliette. *Everybody's Jane: Austen in the Popular Imagination.* London and New York: Continuum, 2011.

Wendell, Sarah and Candy Tan. *Beyond Heaving Bosoms: The Smart Bitches' Guide to Romance Novels.* New York: Fireside, 2009.

Whelehan, Imelda. *Helen Fielding's Bridget Jones's Diary.* New York and London: Continuum, 2002.

Williams, Jeffrey J. "The Culture of Books: An Interview with Janice Radway." *The Minnesota Review* 65-66 (2006): 133-48.

_____. "What Is an Intellectual Woman?: An Interview with Toril Moi." *The Minnesota Review* 67 (2006): 65-82.

Williams, Linda. *Hard Core: Power, Pleasure, and the "Frenzy of the Visible."* Berkeley: University of California Press, 1999.

_____. *"Personal Best:* Women in Love." *Jump Cut* 27 (1982): 1, 11-12.

_____. "Second Thoughts on Hard Core: American Obscenity Law and the Scapegoating of Deviance." In *Dirty Looks: Women, Pornography, Power,* eds. Pamela Church Gibson and Roma Gibson, 46-61. London: British Film Institute, 1993.

Williams, Rosalind. *Dream Worlds: Mass Consumption in Late Nineteenth-Century France.* Berkeley: University of California Press, 1982.

Willis, Ellen. *Beginning to See the Light: Pieces of a Decade.* New York: Knopf, 1981.

_____. "Feminism, Moralism, and Pornography." In *Powers of Desire: The Politics of Sexuality,* eds. Ann Barr Snitow, Christine Stansell and Sharon Thompson, 460-67. New York: Monthly Review Press, 1983.

_____. *No More Nice Girls: Countercultural Essays.* Minneapolis: University of Minnesota Press, 2012.

Wilson, Edmund. "A Long Talk about Jane Austen." *The New Yorker,* June 24, 1944.

Wilson, Elizabeth. *Adorned in Dreams: Fashion and Modernity.* London: Virago, 1985.

_____. *The Contradictions of Culture: Cities, Culture, Women.* London: Sage, 2001.

_____. "Fashion and the Postmodern Body." In *Chic Thrills: A Fashion Reader,* eds. Juliet Ash and Elizabeth Wilson, 3-16. Berkeley: University of California Press, 1993.

_____. "The Invisible Flâneur." *New Left Review* 191 (1992): 90-110.

_____. "These New Components of the Spectacle: Fashion and Postmodernism." In *Postmodernism and Society,* eds. Roy Boyne and Ali Rattansi, 209-36. Basingstoke: Macmillan, 1990.

Winship, Janice. *Inside Women's Magazines.* London: Pandora, 1987.

Wittig, Monique. "One Is Not Born a Woman." *Feminist Issues* 1.2 (1981): 47-54.

_____. "The Straight Mind." *Feminist Issues* 1.1 (1980): 103-11.

_____. *The Straight Mind and Other Essays*. Ed. Louise Turcotte. Boston: Beacon, 1992.

Wolf, Naomi. *The Beauty Myth: How Images of Beauty Are Used Against Women*. New York: William Morrow, 1991.

_____. *Fire with Fire: The New Female Power and How It Will Change the 21st Century*. New York: Random House, 1993.

_____. *Promiscuities: The Secret Struggle for Womanhood*. New York: Random House, 1997.

_____. *Vagina: A New Biography*. London: Virago, 2012.

Wolff, Janet. *Feminine Sentences: Essays on Women and Culture*. Cambridge: Polity, 1990.

_____. "The Invisible Flâneuse: Woman and the Literature of Modernity." *Theory, Culture & Society* 2.3 (1985): 37-46.

Wollstonecraft, Mary. *Mary, and The Wrongs of Woman*. Oxford: Oxford University Press, 2009.

_____. *A Vindication of the Rights of Woman*. Harmondsworth: Penguin, 1992.

Woolf, Virginia. "Charlotte Brontë." *Times Literary Supplement*, April 13, 1916, 169-70.

_____. *The Common Reader*. London: Vintage, 2003.

_____. *Mrs. Dalloway*. Oxford: Oxford University Press, 1998.

_____. *A Room of One's Own and Three Guineas*. Oxford: Oxford University Press, 2008.

_____. "Women and Fiction." *The Forum*, March 1929, 179-83.

Zimmerman, Bonnie. "What Has Never Been: An Overview of Lesbian Feminist Criticism." *Feminist Studies* 7.3 (1981): 451-75.

性、高跟鞋與吳爾芙：一部女性主義論戰史 / 施
舜翔著 . -- 初版 . -- 新北市：臺灣商務，2018.09
288 面；14.8×21 公分 .

ISBN 978-957-05-3156-5（平裝）

1. 女性主義 2. 性別研究 3. 文化研究

544.52   107011111

人文

性、高跟鞋與吳爾芙
一部女性主義論戰史

作　　者—施舜翔
發 行 人—王春申
總 編 輯—李進文
編輯指導—林明昌
主　　編—張召儀
責任編輯—鄭　莛
美術設計—大梨設計事務所 · 劉克韋
內頁排版—張靜怡

業務經理—陳英哲
行銷企劃—葉宜如
出版發行—臺灣商務印書館股份有限公司
　　　　　23141 新北市新店區民權路 108-3 號 5 樓（同門市地址）
　　　　　電話 ◎ (02) 8667-3712　傳真 ◎ (02) 8667-3709
讀者服務專線 ◎ 0800056196
郵撥 ◎ 0000165-1
E-mail ◎ ecptw@cptw.com.tw
網路書店網址 ◎ www.cptw.com.tw
Facebook ◎ facebook.com.tw/ecptw
局版北市業字第 993 號
初版：2018 年 9 月
定價：新台幣 350 元
法律顧問—何一芃律師事務所